T0145923

LA GRANDE EUROPE ?

© Librairie Philosophique J. VRIN, 1994

ISBN VRIN : 2-7116-9821-1 – ISBN IIEE : 2-910425-02-9

SCIENCE – HISTOIRE – PHILOSOPHIE

*Publication de l'Institut Interdisciplinaire
d'Etudes Epistémologiques*

LA GRANDE EUROPE ?

**Publication du Centre d'Etudes Européennes
de l'Université de Marne La Vallée,
et de l'Institut des Sciences Sociales Appliquées
de l'Université de Varsovie**

Sous la direction de
Chantal DELSOL et Hanna SWIDA-ZIEMBA

Collection dirigée par
Michel DELSOL, Directeur honoraire à l'Ecole Pratique des Hautes Etudes,
Professeur émérite à la Faculté catholique des Sciences de Lyon
Régis LADOUS, Professeur à l'Université Jean Moulin - LYON III
Chargé de cours à la Faculté catholique des Sciences de Lyon
Roger PAYOT, Professeur honoraire en Classes Préparatoires,
Chargé de cours à la Faculté catholique de Philosophie de Lyon

La grande Europe, entité à l'ordre du jour, souffre du paradoxe entre son désir d'exister et ses difficultés à se construire.
Peut-être souffre-t-elle d'impatience ?
Et la patience qu'on peut lui souhaiter, serait tissée non seulement d'efforts économiques et d'imagination institutionnelle, mais de reconnaissances mutuelles, de réappropriations de l'histoire, de méditations sur les repères.

Le Centre d'Etudes Européennes de l'Université de Marne la Vallée et l'Institut de Sociologie Appliquée de l'Université de Varsovie, ont conjugué leurs efforts pour contribuer ensemble à la réflexion identitaire qui reste la condition d'un avenir commun.

TABLE DES MATIERES

L'EUROPE ENTRE HISTOIRE ET MEMOIRE

Georges LOMNE

(Université de Marne la Vallée)

La mémoire a pris de plus en plus d'empire dans nos sociétés. Pourtant, le singulier vertige de la remémoration ne revêt pas partout la même signification. Si la rumination du passé à laquelle se livre l'Europe Occidentale, depuis une vingtaine d'années, paraît traduire l'expression d'une morosité fin de siècle, l' *"autre Europe"*, bien au contraire, trouve dans la réappropriation de sa tradition pré-communiste le ferment de sa renaissance. Objet d'une aliénation consentie pour les uns, la mémoire se révèle pour les autres une fervente libératrice[1].

Comment, dès lors, envisager une histoire de l'Europe qui s'affranchisse de la multiplicité des mémoires nationales ? Au nom de quelle communauté d'oubli ? Refuser l'obstacle serait tout aussi condamnable. Aux yeux de Clio, Mnémosyne est plus marâtre que mère[2] et lui confier le destin des Européens au nom d'un quelconque relativisme historien ne serait pas sans danger.

Pour en juger, la méthode d'approche proposée sera la suivante : tout d'abord examiner la façon dont s'est modifié le rapport de forces entre l'histoire institutionnelle et la mémoire collective au point d'ouvrir la boîte de Pandore du révisionnisme. Tenter ensuite de dessiner les contours d'une mémoire commune dont on commence lentement à suggérer la prise de conscience aux Européens. Enfin, réaffirmer la nécessité de la canalisation par l'histoire savante du flot mémoriel qui submerge l'Europe.

---

(1) Pierre Nora a relevé cette ambivalence en s'attachant plus proprement à l'exemple russe dans *"Histoire-Mémoire"*, in Youri Afanassiev et Marc Ferro (dir.), *Dictionnaire de la Glasnost*, Paris/Moscou, Payot/Editions du Progrès, 1991, pp.416-417.

(2) Voir à ce propos l'article très suggestif de Jean-Pierre Rioux : *"La déesse mémoire"* dans *Pour comprendre l'histoire, Le Monde*, 18-III-1993, p.II.

I - L'HISTOIRE SOUS LE JOUG DE LA MEMOIRE

1 - Le démantèlement de l' *"histoire institutionnelle"*

Du séisme qui a affecté l'Europe communiste, la postérité gardera l'image de l'acharnement que mirent les populations à abattre les symboles les plus visibles du totalitarisme : bris de statues, emblèmes remisés ou drapeaux mutilés. Cette fureur iconoclaste ne constitua en fait que l'aspect spectaculaire du démantèlement des dispositifs de mémoire d'inspiration communiste. Leur faillite doit être davantage associée à celle des *"histoires officielles"* qui les structuraient en profondeur. Or, celles-ci furent ébranlées relativement tôt en Tchécoslovaquie[3], Pologne ou Hongrie. En URSS même, le signal en fut donné par Gorbatchev dès février 1988 lors du Plénum du Comité Central et les membres de l'Académie des Sciences, comme les universitaires, se laissèrent guider par cette *" konjunkturnost' "*[4]. Au mois de mai de la même année, une circulaire du Comité d'Etat pour l'instruction populaire supprimait l'épreuve d'histoire aux épreuves du baccalauréat soviétique la remplaçant par une simple discussion entre candidat et examinateur, ce dernier devant *"aider* (le candidat) *à se retrouver dans les processus et les phénomènes de notre histoire soviétique"*[5]. La RDA fait figure de notable exception à ce tableau tant ses historiens *"ont pris très au sérieux leur fonction de légitimation"* jusqu'en 1990[6]. L'arrivée massive d'historiens ouest-allemands dans les universités des leaders orientaux semble seule garante du renversement d'optique au prix, il est vrai, du *"fort sentiment de colonisation"*[7].

Cet effondrement de la mémoire institutionnelle a pu être perçu en Europe Occidentale comme une rentrée tardive de l'*"autre Europe"* dans l' *"âge historiographique"* dont la France n'a cessé de constituer le laboratoire

---

(3) Dans son article *"Ruptures et continuités de la mémoire tchèque"* dans le dossier : *"Identités d'Europe centrale après le Communisme"* in **Vingtième siècle**, Octobre–Décembre 1992, Antoine Marès souligne à quel point la libéralisation des années 1962-68 *"a fait finalement exploser toutes les contraintes et les tabous"*.

(4) John Keep, *"En repensant l'histoire de l'URSS"* in **L'autre Europe** N° 24-25, 1992.

(5) Rapporté par Bernard Guetta, **Le Monde**, 27-V-1988.

(6) Georg G. Iggers, *"L'histoire sociale et l'historiographie est-allemande des années 1980"*, p. 21 in **Histoires d'Allemagnes**, numéro spécial de la revue **Vingtième Siècle**, Avril-Juin 1992.

(7) Hinnerk Bruhns, *"Allemagne, entre historiens de l'Est et historiens de l'Ouest, le mur est encore là, dans les têtes ..."* dans **Pour comprendre l'histoire, op. Cit.**, p. IX.

privilégié. Le regain d'intérêt porté à l'histoire nationale, dans notre pays, après 30 ans de déshérence, fut d'abord marqué – paradoxalement – par une série de travaux qui mirent à mal nos mythes nationaux les plus chers[8]. C'est l'impact du cumul de ces deux phénomènes dont on mesura, en 1983, les conséquences sur l'enseignement secondaire : à 6 ans des célébrations du Bicentenaire, 36,2 % des élèves de 6ème, seulement, étaient capables de dater le début de la Révolution française, alors qu'on leur donnait le choix entre 4 dates (1715 ; 1789 ; 1815 ; 1870)[9]. L'année suivante, Jacques Le Goff pouvait ainsi commencer son allocution finale au *"Colloque national sur l'Histoire et son enseignement"* de Montpellier : *"Elle était partout et soudain nous ne l'avons plus trouvée à nos côtés. Et parfois même nous ne la sentions plus vraiment présente en nous. Qui, elle ? L'Histoire, la déesse du XIXe siècle européen"*[10]. Que dire, en comparaison, du désarroi autrement dramatique que vivent actuellement les historiens de la jeune république de Russie où *"les prix des livres s'envolent, les publications sérieuses et les revues d'histoire se raréfient, les manuels n'existent plus"* ?[11]. La Pravda rapportait en juillet 1993 que la mafia tirait de substantiels bénéfices de l'achat de grosses quantités de livres scolaires qu'elle revendait en Occident au prix du papier ... [12].

---

(8) La plupart des mythes fondateurs de notre imaginaire national donnèrent lieu à une abondante production historiographique au début des années 80. Citons, entre autres, le mythe gaulois dont le dossier fut ouvert durant le colloque international de Clermont–Ferrand en 1980 (Actes publiés en 1982 sous la direction de P. Viallanex et J. Ehrard : **"Nos ancêtres les Gaulois"**, Clermont-Ferrand, p.) ; le mythe de Jeanne d'Arc, à la suite de l'ouvrage de Marina Warner, **Joan of Arc. The image of Female Heroism**, Londres, Weidenfled and Nicholson, 1981 ; celui de la prise de la Bastille ; celui de la bataille de Valmy, ou encore celui de Napoléon. Pour une approche d'ensemble voir Christian Amalvy, **De l'art et la manière d'accomoder les héros de l'histoire de France : essais de mythologie nationale**, Albin Michel, Paris, 1988, 473 p. On consultera aussi l'ouvrage plus polémique de Suzanne Citron, **Le mythe français**, Les Editions Ouvrières / E.D.I., Paris, 1987, 318 p.

(9) René Girault, **L'histoire et la géographie en question, rapport au ministre de l'éducation nationale**, Service d'information du Ministère de l'Education Nationale, 1983, p.31 et p.112. Ce rapport dénonça les errances de la période 1969–80 en matière d'enseignement de l'histoire et proposa la création d'un *"nouvel Humanisme"* dont l'une des clefs de voûte serait de rétablir l'Histoire et la Géographie au rang qu'elles méritent.

(10) *"Conclusions du Colloque"* (Montpellier, 19 au 21 janvier 1984), dans **Historiens-Géographes**, n° 298, p.601.

(11) Jean-Jacques Marie, *"Il n'y a plus d'histoire en Russie ..."* in **L'Histoire** n° 163, février 1993, p.71.

(12) Mentionné par Amnon Kapeliouk dans *"La grande détresse de la société russe"* in **Le Monde Diplomatique**, Septembre 1993, p.3.

Au delà des contextes, ne faut-il pas percevoir dans la faillite des histoires institutionnelles le symptôme de la quête par nos sociétés d'un nouveau paradigme de civilisation ? Le collectif d'auteurs de l'ouvrage *A l'Est, la mémoire retrouvée* met en relief l'idée que *"notre et l'autre Europe n'en partagent pas moins cet aspect fondamental de la crise de la modernité qu'est l'effondrement de l'histoire homogène et des formes dominantes de la téléologie messianique ou prométhéenne, l'érosion de l'utopie voire l'effondrement des 'grands récits' (J.F. Lyotard)"*[13]. Dans ce contexte, la mémoire apparaît comme le seul recours apte à nourrir le discours identitaire. Un chaos de mémoires multiples se substitue à une histoire structurée porteuse de sens.

2 – L'invention de mémoires multiples

La réapparition spectaculaire, en décembre 1989, d'une statue de Masaryk dissimulée depuis l'occupation nazie dans le mur d'une brasserie de Jevicko, en Tchécoslovaquie, nous semble illustrer à merveille la façon dont le symbolique *"fonctionne pour les communautés nationales comme une sorte de réserve, comparable à la réserve d'or constituée naguère pour garantir la valeur des monnaies"*[14]. Depuis, les nations d'Europe centrale et orientale, se sont lancées dans la quête d'un passé pouvant asseoir une nouvelle légitimité politique ou conforter un particularisme identitaire. En Russie, cette double aspiration a déterminé un travail distinct d'exhumation de la mémoire incarné par deux organisations rivales : *Mémorial* et *Pamiat'* [15]. Si la première s'attache à conjurer l'oubli de la répression stalinienne au nom d'un projet politique démocratique, la seconde cherche au contraire à célébrer la Russie des Tsars et l'Orthodoxie.

Cette dernière aspiration fait frémir quand Dimitri Vassilien, le Président de *Pamiat'*, n'hésite pas à suggérer *"que beaucoup de Russes*

---

(13) A l'Est, *la mémoire retrouvée*, Alain Brossat ; Sonia Combe ; Jean-Yves Potel ; Jean-Charles Szurek (dir.), La Découverte, Paris, 1990, p.23.

(14) Claude Reichler, *"La réserve du symbolique"* dans le dossier : *"Symbolique et identité nationale dans l'Europe contemporaine"* in **Les Temps Modernes** n° 550, Mai 1992, p.86. Voir également : Véronique Soulé, *"Nouveaux rituels, nouveaux symboles"* dans le dossier : *"L'Est : les mythes et les restes"*, **Communications** n° 55, 1992, pp.11-22.

(15) Denis Paillard, *"Figures de la mémoire : Mémorial et Pamiat' "* dans **A l'Est, la mémoire retrouvée**, *op. cit.* p.365-387.

s'enrôleraient aux côtés des Serbes" dans le cas où le conflit yougoslave devrait se poursuivre[16]. Il y a là un appel au réveil d'une mémoire longue qui renvoie à une fracture transnationale plurarséculaire. Le revivalisme d'une Chrétienté qui revendique l'authenticité de son dogme depuis le schisme de 1054 serait moins menaçant s'il ne s'appuyait sur ce que François Thual appelle *"le complexe du serviteur souffrant"*[17] : cette métaphore traduit le complexe de persécution d'une Eglise ayant souffert successivement de la Papauté, de l'Empire Ottoman et du Communisme et qui considère leurs héritiers comme autant d'ennemis naturels. Le mythe de la Troisième Rome (Moscou comme héritière de Byzance)[18] se développe aujourd'hui aussi bien en Serbie qu'en Russie et il réveille dans ces pays le vieux clivage entre Slavophiles et Occidentaux. Boris Eltsine qui n'hésitait pas, en novembre 1993, à se comparer à Pierre le Grand devrait en prendre de la graine.

L'Europe Occidentale ne fait pas exception à la cacophonie mémorielle. Les fractures transnationales sont ici moins vives même si l'on peut déceler en filigrane de certaines directives bruxelloises la mémoire longue d'une Europe nucléaire correspondant à l'ancien espace carolingien – à peu de choses près l'Europe des 6 – opposée à une Europe périphérique. Le véritable enjeu ici est celui des progrès du *"moi–nous"* sur le *"moi–je"*[19] qui a pour résultat flagrant d'amoindrir la Démocratie et de laisser s'affirmer des *"identités abusives"*[20]. Le réveil de la mémoire des *"régions archivées"*[21] peut paraître légitime à bien des égards quand il traduit une floraison culturelle ; il semble moins légitime quand il se traduit par des réflexes d'exclusion débouchant sur le terrorisme. Prenons garde, d'ailleurs, au fait que ce regain d'identification régional conduit très souvent à des phénomènes d'*"invention de Tradition"*

---

(16) Propos tenus lors d'un entretien avec Guy Sitbon. Dans le *Nouvel Observateur* du 28-I au 3-II-1993, p.54.

(17) Entretien de François Thual avec Sylvaine Pasquier dans *L'Express* du 5 mai 1994.

(18) Voir sur ce point : *"Les mythes et l'histoire russe"* dans *Lettre Internationale* n° 34, Automne 92, p.57 ; ainsi que la conclusion de François Thual à son ouvrage : *Géopolitique de l'Orthodoxie*, Dunod, Paris, 1993, pp.115-122.

(19) Un entretien avec Gérard Demuth, *Le Monde*, 7-I-92, p.2.

(20) Alfred Grosser, *"Les identités abusives"*, *Le Monde*, 28-I-94, p.2 : *"Pourquoi alors ce formidable regain de l'identification ? A une "ethnie", à une secte, à une bande. Parce qu'il y a eu destruction d'identifications. A la classe ouvrière, au parti Communiste, à l'Eglise. D'une certaine façon à l'entreprise aussi, comme patron ou comme salarié ; parce que l'identité réductrice constitue un refuge contre la difficile liberté"*.

(21) Nous empruntons l'expression à Jean Labasse, *L'Europe des régions*, Flammarion, Paris, 1991, pp.71-95.

comparables à ceux décrits par Eric Hobsbawm dans le cadre de l'Europe des années 1870-1914[22]. Cette logique se vérifie également en Europe Centrale[23] ainsi que dans les pays baltes et particulièrement en Lettonie où le pouvoir en place depuis juin 1993 tente d'utiliser l'image idéalisée des années d'avant-guerre afin de justifier sa politique d'exclusion à l'égard de la minorité russe[24].

3 – La boîte de Pandore du révisionnisme

En Slovaquie, c'est le ministre de la Culture en personne, Dusan Slobodnik, qui se charge de promouvoir le mythe d'un Etat slovaque des années 39-45, lavé de tout soupçon de sympathie à l'égard d'Hitler et ayant constitué une oasis de paix au milieu de la tourmente européenne[25]. La libération de la mémoire, de toutes les mémoires, a ouvert largement les portes à des réécritures de l'histoire pour le moins dérangeantes. L'année 1993 a été florissante à cet égard. John Charmley, un jeune historien britannique, vient de publier une biographie de Churchill qui suscite de vives polémiques Outre-Manche. L'auteur présente le Lion de Chartwell comme un *"fauteur de guerre"* possédé par une véritable *"obsession antinazie"*. L'objet de cet essai semble bien être de réhabiliter les idées de la classe dirigeante d'avant-guerre pour laquelle le maintien de l'Empire et de l'*establishment* britannique primaient sur une guerre hasardeuse et qui s'annonçait coûteuse[26]. En France,

---

(22) Eric Hobsbawm, *"Mass-Producing Traditions : Europe, 1870-1914"* dans **The invention of tradition,** Cambridge, Cambridge University Press, 1984, 263-307.
(23) Jacques Rupnik, *"Le retour de l'histoire en Europe centrale"* dans **Vingtième siècle, op. cit.,** Octobre-Décembre 1992, p.54.
(24) Karel Bartak, *"La Lettonie et l'Estonie entre nationalisme et pragmatisme"* in **Le Monde Diplomatique**, Août 1993, p.3.
(25) Martin Simecka, *Gazeta Wyborcza*, Varsovie, in **Courrier international**, n° 173, du 24-II au 2-III-1994.
(26) Churchill, **The End of Glory**, Holder and Stoughton, Londres, 1993. Sur le développement de la polémique, voir : **Le Nouvel Observateur** du 14-20 janvier 1993, p. 49 et l'opinion de François Bédarida dans **L'Histoire** n° 169 : *"Faut-il brûler Winston Churchill ?"*, Septembre 1993.

c'est l'ouvrage de Thierry Wolton[27] qui a occupé le devant de la scène quelques mois plus tard. Celui-ci, dans le contexte large d'une enquête sur l'espionnage soviétique en France dans les années 30–40 relance une polémique ouverte par Henri Frenay en 1977 et conclut que Jean Moulin *"était en affaire"* avec Robinson, un agent soviétique. Voilà une parfaite illustration de l'axiome énoncé par Jean-Pierre Azema selon lequel la Seconde Guerre mondiale reste à ce jour la *"matrice"* essentielle des enjeux de mémoire du temps présent[28].

Le révisionnisme a un *"père spirituel"* en la personne de Paul Rassinier, auteur après-guerre d'une série d'ouvrages dénonçant les *"mensonges de la littérature concentrationnaire"*[29]. Le courant négationniste qui se développa par la suite en Allemagne, aux Etats-Unis et en France lui est redevable de tout ou presque tout. Umberto Eco, dans un entretien d'octobre 1993 portant sur la question des réécritures de l'histoire, déclarait que *"pour être tolérant, il faut fixer des limites à l'intolérable"*[30]. Or certains les ont incontestablement franchies. La publication en 1979 de l'ouvrage du Dr. Wilhelm Stäglich : *Le Mythe d'Auchwitz, légende ou réalité ?* constitua un coup de maître en la matière : la reproduction dans cet ouvrage de nombreux documents officiels et photographies d'époque créent l'illusion d'un discours scientifique incontestable[31]. Par la suite, c'est l'*"Institut pour le révisionnisme historique"* (*Institute for Historical Review*) qui s'est chargé, depuis les Etats-Unis, de

---

(27) Thierry Wolton, *Le Grand Recrutement*, Paris, Grasset, 1993. Sur la polémique qui s'ensuivit, voir – entre autres – les articles parus dans *l'Histoire* n° 166 (Mai 93), n° 167 (Juin 93), et n° 169 (Septembre 93), ainsi que : Eric Conan et Daniel Lindenberg, *"Pourquoi y a-t-il une affaire Jean Moulin ?"* dans le dossier : *"Que reste-t-il de la Résistance"* in *Esprit* n° 198, Janvier 1994.

(28) Jean-Pierre Azema, *"La Seconde Guerre mondiale matrice du temps présent"* dans : *Ecrire l'histoire du temps présent*, Editions du CNRS (Institut d'Histoire du temps présent), Paris, 1993, pp.147–152. L'auteur conclut en reprenant le raisonnement d'Arno Mayer (auteur de *"La solution finale" dans l'histoire*, Paris, La découverte, 1990) *"un pareil événement générationnel, pareilles années d'épreuves qui n'ont pas de précédent, ne peuvent être dilués dans des chiffres et des courbes"*.

(29) Voir Henry Rousso, *"La négation du génocide juif"* in *L'Histoire* n° 106, Décembre 1987, pp.76–79.

(30) *Le Monde*, 5-X-93. Cité par Philippe Videlier dans : *"De la collaboration au révisionnisme. A peine masqués, s'avancent les falsificateurs du passé"* in *Le Monde Diplomatique*, Janvier 1994, p.16.

(31) *Der Auschwitz-Mythos, Legende und Wirklichkeit ?*, Tübingen, Grabert-Verlag, 1979, Patrick Moreau nous dit qu'*"Aucun texte publié depuis n'est jamais parvenu à rendre aussi "crédibles" les mensonges révisionnistes"* in *Les héritiers du IIIe Reich. L'extrême droite allemande de 1945 à nos jours*, Seuil, Paris, 1994, p.143.

diffuser en Europe les théories négationnistes. La polémique concernant l'importance que les Européens doivent accorder à la mémoire de la Shoah s'est développée ces dernières années à un point tel que la consécration des camps de la mort comme d'authentiques *"lieux de mémoire"* de l'Holocauste est aujourd'hui remise en cause[32].

II – LES CONTOURS INCERTAINS D'UNE MEMOIRE COMMUNE

1 – La nostalgie d'une Europe antérieure

Peut–être est–ce le trouble éprouvé face à une histoire du temps présent encombrée de *"trop d'idoles, trop d'acteurs monstrueux (...)"* de *"trop d'échos, follement amplifiés par les media "*[33] qui poussa nos contemporains, dès la fin des années 70, à accorder un regain d'intérêt à un horizon historique plus souriant : le tournant du siècle. La France, tout particulièrement, a contribué à lancer une *"mode viennoise"* dès 1975. Ce sont surtout les productions artistiques et intellectuelles de la *"Capoue des esprits"* qui furent célébrées dans les capitales occidentales. La sensibilité au modèle politique habsbourgeois est un phénomène plus récent à mettre en rapport avec le réveil des nationalités[34]. En Italie du nord, en Tchécoslovaquie, en Hongrie, ou en

---

(32) David Cesarinie qui dirige l'Institut d'histoire contemporaine de Londres ainsi que la bibliothèque Wiener, consacrée à l'Holocauste, s'en est ému récemment dans **The Guardian** à propos du plus célèbre d'entre eux : *"(...) nous ne pouvons pas – à cause de travaux de rénovation négligents – prendre le risque de nouvelles accusations de falsification. Nous ne pouvons pas à l'inverse laisser les ravages du temps détruire le site. L'avenir d'Auschwitz-Birkenau demande un large débat international, car nous sommes tous concernés par ces lieux"* in **Courrier International** n° 167, du 13 au 19 Janvier 1994.

(33) Mona Ozouf, **Longue durée et Temps présent**, dans le dossier : *"Une histoire du temps présent est-elle possible ?* in **Historiens-Géographes**, 1982, p.433.

(34) Le thèse magistrale de Claudio Magris, **Le mythe et l'Empire**, n'a été traduite en français qu'en 1991, trente ans après sa rédaction ! (L'Arpenteur, Paris, 419 p.).

Autriche, le murmure mémoriel en fut certainement plus précoce[35] et il se traduisit peut-être par une perméabilité des frontières surprenante, dès l'été 89, notamment entre ces deux derniers pays[36].

Cette seconde aspiration renvoie à la nostalgie d'*"un âge d'or de la sécurité"* sous l'égide de l'aigle à deux têtes, celui du *"Monde d'hier"* de Stefan Zweig. Dès 1987, Pierre Hassner soulignait néanmoins à quel point il pouvait s'agir d'une *"utopie passéiste"*[37]. Le drame, semble-t-il, est que la nostalgie de l'avant 1914, en Europe centrale, constitue une fâcheuse *coincidentia oppositorum* entre les tenants d'un cosmopolitisme brillant et ceux du revivalisme national le plus extrême.

Vaclav Havel donnait l'interprétation suivante du second phénomène : *"Les prisons de l'Histoire, en Europe, ont gardé captifs des dizaines de peuples. Le réveil de leur conscience nationale est parfaitement compréhensible (....). Mais trop souvent, il s'exprime par la violence nationaliste, la xénophobie, le racisme, l'antisémitisme, quand il ne dégénère pas en affrontements meurtriers"*[38]. Cette analyse vaut d'être nuancée : les régimes communistes ont souvent utilisé la fibre nationaliste et ont préparé certains des durcissements actuels[39]. Aussi la nostalgie du bloc soviétique au nom de la paix entre les peuples est peut-être plus illusoire que celle que l'on peut éprouver à l'égard de l'Empire des Habsbourgs ; mais ni l'un ni l'autre ne

---

(35) Otto de Habsbourg-Lorraine a eu beau jeu de le rappeler dans son ouvrage : *L'idée impériale. Histoire et avenir d'un ordre supranational*, Presses Universitaires de Nancy, Nancy, 1989, p. 54. François Fetjö en défendait l'idée en 1987 : *" cette nostalgie qui unit maintenant des peuples plus fortement que l'administration qui les avait unis jadis, qui les rend même plus proches de l'Autriche actuelle, pareille à eux, appauvrie comme eux, privée de sa majesté impériale, est une force politico-psychologique qui, après plus de soixante années d'expériences tourmentées, les a davantage rapprochés de l'Ouest et rendu conscients de leur particularité commune, davantage unis qu'ils ne l'étaient autrefois. Peut-être pourrait-on le mieux définir l'homme mitteleuropéen d'aujourd'hui en disant qu'il est plus européen que nous autres qui vivons dans cette Europe des douze, qui ne voulons pas nous rendre compte combien elle est une Europe incomplète, mutilée"*. *"Ad Mittleeuropa"*, in **Mittleeuropa, pour ou contre l'Europe**, Publications de l'Institut d'Allemand n° 6, Université de Paris III, 1987, p53.

(36) Pierre Béhar, **L'Autriche-Hongrie, idée d'avenir**, Editions Desjonqueres, Paris, 1991, p.156-158.

(37) Pierre Hassner, *"Arrière-plans et arrière-pensées politiques"* in **Mittleeuropa, op. cit.**, p.61. L'auteur insiste sur le fait que l'idée même de Mittleeuropa renvoie à des conceptions distinctes selon que l'on se réfère à la géopolitique allemande classique ou au dessein contraire de Masaryk d'une *"zone de petits Etats"* allant des Pays Baltes à la Grèce.

(38) Entretien de Sylvaine Pasquier avec Vaclav Havel, in **L'Express**, 25 février 1993, p.78.

(39) Entretien avec Jacques Rupnik : *"Europe de l'Est : la mosaïque des Nations"* in **L'Histoire** n° 132, Avril 1990, p.45.

furent tout à fait la *"prison des peuples"* que l'on croit. C'est avec sérénité que Etelka Barsi–Pataky, commissaire général chargé de mettre sur pied la grande exposition de 1996 à Budapest (*"Communication pour un Monde meilleur"*) déclare : *"C'est très bien que nous fassions l'Expo sans l'Autriche. Nous voulons dresser un bilan et établir notre identité"*. Elle ajoute néanmoins : *"Je compte surtout sur une interaction artistique avec Vienne et les festivités du millénaire de l'Autriche"* !(40). En Europe occidentale, le *"continent englouti"* de la Mittleeuropa habsbourgeoise continue d'assurer de beaux succès de librairie, peut–être en raison d'une homologie secrète entre deux fins de siècle ou d'une fascination morbide pour les empires défunts[41].

2 – La mémoire obsédante d'une Europe identifiée à l'Histoire

Une récente coproduction télévisée européenne a permis à Charlemagne un retour en force réussi dans l'imaginaire de nos contemporains. Marcel Jullian, coscénariste, déclarait à l'occasion : *"Charlemagne tel que nous le voyons actuellement, dans notre fin de siècle, est un emblème de l'Europe, bien différent de la figure exaltée au temps de la collaboration. Pas l'Europe fondée sur le seul traité de Maastricht mais sur la foi"*[42]. Il était temps de rendre l'hommage qui lui convenait au *"Rex, pater Europae"*. Peu auparavant, les jeunes Français, à titre d'exemple, en étaient arrivés à ignorer jusqu'à son nom[43], ou, dans le meilleur des cas, ne parvenaient qu'à annoncer la date de son couronnement sans pouvoir y associer la moindre signification historique[44]. La fraternité carolingienne constitue pourtant la matrice indéfectible de l'amitié franco–allemande[45]. L'Europe redécouvre ainsi aujourd'hui qu'elle a déjà eu une capitale politique, Aix–la–Chapelle, mais

---

(40) Propos rapportés par Sibylle Fritsch dans *Profil*, Vienne, in Courrier International n° 136, 9.39.

(41) On publia notamment chez nous, en 1991 : *La chute de l'Empire austro–hongrois (1916–18)* de Bernard Michel (Robert Laffont) et *les Mémoires d'un Empire disparu. Entretiens avec Zita de Habsbourg* d'Erick Feigl (Critérion).

(42) Entretien avec Philippe Cusin, *Le Figaro*, 28–II–94, p.29. Réalisée en Hongrie par le britannique Clive Donner, les 3 épisodes d'une heure et demie de la série *"Charlemagne"*.

(43) François Lebrun, *"Abraham, Périclès et le bac"*, in *L'Histoire*, n° 159, Octobre 1992, p.80.

(44) René Girault, *op. cit.*, p.30.

(45) Voir à ce sujet l'ouvrage d'Ingrid Voss, *Heerschertreffen im frühen und hohnen Mittelhalter*, Köln/Wien, Bölhau Verlag, 1987, 248 p.

aussi une capitale économique, Francfort, dont on célèbre justement, cette année, le 1200e anniversaire de la fondation par Charlemagne ! Si l'espace concerné par cette *"Rénovation"* de la civilisation a été désigné, dès le IXe siècle, sous le terme géographique d'Occident par analogie avec son modèle, l'Empire romain, sa définition plus authentique était d'un autre ordre : il formait avant tout une *Respublica Christiana*.

C'est à la reconstitution de celle-ci qu'appela le Pape Jean-Paul II en avril 1990, en annonçant un synode spécial des évêques d'Europe dont le thème serait : *"Soyez témoins du Christ qui nous a libérés"*. Un Symposium pré-synodal fut organisé en novembre de l'année suivante qui permit de réunir pour la première fois depuis fort longtemps une cinquantaine de représentants de l'intelligentsia chrétienne de l'Europe tout entière. Ceux-ci profitèrent de l'occasion pour affirmer l'urgence qu'il y avait pour les Chrétiens de *"se remémorer activement leur histoire, pour y puiser les lumières et les motivations indispensables afin de revitaliser les grands domaines de leur culture "*[46]. Les instances européennes avaient en quelque sorte déjà agi en ce sens : en 1986-87, le projet de création d'une Université européenne sur la Montagne Sainte-Geneviève était d'actualité[47]. L'année suivante, à Bologne, à l'occasion du neuf-centième anniversaire de la fondation de l'Université, une *"Charte des Universités européennes"* était signée qui devait redonner vie à *"l'esprit de coopération (internationale) qui avait été celui des Universités médiévales "*[48]. Enfin, en 1990, le Conseil de l'Europe avait rendu publique une étude établissant l'étendue insoupçonnée du réseau des itinéraires médiévaux qui menaient à Saint-Jacques de Compostelle, notamment en Europe centrale ... [49].

Par un renversement dialectique assez naturel à l'esprit européen, l'autre pôle d'une mémoire commune qui s'est récemment révélé concerne une Europe prométhéenne. Celle de l'*"invention de la Liberté"* (Jean Starobinski), illustrée avec faste par le Bicentenaire de la mort de Mozart, en 1991. La figure du musicien semble incarner l'image même du cosmopolitisme des Lumières : n'a-t-il pas voyagé plus que tout autre ? N'a-t-il pas emprunté à

---

(46) Cardinal Paul Poupard, *Le Figaro*, 20-IX-92, p.2.
(47) Jean-Pierre Rayé, *"Pour une université européenne sur la montagne Sainte-Geneviève"* in *Le Monde Diplomatique*, Août 1987.
(48) Cité par Jacques Verger dans : *"Du bon et du mauvais usage des anniversaires"* in *L'Histoire* n° 115, Octobre 1988, p.80.
(49) Rapporté par Jean Bourdarias : *"Tous les chemins mènent à Compostelle"*, *Le Figaro*, 13-VII-90.

toutes les langues : l'italien, le français, l'anglais ? Le Vatican lui–même se mit au diapason : Carlo Maria Giulini dirigea le Requiem le 5 décembre devant le Pape et le synode des Evêques[50]. Un second vol du feu hante la conscience des Européens et a fait l'objet de multiples remémorations : celui de la Révolution industrielle et des Expositions Universelles qui y sont attachées. La France tout particulièrement put célébrer d'un même mouvement le Bicentenaire de la Révolution et le Centenaire de l'exposition de 1889 ! Enfin il faudrait saluer l'avènement d'une prise de conscience de l'héritage commun à tous les Européens de leur affrontement fratricide de 1914–18. L'Historial de la Grande Guerre inauguré à Péronne, en juillet 1992, est d'une haute valeur symbolique à cet égard : les cinquante eaux–fortes d'Otto Dix formant la série *Der Krieg* sont là pour témoigner qu'il s'agit d'un lieu de mémoire authentiquement européen.

3 – Le dilemme de la loi (*nomos*) et de la nature (*physis*)

La quête d'une identité commune à tous les Européens a donné lieu récemment à toute une série de publications visant à mieux la préciser. Si le domaine des Lettres a été le plus précoce en la matière[51], l'une des opérations qui retinrent le plus l'attention fut le lancement par Hachette, le 25 mars 1992, pour le 35e anniversaire du traité de Rome, de son manuel *Histoire de l'Europe*[52] dans 7 des 12 pays membres. Une enquête auprès des lecteurs de l'ouvrage montra qu'ils en étaient satisfaits (90 %) et qu'il donnait une *"vision militante de la CEE"* (97 %). Néanmoins, un bon tiers des lecteurs estima que l'Europe non communautaire était négligée et un quart estima trop belle la part faite à la France[53]. Ces dernières remarques mettent en relief la difficulté qu'a pu éprouver un collectif de 12 auteurs de nationalités différentes. Jacques Montaville, le responsable du projet chez Hachette, pouvait ainsi révéler que

---

(50) *Le Figaro*, 6–XII–91.

(51) Citons – entre autres – la *"Petite Bibliothèque européenne"* lancée par la Maison d'édition Maren Sell en 1988 ; la série des 12 ouvrages du *Patrimoine Littéraire européen* publiés à Bruxelles à partir de 1992 sous la direction de Jean–Claude Polet ou le manuel d'*Histoire de la Littérature européenne* dirigée par Annick Benoît–Dusausoy et Guy Fontaine, sorti chez Hachette Education la même année.

(52) *Histoire de l'Europe*, sous la direction de Frédéric Delouche, Hachette, Paris, 1992, 383 p., pour l'édition française.

(53) *L'Histoire* n° 164, Mars 1993, pp. 46–47.

"le rôle de la Grèce antique a fait l'objet d'un débat particulièrement animé (...). Certains historiens souhaitaient le développer, d'autres, au contraire, le réduire. (...). Finalement un consensus s'est dégagé pour que la Grèce soit bien traitée"[54]. Voilà qui n'est pas sans rappeler la protestation du gouvernement et des intellectuels grecs, à la sortie de l'*Histoire des peuples d'Europe* de Jean-Baptiste Duroselle, qui avait qualifié *"d'outrageusement insuffisantes les références faites tant à l'histoire qu'à la contribution de la Grèce antique et de Byzance "*[55].

Que dire encore des poursuites en justice intentées par l'Académie des Sciences et des Arts de Belgrade à l'encontre de Pierre Milza et Serge Berstein qualifiés à l'occasion de *"nationalistes croates"* pour leur dernier manuel scolaire de Terminale (Hatier 1993) ?[56]. Ce dernier auteur, justement, mettait en garde, récemment, contre les dangers d'inculquer aux écoliers une histoire de l'Europe trop protocolaire : *"Actuellement, l'Europe n'est pas une réalité vécue par les populations, mais un être de raison forgé par des intellectuels et qui n'a de consistance que pour les politiques, les hommes d'affaires ou les universitaires"*[57]. Pierre Nora surenchérit de la sorte : *"Disons-le tout net : toute histoire de l'Europe qui ne s'attache principalement qu'à mettre en valeur ce que l'Europe a en commun ne peut aboutir qu'à une histoire pauvre, quelle que soit la richesse des sujets évoqués"*[58]. On ne peut qu'acquiescer aux arguments qu'il développe ensuite : cette histoire *"se donne l'aboutissement à quoi elle veut aboutir"* ; en négligeant de surcroît le *"cadre de référence essentiel"* à l'Europe, y compris et surtout du point de vue culturel, la Nation !

Les *9 Ecoles européennes* constituent depuis trente ans le banc d'essai auprès de jeunes écoliers de l'apprentissage d'une histoire commune. A la différence de ce qui a cours en France, le programme d'Histoire y est échelonné chronologiquemnet sur 7 ans : les élèves étudient ainsi la Grèce, Rome, le Christianisme et le haut Moyen-Age avec deux ans de retard par rapport aux écoliers français, ce qui n'est pas sans présenter quelques

---

(54)   Rapporté par Muruel Frat dans *Le Figaro*, 3-1-1992.
(55)   Cité par Odon Vallet dans : *"La Grèce ancienne est-elle d'extrême Droite ?"* in *L'Histoire* n° 142, mars 1991, p.68.
(56)   Rapporté dans *L'Histoire* n° 176, Avril 1994, p.5.
(57)   Serge Berstein dans le dossier *"l'Europe à l'école"* in *Le débat* n° 77, Novembre-Décembre 1993, p.168.
(58)   Pierre Nora : *"La loi de la mémoire"* in *Le débat* n° 78, Janvier-Février 1994, p.191.

avantages du point de vue de l'inculcation du sens de la Démocratie ou du respect de l'Etat. L'inconvénient majeur de ce système tient bien évidemment à la cohabitation de sensibilités nationales fort distinctes : *"Comment parler de la Macédoine à un élève grec ? Montrer à un élève britannique que Waterloo peut aussi être analysé comme une défaite de la liberté à la lumière du Congrès de Vienne, appelle des explications parfois longues"*[59]. Ces tentatives, comme celle, similaire, du lycée Jean Monnet de La Queue-les-Yvelines en banlieue parisienne, peuvent paraître dérisoires à l'heure du possible fractionnement de la Belgique ou de l'Italie ; à la veille de probables guerres civiles en Crimée ou au Kosovo, François Furet avait écrit en janvier 1990 que *"ce qui nous arrive des nations de l'Est est la victoire du XVIIIème siècle sur le XXème"*[60]. Plus le temps passe et plus on serait enclin à penser qu'il fallait entendre par là des *"Contre-Lumières"*, l' *"autre XVIIIème siècle"* attaché au pluralisme et ennemi de la Raison[61].

(59) Chantal de Lasa ; Alain Carlo et Rémi Chatel : *"Où en sont les Ecoles Européennes"* in Supplément au n° 342 d'*Historiens-Géographes*, Décembre 1993, pp.13-18. Celles-ci sont destinées en priorité aux enfants des fonctionnaires de la Communauté Européenne. On en trouve 2 à Bruxelles ; une à Luxembourg, Mol (Belgique) ; Bergen (Pays-Bas) ; Culham (Royaume-Uni) ; Varèse (Italie) ; Karlsruhe et Münich (Allemagne).

(60) François Furet : *"La Révolution commence"* in *Le Nouvel Observateur*, 4-10-I-1990, p.35.

(61) Voir à ce sujet le recueil d'articles du philosophe britannique Isaiah Berlin : **A contre-courant : essai sur l'histoire des idées**, Albin Michel, Pars, 1988, 403 p. ; et l'ouvrage plus léger de John Ralst Saul : **Les bâtards de Voltaire. La dictature de la Raison en Occident**, Payot, Paris, 1993, 600 p.

III – L'EUROPE TELLE *FUNES*, L'HOMME INCAPABLE D'OUBLIER

1 – Le syndrome patrimonial

Récemment, Jean Favier faisait remarquer à quel point notre civilisation cultive un paradoxe singulier : celui de vouer un culte à l'éphémère alors qu'elle désire tout transformer en patrimoine[62]. En France, ce problème est au coeur du débat actuel sur l'extension du *"dépôt légal"* aux archives audiovisuelles[63]. Les 850 000 heures d'archives radiotélévisées que l'Institut National de l'Audiovisuel compte désormais mettre à la disposition des chercheurs (30 000 heures s'y ajouteront chaque année) ne constitueront qu'un supplément de mémoire bien fugace si l'on ne parvient à temps à en assurer la conservation ! [64]. Ce problème se pose en d'autres termes pour l'Institut Mémoire de l'Edition Contemporaine (IMEC) dont l'administrateur, Olivier Corpet, définissait ainsi l'objectif peu après sa fondation : *"il faut rassembler les morceaux épars de cette mémoire avant qu'il ne soit trop tard, et sauvegarder ce qui peut encore l'être"*[65]. L'urgence d'archiver toutes les mémoires est une préoccupation que partage aujourd'hui l'ensemble des Européens. Dès 1989, on avait salué à sa juste valeur l'initiative de Boris Ilizarov, soutenue par Iouri Afanassiev, de constituer des *Archives Populaires* de l'URSS permettant l'écriture d'une histoire non institutionnelle en valorisant la *"mémoire individuelle"* et la *"mémoire informelle clandestine"*[66]. Mais au lendemain des décrets promulgués par Boris Eltsine le 24 août 1991, qui

---

(62) Jean Favier : *"Le droit des archives et les ambiguïtés de la mémoire collective"*, conférence inédite donnée au Séminaire interdisciplinaire de Collège de France, le 6–III–1991.

(63) Le décret d'application du 31 décembre 1993 permet finalement aux dispositions de la loi du 20 juin 1992 d'entrer en vigueur au 1er janvier 1995. Cette loi innove sur de nombreux points par rapport à celle du 19 mai 1925 qui avait cours antérieurement. Non seulement elle prévoit d'étendre le dépôt légal aux archives audiovisuelles, mais elle stipule que des oeuvres étrangères importées pourront y être versées.

(64) Voir à ce sujet **Les Dossiers de l'audiovisuel** n° 54 (numéro spécial consacré au dépôt légal), INA/documentation Française, Mars–Avril 1994, 120 p., et Jean–Michel Demetz : *"Télé, la mémoire qui flanche"* in **L'Express**, 5–V–1994, pp. 94–97.

(65) Rapporté par Antoine de Gaudemar : *"La mémoire du siècle"* in **Libération**, 15–II–1990, p.35.

(66) Maria Ferreti : *"URSS. Les archives entrouvertes"* in **A l'Est, la mémoire retrouvée, op. cit.**, pp.462–464.

transféraient les archives du PCUS et celles du KGB aux Archives d'Etat de la République de Russie, c'est *"un résumé de la mémoire du Monde"*[67] qui était soudainement offert aux chercheurs de toutes nationalités et qui permettait de s'affranchir des traditionnelles *Archives de Smolensk*[68]. Depuis, plusieurs ouvrages ont commencé de jeter une lumière hâtive sur une histoire trop longtemps restée dans l'ombre[69].

Ceux-ci, édités la plupart du temps en Occident avant même de l'être en Russie, donnent parfois le sentiment aux habitants de ce pays qu'on leur confisque un bien ultime qu'ils supposaient inaliénable. Les Tchécoslovaques et les Polonais éprouvent un sentiment comparable à l'égard de leur patrimoine artistique dont un trafic les dépouille à un rythme accéléré au profit des collectionneurs de pays plus nantis. André Chastel a voulu rappeler que *"dans toute société le patrimoine se reconnaît au fait que sa perte constitue un sacrifice et que sa conservation suppose des sacrifices. C'est la loi de toute sacralité"*[70]. La Pologne se reconnaît dans cette définition, qui fait actuellement l'inventaire des collections dérobées lors de l'occupation nazie et s'interroge sur le coût à consacrer à la restauration de ses anciens manoirs détruits à l'époque du régime communiste[71]. De même l'Allemagne s'interroge avec consternation sur les destructions programmées par la RDA lors de la présidence de Walter Ulbricht[72] et s'évertue à restaurer le bâti monumental de Saxe et de Prusse : dans ces deux régions les édifices datant

(67) Propos de James Billington, directeur de la Bibliothèque du Congrès, lors d'une conférence qui s'est tenue à Paris, du 7 au 10 juillet 1992, à l'ambassade de Russie, afin de déterminer les conditions d'accès aux archives de l'ex URSS. Rapporté par Alice Sedar, **Le Figaro**, 13-VII-1992.

(68) Ces Archives, conservées au Federal Archives Center de Washington, étaient tombées aux mains des Allemands en juillet 1941 puis dans celles des américains en 1945. C'était jusqu'alors, le seul fonds d'archives disponibles aux chercheurs sur le PCUS.

(69) Les deux plus en vue ont été : Vitali Chentaliski, **La parole ressuscitée dans les archives littéraires du KGB**, Robert Laffont, 1993, 468 pages, et Arkadi Vaksberg, **Hôtel Lux**, Fayard, 1993.

(70) André Chastel, *"La notion de patrimoine"* in **Les Lieux de mémoire**, T.II : **La Nation**, Volume 2, p.441.

(71) Sur le premier point, voir : Ryszarda Socha et Miroslaw Zeidler, **Wprost** (Poznan) in Courrier International n° 90, 23-VII-1992, p.27. Sur le second : Marta Piwinska, *"Le manoir, un conservatoire de l'idée nationale"* in **A l'Est la mémoire retrouvée, op. cit.**, pp.98-123.

(72) La plus fameuse d'entre elles fut le dynamitage du Château royal de Berlin en 1950. La façade du Palais a néanmoins retrouvé une existence virtuelle en 1993 sous la forme d'une grande toile peinte de 6000 mètres carrés apostrophant les badauds qui déambulent sur Unter den Linden et leur suggérant d'aider à sa reconstruction. L'autre destruction notable fut celle de la Chapelle de l'Université de Leipzig, le 30 mai 1968 ... Voir entre autres à ce sujet : Katrin Löffler, **Die Zerstörung. Dokumente und Erinnerungen zum Fall der Universitätskirche Leipzig**, Benno Verlag, Leipzig, 1993, 234 p.

des Lumières ou se rapportant à l'aventure architecturale du Bauhaus semblent d'ailleurs être privilégiés, comme pour exorciser un patrimoine plus directement lié aux Reichs allemands, à une *"voie particulière"* (*Sonderweg*) aujourd'hui honnie.

Le malaise s'affirma en novembre 1993, à l'occasion de l'inauguration à Berlin par le Chancelier Helmut Kohl d'*"un lieu central de commémoration de la République Fédérale Allemande"* au sein du petit temple néo–classique de la *"Nouvelle Garde"* édifié par Schinkel en 1818 sur l'avenue Unter–den–Linden. L'épitaphe choisie, *"Aux victimes de la guerre et de la violence"* souleva de nombreuses critiques de la part de ceux qui ne désirent pas encore confondre coupables et victimes des crimes nazis...[73]. L'Allemagne a bien du mal à édifier des *"lieux de mémoire"* de son identité retrouvée. La réalisation du Musée Historique Allemand de Berlin permettra peut–être de relever ce défi. Il devrait en tout cas servir de modèle quant au problème de la muséographie de l'Art totalitaire. C'est bien l'un des paradoxes de l'Europe post communiste que d'avoir à gérer le destin d'un Art qui ne lui appartient plus.

2 – L'obsession commémorative

L'acceptation d'une pluralité des mémoires est le signe, en Allemagne comme en France, du passage d'une *"conscience nationale de type unitaire à une conscience de soi de type patrimonial"*[74]. Cet effacement de l'historique face au mémoriel explique la profusion actuelle des commémorations. A titre d'exemple, l'obsession calendaire que nous vivons invitait à célébrer dans l'hexagone, en 1993, les événements les plus disparates : du 400ème anniversaire de la fondation du premier jardin botanique français à Montpellier au centenaire de la disparition de Jules Ferry en passant par le bicentenaire de celle de Goldoni ou le cinquantenaire de la révolte du Ghetto de Varsovie. William M. Johnston explique cette récente obsession des

---

(73) Voir Andreas Johannes Wiesand, *"Allemagne : héritage culturel et symbolique de l'Etat"* in *Le débat* n° 78, op. cit., pp.140–154, en ce qui concerne la *"préhistoire"* de ce conflit et le problème de la gestion des *"biens culturels"* dans l'Allemagne réunifiée.

(74) Pierre Nora, *"L'ère de la commémoration"* in *Les lieux de mémoire*, T.III : Les France, vol 3, p.992. Pour le parallèle avec l'Allemagne, voir : Etienne François : *"Nation retrouvée, "nation à contrecoeur". L'Allemagne des commémorations"* in *Le débat* n° 78, *op. cit.*, pp.62–70.

anniversaires par le fait que *"le public européen et américain a tellement perdu le contact avec le passé que seules des extravagances peuvent le rappeler"*[75]. L'allusion à la parade de Goude sur les Champs–Elysées, le 14 juillet 1989, semble à peine voilée. Ce défilé des *"tribus planétaires"*[76] appartient pleinement à la logique de la *"commémoration patrimoniale"* définie par Pierre Nora : son caractère foncièrement ludique et médiatique ne lui a-t-il pas permis de s'ancrer comme une image vive dans l'esprit de nombreux Français au détriment du souvenir de la Révolution qu'il était censé célébrer ?

La commémoration du 600ème anniversaire de la bataille de Kosovo par la Serbie, le 28 juin 1989, avait été – très paradoxalement – plus proche du modèle de la fête révolutionnaire ! Les instances éducatives de cette république s'étaient mobilisées au service d'une pédagogie nationale sans remords. La tombe du souverain Lazare joua le rôle d'autel de la Patrie pour de très nombreux Serbes venus au Kosovo, y compris d'Amérique, afin de sceller le pacte de l'union nationale en jetant l'anathème sur les ennemis passés et à venir[77]. La Fédération yougoslave est morte ce jour-là de n'avoir pu se constituer en communauté d'oubli ... Que dire par ailleurs des commémorations orchestrées en Russie ? Si celle du millénaire de la Nation russe, en 1988, sembla dictée par l'attitude pragmatique de Michael Gorbatchev à l'égard de la montée en puissance de l'Eglise orthodoxe, celle du 6ème Centenaire de la mort de Saint Serge de Radonez, en 1992, réglée par Boris Eltsine, semble le signe d'une résurgence authentique du nationalisme russe. A l'Est, la commémoration demeure donc un enjeu de reconquête identitaire. La désaffection du peuple polonais à l'égard du Bicentenaire de la Constitution de 1791, pourtant parfaitement orchestrée par Lech Walesa, ne manque pas d'être troublante à cet égard[78]. Peut-être est-ce lié au fait que la commémoration est perçue par certains peuples sous ses couleurs françaises

---

(75)   William M. Johnston, *Postmodernisme et Bimillénaire*, Puf, Paris, 1992, p.257.

(76)   Voir Jean-Paul Goude : *"Ce que j'ai voulu faire"* in *Le débat* n° 54, pp.35-36 : *"La reconstitution historique : la Révolution, pour parler strictement spectacle, showbiz, c'est quelque chose de très difficile à représenter. Difficile de faire mieux que Renoir ou Abel Gance. (...). J'ai donc décidé de baser le spectacle sur une idée qui mettait tout le monde d'accord, celle d'illustrer la fraternité entre les hommes. (...). Nous savions que nous allions célébrer la "fête des tribus planétaires" pour reprendre le slogan de la publicité, mais ce mot de tribu s'était imposé à moi depuis le départ"*.

(77)   Zoran Kacarevic : *"La bataille du Kosovo"* in *A l'Est, la mémoire retrouvée, op. cit.*, pp.521-534.

(78)   Janine Ponty : *"Pologne : bataille pour une fête nationale"* in *L'Histoire* n° 150, Décembre 1991, pp.78-79.

d'origine : une *"expression laïque liée à la tradition des Lumières, de la Révolution et de la République"* ?[79]. Pierre Nora faisait remarquer à cet égard le contraste entre une Angleterre fort peu commémorante et les Etats-Unis qui, au contraire, se sont forgé une véritable *"Religion civile"*.

Au total, l'obsession commémorative qui prévaut aujourd'hui semble contradictoire au plus haut point avec l'ambition de suggérer aux Européens de se référer à une histoire commune. L'actualité vient d'ailleurs de nous en fournir la navrante illustration. Au début du mois de mars 1994, le *Frankfurter Rundschau* a fait scandale Outre-Rhin en prétendant que le Chancelier Kohl avait entrepris des *"démarches informelles"* afin d'être admis à participer à la commémoration du cinquantenaire du débarquement allié en Normandie. Bien qu'immédiatement démentie de part et d'autre, cette information créa un vif sentiment d'opinion dans les deux pays. Des voix s'élevèrent en faveur de la réconciliation alors que d'autres s'y opposèrent farouchement. Hans Stercken, ami politique du Chancelier, aurait même déclaré lors d'une conférence donnée à Caen qu' *"Il est difficile de comprendre que, si peu de jours avant les élections européennes, l'Europe n'apparaisse pas lors des cérémonies commémoratives du débarquement"*[80]. La polémique s'apaisa à la fin mars une fois que le Chancelier eut déclaré qu'il n'avait *"jamais, ni nulle part"* demandé à être invité et qu'une présence allemande en Normandie aurait été de toute façon *"déplacée"*[81].

3 - La mémoire requiert l'histoire

Le fait que 57 % des Français interrogés à cette occasion se soient dits *"très favorables"* ou *"assez favorables"* à la présence d'officiels allemands lors des cérémonies du débarquement[82] en dit long sur l'érosion en France des *"mémoires dominantes"*, gaulliste ou communiste, qui s'étaient imposées depuis la guerre. Aussi, face au flot grossissant des mémoires révélées, le recours de l'histoire savante est aujourd'hui impératif afin de ne pas céder *"à un relativisme confortable, selon lequel tout serait ambigu, comme si les faits*

---

(79) Pierre Nora : *L'ère de la commémoration"*. *op. cit.*, p.1001.
(80) Rapporté par Jean-Paul Picaper in *Le Figaro*, 17-III-1994.
(81) *Ibid*, 24-III-1994.
(82) Sondage publié dans l'hebdomadaire *La Vie Catholique* à la mi-mars.

se modelaient au service de telle ou telle justification personnelle ou collective"[83]. C'est dans cette optique que le Cardinal Decourtray avait demandé à une commission d'historiens, en juin 1989, de déterminer *"la vérité quoi qu'il en coûte"* au sujet des relations qui furent celles de Paul Touvier avec les milieux ecclésiastiques dans l'immédiat après–guerre[84]. C'est à ce prix seulement que l'on pourra *"concilier l'oubli et le souvenir"* comme y invitait Vladimir Jankélévitch, peu avant sa mort[85].

L'Europe d'aujourd'hui est affectée par un vertige identitaire qui semble lui commander de recenser toutes ses mémoires, d'agrandir à l'infini son enclos patrimonial et de s'auto–commémorer sans fin. Qu'elle prenne garde qu'*"on n'oublie pas à la suite d'un effacement, mais d'une superposition : non pas en rendant absent, mais en multipliant les présences"*[86]. C'est en ce sens que Françoise Choay a invité récemment les Européens à se déprendre de la posture narcissique qu'ils adoptent face au miroir de leur patrimoine architectural et qui a pour conséquence d'hypothéquer leur *"compétence d'édifier"*[87]. C'est en ce sens, également, que Pierre Nora invite ces mêmes Européens à se défier d'une *"moment–mémoire"* qui les rend orphelins de l'histoire.

Mémoire et histoire sont néanmoins conciliables à condition que leurs rôles soient convenablement partagés. S'il est louable que la mémoire soit une injonction quand il s'agit de se souvenir des sacrifices et des crimes, il est intolérable qu'elle exerce sa tyrannie aux dépens du vrai[88]. La *"querelle des historiens"* (*Historikerstreit*) a révélé à l'Europe entière l'importance du syndrome nazi chez nos voisins d'Outre-Rhin[89]. Le philosophe Jürgen Habermas dénonça, dès l'été 1986, le souhait d'une *"historicisation"* de la recherche (*Historisierung*) exprimé par un groupe d'historiens professionnels à l'égard d'un passé que seul concernerait l'éthique. La France n'est pas

---

(83)   Propos de François Bédarida, rapportés dans *L'Histoire* n° 170, Octobre 1993, p.4.

(84)   In Pierre Bois : *"La voix nécessaire des historiens"* in *"Le Figaro"*, 29–III–1994, p.14;

(85)   *"Le philosophe et l'Histoire"*, entretien avec Vladimir Jankelevitch par Michel Lejoyeux et Hubert Tison, in *Historiens-Géographes*, n° 299, p.955.

(86)   Umberto Eco : *"Un art d'oublier est-il concevable ?"* dans *"Théâtres de la mémoire"* in *Traverses* n° 40, p.134.

(87)   Françoise Choay, *L'allégorie du patrimoine*, Seuil, Paris, 1992, pp.187–198.

(88)   François Bédarida : *"La mémoire contre l'histoire"* dans le dossier *"Le poids de la mémoire"* in *Esprit*, Juillet 1993.

(89)   A ce sujet, voir le dossier très complet paru dans *Esprit*, en Octobre 1987. Voir également : *"Le poids de l'histoire"* dans *Le débat sur l'identité allemande*, *Problèmes politiques et sociaux* n° 578, 19–II–1988, pp.30–56.

exempte de semblables interrogations dès que ses plaies de mémoire les plus vives sont ravivées par l'actualité : qu'il s'agisse de Vichy, de Dien Bien Phu, ou de l'Algérie[90]. Pourtant, ici et là, l'histoire savante peut enfin passer outre le pis aller d'ériger les enjeux de mémoire en objets d'histoire, quand une reconquête véritable du territoire annexé par la mémoire devient possible[91]. C'est à cette seule condition que l'Europe pourra renouer avec l'Histoire. Sans quoi elle connaître le sort de Funes, personnage dont Jorge Luis Borges nous raconte qu'il est mort de ne rien pouvoir oublier.

---

(90) Voir à ce propos : *Oublier nos crimes. L'amnésie nationale : une spécificité française ?*, Editions Autrement, série Mutations n° 144, Paris, 1994 ; et bien évidemment : Henry Rousso, *Le syndrome de Vichy, 1944-198...*, Seuil, Paris, 1987, 323 p.

(91) Stéphane Courtois : *"Archives du communisme : mort d'une mémoire, naissance d'une histoire"* in *Le débat* n° 77, *op. cit.*, pp.145-156.

PROFILS PARALLELES,
LA NAISSANCE DE LA PENSEE POLITIQUE MODERNE
DANS LA GRANDE EUROPE

Chantal MILLON–DELSOL

(Université de Marne–la–Vallée)

Lorsqu'un occidental voyage à l'Est, et découvre avec effroi les ravages laissés par ce demi–siècle, on lui rappelle immanquablement que l'Europe centrale et orientale, par sa situation géographique, a toujours protégé l'Europe occidentale en subissant, elle seule, les *"barbares"* qui campaient sur nos marches. Aussi, nous autres de l'arc atlantique serions les grands chanceux de l'histoire, sauvegardés par notre distance. Mais l'Est n'a pas servi seulement de limes protecteur. Il a contribué à l'épanouissement de la culture commune. Si l'on peut considérer que la culture européenne a rayonné autour de plusieurs pôles se déplaçant au cours de l'histoire – Paris, Londres, Florence, Berlin, Vienne ... –, l'Europe centrale a effectivement joué un rôle dans la constitution de ces pôles, tandis que l'Europe orientale a contribué à la richesse commune par le développement d'une culture des confins, tout comme le Portugal (cf. E.Lourenço, *L'Europe introuvable*, Métailié, 1991), ou les pays scandinaves. Il y aurait beaucoup à dire sur les cultures des confins, à la fois fascinées par le centre et capables d'en juger les excès, intégrant les nouveautés produites par le centre pour en renvoyer une image nouvelle et rajeunie, inventant dans le creuset commun des pensées à l'allure parfois étrange, mais stimulantes. En tout cas, la culture est–européenne ne peut être considérée comme un écho affadi de la culture des centres, comme la production d'un mime vite caricatural. Car elle s'abreuve aux mêmes sources, lesquelles n'y sont pas moins vivaces et, sur ce socle identitaire, crée une part de ce qui deviendra l'héritage collectif.

Le critère purement économique autour duquel on voudrait unifier l'Europe retrouvée, n'a rien d'affriolant, même s'il est sage de considérer qu'il représente un critère conditionnel à partir duquel tout devient possible. La grande Europe ne saurait devenir une entité, et même une patrie superposée aux autres, que parce qu'elle l'est déjà, par l'architecture séculaire d'une pensée commune. Les Européens, en dépit de leur diversité, demeurent liés par les origines et par les épopées du sens, par un même regard porté sur le monde. Ce regard détermine l'avenir autant qu'il habite l'histoire. La situation des Européens ressemble, quels que soient les artifices politiques ou les caprices de la puissance, à celle des Grecs décrits autrefois par Platon : *"Nous devons parler de guerre quand les Grecs combattent contre des étrangers, qui sont leurs ennemis naturels. Toutefois, les Grecs sont par nature les amis des Grecs et quand ils se battent entre eux, l'Hellade est en proie à une division que l'on nomme guerre civile ... Tous devraient se rappeler que la guerre ne durera pas toujours et qu'un jour il faudra qu'ils fassent la paix"* (**République**, V, 470 c).

L'une des tâches des intellectuels européens de notre temps consisterait donc à redécouvrir les étapes de la culture commune, à suivre les fils de l'aventure labyrinthique qui nous a fait ensemble ce que nous sommes. La réussite de l'Europe est probablement à ce prix, car un destin représente l'attelage où le passé et l'avenir se rencontrent.

Des deux côtés de l'Europe, la pensée s'avance conjointement et parallèlement. L'inspiration analogue fait naître à chaque étape, ici et là, des génies complices. Prenons la période de la Renaissance : l'humanisme européen représente une création commune. Les prodromes de la modernité apparaissent partout. Aux XVIe et XVIIe siècles, les grandes pensées, porteuses du destin européen, se répandent d'un bout à l'autre du continent.

L'évocation de profils parallèles pourrait permettre de mieux apercevoir les connivences.

ERASME, MODRZEWSKI ET LA LIBERTE DE PENSEE

On pourrait voir surtout en Andrei Frycz Modrzewski, né en Pologne en 1503, l'un de ces humanistes inspirés par l'oeuvre d'Erasme, tels Vivès ou plus tard Komensky. Erasme fut un annonciateur. Mais Modrzewski fut aussi un annonciateur. Il s'appuya sur Erasme, et traduisit socialement ce qu'il y avait chez lui de novateur. Les révolutions modernes se trouvent déjà chez Modrzewski, pas encore chez Erasme, qui avait décrit leur fondement, mais non leur concrétisation. En ce sens, Modrzewski fut peut-être l'annonciateur politique de l'âge nouveau, dont Erasme était l'inspirateur européen. L'un s'appuie sur l'autre : ne fut-ce pas Modrzewski qui, après la mort d'Erasme en 1536, vint à Bâle chercher sa bibliothèque achetée par Jean Laski, son protecteur ? Mais Modrzewski dépasse Erasme en développant les conséquences de la pensée renaissante dont il est, dans l'autre Europe, l'un des instigateurs.

Stephan Sweig (***Erasme***, Grasset, 1935), a d'abord décrit Erasme comme un homme sans père et sans patrie, les deux privations se rejoignant. Sa date de naissance échappe aux certitudes. Son esprit aussi, à ce point que la postérité le voit pusillanime. Modrzewski naquit dans une famille reconnue et riche. Il fit le parcours d'un jeune noble cracovien, à commencer par des études dans la célèbre université. Il ne ménagea pas ses éloges à Luther, bravant les foudres ecclésiales. Il termina sa vie dans la disgrâce, son ouvrage mis à l'index.

A l'époque, la république des Lettres est européenne davantage que nationale. Les deux hommes écrivent en Latin et appartiennent à la patrie chrétienne. Ils rentrent l'un et l'autre dans les ordres. Erasme voyage parce qu'il est apatride et européen ; Modrzewski voyage parce qu'il est polonais, et la Pologne européenne et chrétienne, c'est-à-dire éprise d'universel. Tous les deux furent chargés d'oeuvres pacificatrices au sein de l'Eglise déchirée de ce temps. Erasme, comme médiateur, tenta de réconcilier Luther, dont il détestait la doctrine, et l'Eglise, qu'il supplia de ne pas châtier exagérément le rebelle. Au service du roi de Pologne, Modrzewski chercha à promouvoir une paix religieuse, liant un *"luthérianisme modéré"* et un *"catholicisme libéral"* (P. Mesnard, *L'essor de la philosophie politique au XVIe siècle*, Vrin, 1969, p.415).

L'humanisme renaissant quête l'universalité. S'appuyant sur le christianisme, il donne forme à l'Europe, structure et assoit son unité. Cette unité supérieure embrasse les diversités culturelles sans les détruire, à condition qu'elles répondent à l'appel de l'esprit libre. L'humaniste est tout sauf un idéologue. Il privilégie toujours l'homme par rapport à l'idée. Il se méfie de la vérité absolue : l'esprit humain ne peut la saisir, et tout est nuance. Erasme ne cesse de protester contre la censure, le bûcher, l'inquisition, et réclame la mesure, d'abord dans son propre camp, c'est–à–dire celui de la hiérarchie ecclésiale. Modrzewski propose de créer en Pologne un corps de légistes formés à l'humanisme chrétien, libres par rapport au pouvoir, par rapport aux théories et aux chapelles diverses (T. Wyrwa, *La pensée politique polonaise à l'époque de l'humanisme et de la renaissance*, Librairie polonaise, 1978, p.387 et ss). Par delà les intransigeances accumulées, l'auteur du *De republica Emendanda* couronne la prudence aristotélicienne, vouée au bien de l'homme dans la contingence.

Ce désir d'universel situe les deux hommes très loin des débats où pourtant ils s'immiscent : à la fois acteurs et spectateurs, prenant parti pour affirmer sans relâche que le vrai parti est ailleurs, plus haut, en amont des disputes. Face à Luther, Erasme ne tranchera jamais sur la question des sacrements, valorisant la piété et la sagesse où même les dogmes semblent des détails. Il affirme : *"Je suis un gibelin pour les Guelfes et un guelfe pour les Gibelins"* et, selon le mot de Sweig, *"doit s'enfuir de Louvain parce que la ville est trop catholique, de Bâle parce qu'elle est trop protestante"* (op. cité p.217). Modrzewski met son caractère ardent au service de la tempérance, et dans la querelle avec les antitrinitaires, répugne à s'engager pour ou contre la Trinité, à ce point que P. Mesnard écrit : *"l'oecuménisme de Modrzewski l'avait amené peu à peu jusqu'au bord du rationalisme religieux"* (op. cité p. 416).

Ainsi naît la tolérance européenne et, dans le fracas des querelles, elle peut paraître une lâcheté. Mais les deux hommes, comme la plupart des penseurs de ce temps, n'achètent pas la paix aux dépens de la raison. Ni l'un ni l'autre n'étaient libres penseurs, au sens où l'on entend couramment cette expression ; l'un et l'autre tenaient désespérément à la liberté de pensée. Notre époque a peine à admettre que des intellectuels croyants puissent conserver cette disponibilité d'esprit, cette audace dans le regard, bref, cette faculté de toujours chercher la vérité, qui devrait être le propre de l'intellectuel. Modrzewski fréquenta à Cracovie une académie irrévérencieuse, qui se réunissait dans la bibliothèque d'un lettré, et où l'on s'opposait à l'Eglise officielle. Erasme, ordonné prêtre en 1492, sortit du couvent en bravant les menaces de ses supérieurs, et obtint l'autorisation papale de ne plus porter la soutane. Pour ne s'attacher à aucune institution ni à aucun supérieur, il parcourut l'Europe en vivant d'expédients, protégeant son indépendance au détriment de son confort. Devenu âgé et célèbre, appelé par toutes les cours, il n'entra au service d'aucune.

L'humanisme renaissant est à la fois un ressaisissement de l'esprit chrétien, et une prise de distance par rapport à lui. La religion a été dépravée : aussi les propos de Luther sonnent-ils justes. Luther a mis le doigt sur la plaie. Erasme lui reconnaît la lucidité, puisqu'il écrit : *"si Luther reste dans le giron de l'Eglise, je marcherai volontiers à ses côtés"*. L'Eglise est corrompue à travers son personnel : tel est le cri d'alarme que lancent, avec d'autres, le hollandais et le polonais. Le problème crucial n'est donc pas dans la foi, mais dans les moeurs. Il s'agit de régénérer la communauté chrétienne, et cela ne se fera que par un retour aux sources, puisque cette corruption s'entend comme dégénérescence. La redécouverte de l'Evangile, l'imitation de la vertu des premiers chrétiens, permettront une transformation radicale, mais dans la stricte acception d'une re-naissance.

Si la question des moeurs est primordiale, au-delà de la question des dogmes, la réforme sociale passe avant tout par les comportements. La politique et la morale, sans se confondre, se rejoignent, dans la droite ligne d'une pensée aristotélicienne. Contemporain de Machiavel, Erasme demande ce que vaut la politique d'un chef corrompu : saura-t-il viser le bien commun s'il ignore le bien particulier ? Son évangélisme peut paraître idéaliste au mauvais sens, car chacun sait que l'on ne fait pas de la politique avec de bons sentiments. Mais peut-être recèle-t-il par ailleurs quelques vérités premières. Quel est le peuple qui ne doute du gouvernement d'un chef dépravé ? En rangeant la politique sous l'emprise de la morale, Erasme a sans doute tendance à nier la politique, et donne parfois envie de défendre Machiavel. Mais il rappelle que la société dirigée par les purs machiavéliens deviendrait vite infréquentable. Modrzewski ne sépare pas non plus la politique de la morale, et apparaît davantage versé dans la morale que dans la théorie politique. Sachant les réformes nécessaires, il propose de viser une transformation sociale en profondeur, et d'amender les moeurs avant les structures. Non pas, on va le voir, que les lois soient inutiles, au contraire. Mais que valent les lois sous les moeurs corrompues ? La société immorale réclame une multiplication des interdits (*"Plus l'Etat est corrompu, disait*

Tacite, plus les lois se multiplient"), laquelle s'avère finalement inutile, car on ne gouverne pas seulement par la sanction. Naturellement, les lois seront toujours nécessaires, parce que les mœurs ne seront jamais parfaites. Mais justement, les lois sont au service des mœurs, et dans le *De Republica*, le livre *"Sur les mœurs"* précède le livre *"Sur les lois"*.

La prééminence des *"hommes bons"* sur les *"lois bonnes"*, qui marque l'évangélisme érasmien poursuivi et réactualisé un peu plus tard par Modrzewski, marque bien cette étape particulière de la conscience politique européenne. Nous nous trouvons ici dans une situation où l'idéal de tolérance vient remettre en cause les sectateurs et les sectaires de la foi, pendant que la religion affirme la certitude d'un bien objectif. Ce qui peut apparaître comme une contradiction, révélatrice du passage d'une ère à l'autre. Contradiction relative cependant : tandis que la tolérance de l'âge moderne – déjà chez Locke – s'appuie sur l'incertitude des vérités, ici la tolérance naissante repose sur la certitude d'une vérité évangélique, valorisant le respect de l'homme. La tolérance apporte avec elle son propre fondement, a lieu de se justifier par la négation de tout fondement. Aussi l'humanisme du XVIe siècle réclame-t-il des lois propres à amender les mœurs : *"Il faut, par d'heureux décrets, corriger les mauvaises mœurs"*, écrit Erasme. Et Modrzewski propose de nommer des censeurs voués à surveiller les mœurs. La république, pour lui, se définit par le désir de vivre ensemble sous les lois, dans le bonheur et la vertu. La bonne politique surgit d'une morale réalisée, parce que seule la voie chrétienne, considérée comme naturelle et simplement universelle, peut mener au bien. Nous retrouverons cette vision de la politique chez Althusius, et au XIXe siècle, alors comme survivance anachronique, chez Le Play.

La recherche du dirigeant éclairé s'inscrit dans la même logique. Si la nature du bien commun comme du bien particulier se désigne de manière certaine, à partir de références évangéliques, alors le bon gouvernement passe par des chefs nantis d'une vertu spécifique. Erasme écrit à l'usage des princes, parce que la politique de l'époque demeure très largement entre les mains des princes. Mais aussi, parce que dans l'optique d'une connaissance objective universelle du bien commun, il suffit d'éduquer le modèle pour espérer le bonheur de tous. Même si le contenu du *"bien"* diffère, la compréhension politique est analogue ici à celle de Platon, qui réclamait un *"tyran éclairé"*, et disait à propos de Denys de Syracuse : *"Il suffisait de persuader un seul homme, et tout était gagné"*. D'ailleurs, Erasme et Modrzewski citent l'un et l'autre Platon pour faire l'éloge du philosophe au pouvoir, et souligner l'exigence du gouvernant éclairé, c'est-à-dire, ici, vertueux. Erasme souhaite inciter les princes de l'époque à suivre l'Evangile, à devenir des sages chrétiens, adeptes de la philosophie humaniste. Modrzewski souhaite placer ces philosophes humanistes aux postes de commande : législateurs, censeurs, conseillers politiques et conseillers religieux du roi. Ces hommes, et le trait est significatif, couperont court aux bavardages de la Diète, liée aux intérêts particuliers, et peu soucieuse de se soumettre au bien commun. On le voit, l'humanisme chrétien du XVIe siècle n'est pas pluraliste, en dépit de la tolérance qui le caractérise. Sans doute peut-on dire qu'il exerce sa tolérance envers les personnes, non envers les idées.

Ceci apparaît clairement à travers la théorie éducative des deux auteurs. Erasme insiste beaucoup sur le rôle des pouvoirs publics en matière d'éducation. Tous doivent être éduqués, puisque les moeurs comptent davantage que les lois, et si l'on parvenait un jour à rendre les citoyens vertueux, le code pénal deviendrait inutile. Vieux rêve dont plus tard nous trouverons l'écho, pour ne citer qu'eux, chez Fichte ou chez Le Play. Modrzewski consacre à l'éducation l'un des cinq chapitres de son ouvrage sur la réforme de la république. Il réclame l'entremise du service public pour mener à bien la tâche éducative, afin que les pauvres ne soient pas privés d'école. C'est en élevant le peuple tout entier à la connaissance et à la vertu, que la république sortira de son état corrompu. Le projet suppose que l'on tienne tous les individus pour capables de recevoir ces connaissances. L'égalité évangélique se traduit dans les capacités analogues, et dans la nécessaire égalité devant la loi.

Fils de leur temps, les deux auteurs sont monarchistes. Dans la tradition européenne, ils conçoivent la monarchie bridée par une loi qui la dépasse. Le prince n'est pas un *"maître"*, car il gouverne des hommes libres. Le pouvoir doit être fort : Erasme préfère clairement la tyrannie à l'anarchie ; Modrzewski réclame une centralisation face à l'émiettement de son époque, et un affermissement du pouvoir royal. Mais l'idéal du régime mixte, présent dans la littérature européenne jusqu'à Bodin, vient atténuer le monarchisme. Il faut, dit Erasme, que la monarchie emprunte à l'aristocratie et à la démocratie, si elle ne veut pas tomber dans la tyrannie. Pour Modrzewski, la constitution polonaise l'emporte sur toutes les autres, parce qu'elle sait conjuguer les trois pouvoirs traditionnels.

A la suprématie sans discussion de la loi, qui assigne au monarque un rôle second, s'ajoute chez Modrzewski une idée nouvelle : celle de l'égalité devant la loi.

Les législations de l'époque établissent des échelles de peines, non pas selon l'ampleur de la faute, mais selon le rang du coupable. En Pologne, si un noble tue un vilain, il lui suffit de payer une somme d'argent pour compenser, tandis que si un paysan tue un noble, il est pendu. Modrzewski nous laisse un plaidoyer vigoureux pour l'égalité : il demande à quel titre il faudrait priver les paysans de liberté, de propriété, du bénéfice des lois. Solon disait que les lois sont comme les toiles d'araignée : le fort s'en échappe et le faible s'y perd. C'est exactement ce que regrette Modrzewski. L'inégalité devant la loi a plusieurs conséquences fâcheuses. D'abord, elle rend impossible la liberté, car nul n'est libre si les lois l'asservissent au lieu de lui rendre justice. Or la liberté de l'homme représente le fondement de toute république chrétienne. Ensuite, elle engendre dans la société même une séparation nette entre deux classes d'hommes, selon la manière dont la loi les traite. Or, la république implique une communauté sociale unie dans la concorde et l'amitié. Ce qui suppose une certaine égalité.

La finalité de la république ne suffit pourtant pas à justifier cette égalité, car sinon, comment justifier la république elle-même ? Le fondement ultime de l'égalité réclamée, et plus loin de la république comme amitié entre hommes libres, se situe dans la référence chrétienne de l'égalité ontologique des âmes. C'est au nom de l'égalité des âmes que la république chrétienne doit garantir l'égalité en dignité de ces hommes divers, et qui doivent rester divers dans l'existence, parce qu'une société saine recherche l'harmonie et non l'identité – dans la ligne aristotélicienne –. Lors même que les statuts sociaux demeurent différents et inégaux, c'est la loi qui va établir l'égalité du respect.

Aussi Modrzewski appelle-t-il deux sortes de réformes. La première concerne l'égalité devant la justice, à commencer par l'égalité des peines. Les plus faibles, à savoir les paysans, doivent pouvoir citer les nobles en justice. A l'inverse de ce qui se passe alors, ils doivent même être davantage protégés par la justice que les riches, dans la mesure où ils sont plus faibles, moins relationnés. La seconde concerne l'impôt et ce que nous appelons le *"droit à"*. L'auteur du *De Republica* propose une réorganisation de l'impôt, qui serait supporté à proportion des revenus, alors qu'il repose presque exclusivement sur les pauvres. Il réclame des mesures visant à aider les plus pauvres : une véritable assistance publique, afin de remplacer la charité aléatoire par une justice garantie par l'Etat. La puissance publique doit à la fois remettre les fainéants à l'ouvrage, assister jusqu'à suffisance ceux qui ne peuvent travailler, enfin aider les assistés si possible à recouvrer leur autonomie afin qu'ils ne restent pas toujours à charge de la société.

Devant ce que l'on doit bien appeler, pour l'époque, un programme révolutionnaire, il convient de faire quelques remarques. Les réformes demandées par Modrzewski ne furent pas, loin s'en faut, réalisées de son vivant. Elles correspondaient si peu à l'esprit de l'époque que Jean Bodin les critique ainsi : *"André Ricce Polonnois dit que c'est grande injustice d'avoir esgard en jugement aux nobles ou roturiers, povres ou riches, bourgeois ou estrangers, et que la peine doit estre égale à tous : qui est bien loing de corriger les abus de sa République comme il prétend"* (**Les six livres de la République**, Livre VI, ch.6, Fayard, 1986, p.279), et affirme que la justice consiste au contraire à différencier les peines. Pourtant, Modrzewski se tenait ici dans la lignée d'Erasme et de Vivès, et concrétisait sur le plan social les affirmations de l'humanisme chrétien. Ce qui le portait, politiquement, à attendre un Etat fort, capable de promouvoir une certaine égalité face aux privilèges de la noblesse.

Enfin, de manière très moderne encore, l'idéal de paix si présent chez la plupart des renaissants, intégrait l'idée d'égalité pour l'inscrire cette fois dans le cadre de l'humanité toute entière. Réclamant une paix universelle par l'entremise de l'esprit évangélique, Erasme ne borne pas cette paix aux frontières de l'Europe, mais inclut les turcs dans la société internationale espérée. Il réclame la paix tant entre chrétiens qu'avec les Infidèles, tandis que Modrzewski justifie la possibilité d'alliances entre Etats chrétiens et païens, et affirme le droit des Etats païens à l'existence, thèse déjà répandue en Pologne au XVe siècle par Paul Wlodkowic, mais tout à fait révolutionnaire pour ce temps. Affirmer que les païens peuvent prétendre à l'existence et plus loin à la justice, c'était affirmer l'égalité en dignité sans la conditionner par la foi, c'est-à-dire l'étendre à tous les hommes sans exception, ouvrant ainsi la voie aux idées modernes.

Dans la même mouvance, quoique sur un registre différent, un espagnol et un tchèque vont à la même époque traduire la pensée humaniste en réponse éducative.

VIVES ET KOMENSKY, OU LA NAISSANCE DE L'EDUCATION EUROPEENNE

A un siècle de distance, un espagnol et un tchèque inventent ce qui deviendra l'éducation humaniste européenne. Vivès et Komensky furent tous deux des hommes à la fois traqués et adulés. Exclus, ils deviennent des héros, et c'est comme briseurs de catéchismes que l'époque les couronne en même temps qu'elle les exile.

Fils de conversos, ces Juifs espagnols convertis puis revenus secrètement au judaïsme, Juan–Luis Vivès dut s'enfuir, au début du XVIe siècle, de sa ville natale, Valence, pour échapper aux persécutions. Il vécut à Paris, à Bruges et à Louvain, puis à Oxford. Il mourut à Bruges, loin de sa patrie face à laquelle il ne cessait de nourrir une nostalgie de méditerranéen. Fils d'une famille appartenant à l'unité des Frères, branche de l'Eglise Tchèque réformée, Jan Komensky fut banni en 1621 et parcourut l'Europe pendant trente ans, d'exil en exil : Pologne, Allemagne, Angleterre, Suède, Transylvanie, Hollande.

Vivès fut emprisonné à Londres pour avoir blâmé le roi Henry VIII. Komensky vécut un temps dans une cabane en pleine nature afin d'échapper à ses poursuivants, perdit sa famille et ses biens, vit deux fois brûler sa bibliothèque. Par ailleurs, aucun des deux ne fut méconnu par son temps. Vivès fut à Oxford précepteur de Marie Tudor, la fille de Catherine d'Aragon. Il enseigna à Louvain. Il connut Erasme, Budé, More, et fut écouté par les grands souverains de l'époque, Charles Quint ou Jean III du Portugal. On le consultait de partout. Komensky fut admiré et sollicité par tout ce qui comptait dans l'Europe du Nord et de l'Ouest. Il fut appelé en 1644 en Lituanie pour réunir une assemblée oecuménique, puis en Suède pour réformer l'enseignement, à Amsterdam pour enseigner. Il acceptait peu, soucieux de conserver son temps pour écrire, et vivait chichement.

Ces deux déracinés cherchaient à travers l'Europe les lieux les plus propices à semer des pensées nouvelles. Pourtant, ils demeuraient l'un et l'autre étroitement liés aux traditions à la fois antiques et chrétiennes. Types achevés de l'esprit renaissant, ils tentaient de renouer des fils, de rassembler là où l'époque séparait. En ce sens, mal aimés pour leurs écarts et admirés pour leur hardiesse, ils furent déjà de ces hommes que les Russes du XIXe siècle appelaient des *"hommes en trop"*. Personnages de transition, annonciateurs d'avenir et capables de réconcilier l'avenir inquiétant avec le passé rassurant, ils fondent des révolutions tranquilles.

Vivès s'attaque à une culture qu'il juge dépravée (1531 : la première partie du **De disciplinis** s'intitule : Des causes de la corruption des Sciences). Les penseurs de ce temps ont repris, interprété, copié les Anciens, avec docilité et sans esprit critique. Ils ont déformé, corrompu la pensée. Ils ont fait servir leur art à la passion de l'argent. Vivès propose un nouvel examen des doctrines. Il rappelle que le seul objet de l'intelligence active se trouve être la vérité, qui ne se donne pas d'emblée, même dans la tradition la plus vénérable, mais qu'il faut traquer encore et toujours. L'acceptation passive de l'autorité des maîtres, réjouit la paresse et le goût du lucre. L'existence du penseur est vouée au tourment, parce que son objet semble toujours lui échapper, et parce que la vérité découverte peut contredire la tradition. L'époque rejette dans les ténèbres extérieures tous les critiques de l'orthodoxie régnante. Dans une lettre à Erasme, Vivès écrit : *"Nous vivons en des temps difficiles, dans lesquels nous ne pouvons ni parler, ni nous taire sans danger. On a emprisonné en Espagne Vergara, son frère Tovar et quelques autres savants. En Angleterre on a arrêté les évêques de Roffensis et de Londres, ainsi que Thomas Morus"* (**Soixante lettres de J.L.Vivès**, PUF, 1943, p.413).

Vivès n'hésite pas à traiter de charlatans certains penseurs de son temps, qui font passer le dogmatisme pour la vérité, obscurcissent volontairement les problèmes pour payer tribut à la vanité, et responsables d'une multiplication des erreurs. La tâche urgente consiste à reprendre les traditions sans préjugé ni passion, pour les réexaminer. Ainsi soumet-il à l'examen l'oeuvre d'Aristote, qu'il tient pour l'esprit le plus puissant de l'histoire de la pensée, mais dont il relève une à une les faiblesses. On sait de quel prestige jouissait la pensée du Stagirite, à ce point que ses erreurs scientifiques éclipsaient les observations nouvelles, comme le raconte avec humour Galilée un siècle plus tard (histoire racontée par Sagredo au sujet de la dissection d'un cadavre, *Dialogue sur les deux grands systèmes du monde*, deuxième journée, 134). Vivès s'attaque à ce conformisme stérile. Pour annoncer une remise en cause de la tradition la plus ancrée, il faut croire en la lumière naturelle, capable de juger les dogmes. Aussi manifeste-t-il une confiance inébranlable dans le jugement humain. Sa *Fabula de Homine*, écrite en 1518, met en scène le théâtre du monde où, derrière des créatures déterminées, apparaît l'homme, qui joue tous les personnages à la fois. Doté d'un corps mortel et d'une pensée supérieure, l'homme se trouve digne d'être le commensal des dieux. La fable rappelle évidemment celle de Pic de la Mirandole : *"l'homme est un grand miracle"* (*De la dignité de l'homme*, éditions de l'Eclat, 1993), et annonce Descartes.

Comme Vivès, Komensky est un esprit universel. Son projet : unifier la foi et le savoir. Pour cela, il s'agit de retrouver l'harmonie qui régente l'univers.

Cette attente d'unité ressort de l'inquiétude d'un monde disloqué. Komensky vit exactement à l'époque de Galilée. Les vérités de l'Eglise et de la tradition se trouvent remises en cause. On ne saurait accorder pleine confiance à aucune autorité humaine : l'autorité des Eglises a montré ses limites, l'autorité toute nouvelle de la raison seule ne suffit pas. Le sentiment d'incertitude envahit toute l'oeuvre, dominée par cet ouvrage au titre révélateur : *Le labyrinthe du monde*. Le problème de l'homme consiste à sortir du labyrinthe. Rien n'est sûr, et le socle entier des connaissances tremble. Aventure symbolique : en janvier 1614, Komensky, qui a vingt-deux ans, sauve en Allemagne le manuscrit de Copernic sur *La révolution des orbes célestes*, en le rachetant à une veuve ; la tradition rapporte qu'il dut vendre son cheval pour payer le prix de la révolution copernicienne, ce qui l'obligea à parcourir à pied les mille kilomètres qui le séparaient de son pays natal. Mais pour répondre à ces incertitudes, le langage de Komensky sera mystique. La pansophie est une réforme du savoir humain qui l'oriente non pas, comme ce siècle l'annonce, vers le rationalisme (Komensky découvre le *Discours de la Méthode* à quarante-cinq ans), mais vers l'unité de l'expérience et du salut. Dans cet ensemble concordant, l'homme reçoit une place de choix : médiateur entre le temporel et le spirituel, liant en lui la raison naturelle et la grâce. L'homme est ce point de rencontre où les discordes s'apaisent, ce pont jeté du fini à l'infini. La théorie éducative n'aura de sens que par la grandeur de l'homme.

Très influencé par Aristote, Komensky le réfute en partie. Il doit beaucoup à Platon, à Nicolas de Cuse, à Campanella, à Bacon. Cet humaniste, dont Michelet a célébré la douceur (*"Ce beau génie, grand, doux, universel comme plus tard a été Leibniz"*), subit les persécutions sans haine, et sans chercher vengeance, n'attend que de pouvoir réformer la société. Chez lui comme chez Vivès, se retrouvent la capacité d'autocritique, qui recèle une modestie de la pensée ; l'aptitude au pardon, quelles que soient les injures subies, par le dressage des passions ; la recherche de la paix intérieure et de la paix extérieure, par la valeur accordée à la vertu de tolérance, par la capacité à relativiser les querelles – la devise de Vivès était *"sine querella"* – ; la distance prise par rapport à la gloire et à l'argent, qui fait de ces hommes de grands caractères, dominant respectivement leur siècle ; enfin, la confiance en Dieu. Komensky utilise cette image : le monde est une roue dans laquelle plus on s'éloigne du centre, plus on tourne vite, cette volubilité vertigineuse rappelant la vanité pascalienne. Le but consiste donc à se rapprocher du centre. Comment cela se pourra-t-il ? En renonçant à l'éternelle prétention qui nous assaille de vouloir être notre propre centre (cf. Marcelle Denis, *Un certain Comenius*, Publisud, 1992). Cette sagesse qui fait l'humanisme européen, trouve ses sources dans une rencontre du stoïcisme et de la culture chrétienne. Le détachement du monde et de soi, permettra d'initier des réformes révolutionnaires, notamment dans le domaine éducatif.

Vivès et Komensky sont les deux artisans d'une révolution pédagogique où se repère la naissance de la modernité. Plus précisément faudrait–il dire qu'à cet égard, Komensky va s'appuyer en partie sur les intuitions de Vivès pour inaugurer une conception de l'enseignement qui inspire d'une manière décisive les siècles suivants.

Cette conception commune aux deux auteurs relève de ce que nous appellerions aujourd'hui une *"démocratisation"* du savoir. L'espagnol et le tchèque réclament que le savoir ne demeure pas l'apanage de quelques élus, qu'il soit dispensé à tous. Ils fondent cette exigence sur l'éthique chrétienne. Ils la relient à l'humanisme de leur temps. Ici, ils apparaissent tous les deux comme des disciples d'Erasme, qu'ils continuent.

Le savoir est utile, écrit Vivès. Il procure un bien supplémentaire, qui doit être partagé entre tous. L'homme grandit par le savoir. Aussi l'organisation de l'école va-t-elle instituer la société, et déterminer son bonheur. L'école devra d'abord être ouverte à tous : non seulement aux jeunes, mais aux plus âgés ; non seulement aux garçons, mais aux filles (notamment dans le *De institutione feminae christianae*, 1523, dédié à Catherine d'Aragon pour l'éducation de sa fille, Marie Tudor), ce qui représente une révolution. Elle devra enseigner les matières traditionnelles, mais aussi, à travers l'organisation de *"leçons de choses"*, la vie quotidienne, la nature et les métiers. Elle fabrique moins des savants que des sages : des adultes en paix avec le monde et avec soi.

Dans *La grande didactique* (rééditée récemment aux éditions Klincksieck, 1992), Komensky promeut le système complet et scientifique d'une nouvelle pédagogie. Auparavant monopolisé par le clergé, le savoir devrait être universellement accessible. On privilégiera l'apprentissage de la langue maternelle par rapport à celui du Latin, même si celui–ci conserve une place de choix. On enseignera aux plus jeunes enfants, grâce à des jeux et à des méthodes concrètes et imagées. Komensky invente l'école maternelle. On enseignera aux filles. Et même, il est possible d'imaginer un enseignement destiné aux handicapés. L'éduqué ne sera pas surchargé ni enfermé, on l'ouvrira sur la connaissance de la vie quotidienne. Des écoles devraient se créer dans le moindre village, car tous les enfants destinés aux métiers de la terre et de l'artisanat doivent apprendre à lire et à écrire. Comme Vivès, Komensky déplore que l'école, payante, ne soit accessible qu'aux riches, et défend la gratuité.

Chez les deux auteurs, l'hypothèse de départ consiste à croire qu'en dépit de la diversité des intelligences, tous peuvent apprendre, à leur rythme et selon leurs capacités. L'essentiel étant d'apporter à chacun tout ce qu'il peut recevoir. Ceci relève d'une vision nouvelle de l'homme, fondée sur l'origine redécouverte de l'éthique chrétienne.

L'affirmation chrétienne de l'égalité ontologique de tous les hommes, créatures et images de Dieu, réclame une concrétisation dans l'existence. Pour Vivès : *"Puisque sur le plan de l'âme nous sommes tous égaux et qu'il n'y a pas de différence entre le roi le plus grand et le muletier le plus grossier ou l'esclave le plus bas, pour la même raison les degrés sont identiques, tout comme les raisons des biens qui ont leur fondement dans l'âme seule"* (**Oeuvres choisies**, Seghers 1972, p.86). Pour Komensky : *"Aucune raison ne justifie l'exclusion du sexe faible (...) Les femmes sont aussi également à l'image de Dieu, participent de la grâce et du royaume éternel ; elles sont douées d'une intelligence vive et d'une aptitude à la connaissance égale, voire supérieure à la nôtre"* (**La grande didactique**, IX, 5). Ainsi, l'égalité des âmes induit un droit égal au savoir. Tout se passe comme si, en défendant un savoir initiatique réservé, la culture chrétienne avait oublié ses propres présupposés. Si le savoir n'est pas réservé à une classe sociale ni à un sexe, il ne l'est pas non plus à une nation. Komensky destine la **Didactique tchèque** à tous les hommes de toutes les nations : l'initiateur de l'école moderne a une visée universaliste proprement européenne.

Le savoir humaniste a pour but d'harmoniser l'individu en lui faisant comprendre le monde, et plus loin de lui permettre l'utilisation la plus appropriée du monde en vue du bonheur. Les écoles, pour Komensky, sont des *"laboratoires de l'humanité"*. La connaissance vaut certes pour elle-même, mais elle doit viser à la réorganisation permanente du monde humain et social, à la lutte contre la misère physique et morale, à la réforme des esprits. Les deux auteurs croient en la réalisation possible d'un monde meilleur, par le biais de l'éducation. La société espérée de Vivès est égalitaire, à ce point qu'on a pu voir en lui l'un des premiers socialistes (Vivès fut hanté par la question de la justice sociale, remit en cause la propriété privée, et écrivit un ouvrage sur l'assistance aux pauvres, où il réclamait, prémonitoirement et au même moment que Modrzewski, une sécularisation de la bienfaisance par un plan d'assistance publique). La vision de Komensky s'apparente davantage à une gnose, et c'est à travers des accents millénaristes qu'il évoque la société rénovée. Tous deux croient en la bonté de l'homme, même si la nature originelle a été dénaturée par le péché. L'éducation saura, non extirper le mal de l'âme, car cela, nul ne le peut, mais faire place et faire droit au bien, car l'homme est double.

Ainsi, la pédagogie nouvelle vise à la fois le perfectionnement de l'homme et le perfectionnement social, autrement dit, le progrès. Et il faut entendre le progrès dans le sens d'une plus grande paix : fils d'Erasme et fils de leur temps, Vivès et Komensky vont faire servir leurs innovations pédagogiques à la cause la plus sacrée de l'époque, la conciliation.

Avant Rousseau, Vivès retrace l'histoire des premiers hommes, caractérisés par la *"convivence"* naturelle. L'homme manifeste un besoin inné de vivre avec et pour autrui. D'où la nostalgie, ici, d'une réconciliation possible, et une pensée attirée par les utopies. Komensky ne cessa jamais d'espérer une coexistence pacifique entre les peuples, à travers l'égalité sociale et par la médiation d'institutions adaptées. En 1657, il écrivit **L'ange de la paix** pour l'envoyer aux diplomates de son temps, dans l'espoir de contribuer à la cessation des combats. Vivès récuse toutes les guerres, fruits de l'orgueil humain, et n'établit pas de distinction entre guerres offensives et guerres défensives, guerres justes et guerres injustes. Komensky écrit : *"Il faut rejeter la guerre comme quelque chose de bestial, car ce qui convient aux hommes, c'est l'humanité"* (M. Denis, op. cité, p.85).

Citoyens du monde par la conscience d'apporter un message universel, l'espagnol et le tchèque posent ensemble le fondement de ce qui apparaît primordial dans la culture européenne : pour remplacer l'ancienne éducation d'initiation, une éducation d'initiative, c'est-à-dire apte à façonner des sujets, eux-mêmes propres à transformer la société.

Les quatre humanistes dont il est question ici furent immergés dans la foi chrétienne, même si les uns et les autres ne ménagent pas leurs critiques face aux corruptions de l'Eglise et aux excès du dogme. Ils trouvent en même temps leurs sources dans l'antiquité gréco-latine, lecteurs et admirateurs d'Aristote, de Platon, de Cicéron, de Sénèque. L'influence déterminante de la vision chrétienne et de la vision antique, à la fois diverses et reliées l'une à l'autre, confère à ces hommes de patries éloignées une même paternité. Aux problèmes de leur temps ils apportent des réponses analogues. Chacun trouve chez l'autre un écho et l'amplifie. La pensée de l'Europe se façonne en commun par la complicité des origines, et fait fructifier son héritage qu'elle partage sans le diviser.

NATIONALISME ET DEMOCRATIE

Joseph KRULIC

(Direction Juridique du Quai d'Orsay)

Il a été souvent dit, depuis 1983 ou 1989, que le *"Nationalisme"* serait incompatible avec la démocratie.

La démocratie se caractériserait par la valorisation des Droits de l'Homme, la tolérance comme valeur et réalité, le consensus ou la culture du compromis rationnel, l'existence des garanties de l'Etat de droit, la paix comme valeur et comme réalité. Le nationalisme se caractériserait comme agressivité, tribalisme, serait *"archaïque"* et s'opposerait à la culture démocratique.

Comment comprendre alors que, d'après la plupart des spécialistes du nationalisme, les *"nations"* n'existent que depuis deux siècles au plus, que l'article 3 de la Déclaration des Droits de l'Homme et du Citoyen ait été le premier texte politique européen **officiel** à faire référence à la nation, que le *"nationalisme des nationalistes"* selon l'expression de Raoul Girardet, ait fleuri à partir de la période 1886–1918 où les grands Etats d'Europe de l'Ouest et du centre mettent en place un système de suffrage universel masculin, et que la démocratisation des Etats communistes s'accompagne d'une poussée des nationalismes. Résoudre cette énigme apparente devrait permettre d'envisager de manière plus claire et plus lucide les évolutions actuelles en Europe, mais aussi au Moyen-Orient. A cet égard, il nous paraît important de proposer une clarification analytique des réalités ou des concepts que peuvent recouvrir la *"démocratie"* et le *"nationalisme"*.

1) Les trois démocraties : théorie de l'atterrissage démocratique

L'Etat d'urgence en Algérie, le désenchantement du post–communisme de Berlin à Moscou, le *"nettoyage ethnique"* de la Bosnie–Herzégovine sont commentés de manière éclatée dans les pays de l'Europe occidentale, mais chacun perçoit de manière diffuse un lien entre toutes ces situations.

Mais notre jugement de valeur vacille : la politique de Slobodan Milosevic est généralement condamnée au nom des *"droits de l'homme"* et de la *"démocratie"*, largement identifiés comme un bloc idéologique et pratiquement unique. Mais les événements d'Algérie provoquent une gêne : pour paraphraser le titre d'un livre de Guy Hermet, éminent spécialiste des problèmes de la *"transition"* politique, le *"peuple"* réel semble être contre la démocratie.

A Moscou, la *"démocratie"* semble avoir pour premier effet de laisser éclore dans la société civile diverses maffias et de désagréger ce qui faisait fonction d'Etat. En Europe, au sens *"bruxellois"* de *"union européenne"* (depuis le 1er novembre 1993, date d'entrée en vigueur du traité de Maastricht), les élites ont généralement opté pour la ratification du traité de Maastricht et la suprématie des diverses variantes du droit européen. Certains peuples cependant renâclent devant ces formes sophistiquées de l'Etat de droit, lequel limite la souveraineté des peuples, et cette économie de marché intégrée qui bouscule les monopoles et les situations acquises.

Economie de marché, Etat de droit, société civile, Etat, Démocratie, Nation : l'harmonie préétablie ou l'arrimage spontané et paisible entre ces réalités ou ces concepts idéal–typiques qui tentent de cerner des réalités ne paraissent nullement évidents. Chacun se réclame de la *"démocratie"* que nul ne tente plus d'affubler de certains adjectifs, qui se sont discrédités (réelle, populaire), mais l'examen analytique du concept de *"démocratie"* demeure plus essentiel que jamais.

L'inflation du mot *"démocratie"* nécessite une clarification analytique. A notre sens, la distinction Etat / société civile, si chère aux intellectuels de l'Europe de l'Est au temps du communisme et qui connut une mode parisienne aux premiers temps du gouvernement de Michel Rocard en 1988–89, reste féconde pour éviter les confusions les plus évidentes.

Trois sens actuels du mot *"démocratie"* se dégagent. Deux sont relatifs à l'organisation de l'Etat et un troisième à l'état (!) de la société civile.

La démocratie est, d'abord, de manière logique et souvent chronologique, **une manière d'être de la société civile**. A la lumière des analyses de Tocqueville, poursuivies par les travaux de Louis Dumont, qui affirme une filiation intellectuelle avec l'auteur de la *"Démocratie en Amérique"*, complétés par l'oeuvre pionnière de Karl Polianyi[1], on peut affirmer que la *"démocratie"* au sens tocquevillien, l'âge démocratique des sociétés qui succède aux sociétés de type *"holiste"* ou *"aristocratique"*, est une société caractérisée par l' *"égalité des conditions"* **comme fait de conscience, l'individualisme qui isole et atomise l'individu de la totalité sociale dans la réalité et la représentation, l'autonomisation de la sphère économique par rapport à la même totalité sociale dont** *"l'homo economicus"* **devient le paradigme anthropologique** ; tous ces traits sont corrélés entre eux. Il en résulte un *"désenchantement du monde"* au sens weberien et un double vide ; d'une part, **le lieu du pouvoir** devient vide, comme l'ont montré tous les travaux de Claude Lefort : nul n'est plus prédestiné à occuper ce lieu et plusieurs occupants alternatifs peuvent, dans cette représentation pluraliste, légitimement le faire ; d'autre part, le **lieu des valeurs devient vide ou se vide : l'indétermination démocratique** sur le sens ultime de la vie individuelle ou du devenir des sociétés devient progressivement la règle, même si historiquement, la démocratie s'adosse à une *"religion civile"*, émanation, édulcoration ou prolongement d'un christianisme travaillé par la modernité individualiste, comme cela a été surabondamment montré dans le cas des USA.

D'une manière générale, la *"religion des droits de l'homme"* imprègne cet âge démocratique, mais le contenu incertain et le fondement mal assuré de cette *"valeur"* ne contredisent pas la tendance asymptotique de l'âge démocratique au sens tocquevillien à être l'âge du vide croissant des valeurs.

Un deuxième sens du mot démocratie est le sens minimal de la démocratie politique dans l'Etat, le sens jacobin, populiste ou nationaliste[2]. Le **"peuple ou la** *"nation"* **est reconnu comme** *"souverain"*, **auteur de la légitimité politique à la place de** *"Dieu"*, **des** *"dieux"* **ou du** *"ciel"*.

Une légitimité *"horizontale"* du pouvoir succède ainsi à une légitimité *"verticale"*. Toutes les analyses ont montré que ce remplacement d'un souverain par l'autre posait de multiples problèmes : irruption des masses dans

---

(1) Polianyi, K. (1983) : *"La grande transformation"*.
(2) Lucien Jaume : Le discours jacobin et la démocratie, Fayard, 1989.

la politique difficilement canalisée dans des partis politiques qui naissent à cette occasion ; difficulté de trouver un cadre institutionnel de transmission de cette souveraineté à un gouvernement stable ; définition des limites du *"peuple"* ou de la *"nation"*. Le destin de la démocratie croise celui du nationalisme. Ce n'est nullement un hasard si le nationalisme dans sa facette d'extrême droite se développe, après 1886, à la faveur de l'introduction du suffrage universel dans les grands pays d'Europe. La question *"qui doit être citoyen"* légitimée par la *"légitimité horizontale"* de la démocratie crée mécaniquement l'étranger comme catégorie cristallisée dans la possession de papiers d'identité qui deviennent indispensables en Europe après 1890, et surtout 1914[3].

La *"tyrannie du national"*, suivant le titre du livre de Gérard Noiriel[4], naturalise le fait national : chacun est censé se définir désormais par l'appartenance à une *"nation"*.

L'éducation obligatoire et les nécessités de la société industrielle répandent des langues vernaculaires stabilisées. Dans une société civile marquée par l'individualisme croissant, la *"nation"* est la seule communauté de substitution, légitimée par la souveraineté et présentée comme naturelle, alors même qu'elle résulte d'un artefact politique et d'un déracinement social ; comme le répète volontiers Ernst Gellner[5], l'auteur de *"nations et nationalismes"*, la *"Gesellschaft"* de la nation se présente comme une *"Gemeinschaft"* chaude, matricielle, qui s'interpose entre l'individu de l'âge démocratique et le marché mondial.

Dans un autre sens, diffusé par nos manuels de droit et suggéré par la référence implicite des **médias, la démocratie est la** *"démocratie libérale"* **résultant de la conjonction ou de l'arrimage, dans le système politique d'un Etat, de la souveraineté du peuple et de l'Etat de droit.** Les deux concepts ou réalités sont distincts.

L'Etat de droit, dont la nature est souvent peu comprise de ceux qui l'invoquent, suppose deux éléments : une hiérarchie des normes juridiques et

---

(3) Cf. travaux d'Ostrogorski et de Roberto Michels avant 1914.
(4) Gérard Noiriel : *"La tyrannie du national"*.
(5) Ernst Gellner : *"Nations et nationalismes"*, Payot, 1989.

un juge indépendant du pouvoir exécutif qui sanctionne le respect de la hiérarchie des normes juridiques[6]. Il constitue le pôle *"aristocratique"* de la démocratie libérale.

La démocratie libérale est tiraillée entre son pôle démocratique et son pôle aristocratique. Le pôle démocratique lui fournit une source d'énergie, une légitimité tandis que le pôle aristocratique, qui comporte une logique de frein et de contrepoids, voit son rôle varier suivant les conjonctures ; l'histoire politique française fournit à cet égard tous les cas de figure. Depuis 1971, la reconnaissance d'un contrôle de constitutionnalité habituel a affermi le pôle libéral. L'Etat en France jusqu'en 1971 était certes un Etat Légal, comme le soulignait Carré de Malberg dans son oeuvre[7], mais il n'était pas un Etat de droit, faute d'une sanction de la supériorité de la constitution sur la loi par le contrôle de constitutionnalité.

On se gardera de penser que ce triptyque logique est, mécaniquement, une triade chronologique. Il est notoire, d'une part, que l'Etat de Droit a précédé, dans l'Occident médiéval, la démocratie de plusieurs siècles, même si les processus individualistes de l'âge démocratique tocquevillien étaient déjà à l'oeuvre dans cette société : comme le montre Louis Dumont dans ses *"Essais sur l'individualisme"*[8], le nominalisme philosophique correspond à un processus d'individualisation. En effet, les études d'histoire de l'Etat et du droit, ainsi que les études d'histoire byzantine d'auteurs comme Aaron Gourevitch[9] ont montré comment l'Etat de droit s'enracine dans l'évolution de la réalité et de la culture de l'Occident médiéval, tandis que ce que l'on désigne comme le césaro-papisme byzantin ne réussit pas à faire émerger l'idée d'une opposabilité de la règle de droit face au système théologico-politique de l'empire.

D'autre part, la logique *"aristocratique"* (au sens tocquevillien) de l'Etat de droit est largement contradictoire avec la force dynamique de la souveraineté du peuple.

---

(5) Ernst Gellner : *"Nations et nationalismes"*, Payot, 1989.
(6) Voir notamment l'article de Léo Hamon, *"L'état de droit et son essence"*, Revue française de droit constitutionnel, n° 4 et 6, Jacques Chevallier ; *"L'Etat de droit"*, Revue française de droit public 1988, page 313.
(7) Carré de Malberg : *"Théorie générale de l'Etat"*, réédition CNRS, 1988 ; et *"La loi, expression de la volonté générale"*.
(8) Louis Dumont : *"Essais sur l'individualisme"*, Seuil, 1983.
(9) Aaron Gourevitch : *"Les catégories de la culture médiévale"*.

Cependant, un élément est constant : la démocratie au sens de l'âge démocratique tocquevillien ne cesse d'avancer. Les régimes et les idéologies apparemment les plus contraires à l'individualisme et à l'égalité des conditions ont toujours abouti à conforter ces deux aspects de la modernité.

Le nazisme, pour prendre un cas extrême, se voulait obstinément contraire à l'individualisme, au primat de l'économie et à l'égalité des conditions. Mais outre que l'idéologie nazie est travaillée par l'individualisme darwinien de la lutte de tous contre tous, l'oeuvre réelle du nazisme totalitaire tend à atomiser l'individu, à briser les hiérarchies aristocratiques et traditionnelles : Rauschning n'avait, de ce point de vue, pas tort d'y voir, dans son essai de 1938 portant ce titre, l'oeuvre d'une *"évolution nihiliste"*. La société civile issue de l'époque nazie est donc plus *"démocratique"* dans le sens tocquevillien qu'elle ne l'était avant 1933. Il en reste quelque chose : les hommes politiques allemands ont, souvent, notamment dans le cas des chanceliers Schmidt et Kohl, des conditions de vie, des relations avec leurs semblables, plus *"démocratiques"* que leurs principaux homologues français. Cela n'est pas contradictoire avec les analyses de beaucoup d'allemands sur la difficulté d'enraciner une culture *"démocratique"* dans la politique allemande et d'échapper au *"Sonderweg"*, bien au contraire : la rémanence du passé et l'habitude autoritaire gênent l'exercice perçu comme habituel de l'opposition politique, mais ne réduisent pas l'égalité des conditions dans l'Allemagne fédérale. L'aphorisme marxien sur les hommes qui font l'histoire, mais qui ne savent pas quelle histoire ils font, se vérifie singulièrement dans le pays natal du *"barbu du cimetière de Highgate"*, qui fut d'abord le *"lycéen de Trèves"*.

Il en est de même de l'idéocratie communiste. Se voulant communautaire et anti–individualiste, les régimes communistes, par le déracinement qu'ils ont imposé à tous, par l'atomisation des individus isolés dans le cadre d'une surveillance policière, par l'économisme déclaré de leurs idéologies, ont accéléré l'alignement des sociétés qu'ils ont dominé sur le paradigme tocquevillien.

Mais alors que Tocqueville voyait dans le despotisme politique un des débouchés possibles de la *"démocratie"* individualiste, les cas du Nazisme et du Communisme montrent que le *"despotisme"* est aussi un moyen d'accélérer, bien malgré lui, le caractère démocratique–individualiste de la société civile, en précisant que le *"totalitarisme"* est aussi autre chose que le despotisme classique.

Les trois sens du concept de *"démocratie"* ne sont donc pas strictement chronologiques ; il en résulte d'une part la possibilité d'une convergence ou d'une divergence entre ces trois formes de la réalité démocratique, et d'autre part des relations singulières avec les nationalismes.

2) Convergences et divergences démocratiques

Un idéal-type de convergence entre les trois démocraties peut se manifester. Le cas des Etats-Unis semble attester de la possibilité de voir se développer une société civile individualiste où l'Etat reconnaît le peuple souverain comme seule légitimité politique, laquelle souveraineté est régulée dans le cadre procédural de l'Etat de droit. Cette convergence, relevée par les observateurs depuis les années 1830, a été facilitée par le caractère explicitement autofondateur de la société et de l'Etat en Amérique : les immigrants venus d'Europe ont voulu renier l'héritage aristocratique de l'Europe. Les réticences *"aristocratiques"* sont venues du Sud : l'esclavage des Noirs avant 1865, leur exclusion de fait avant 1957 du suffrage, les réticences devant le suffrage universel en général avant 1830 montrent que les réserves ont porté sur le premier sens (égalité des conditions dans la société civile) et le deuxième sens (souveraineté du peuple), tandis que l'Etat de droit n'a jamais été contesté, si l'on excepte l'irritation des démocrates de l'époque Roosevelt contre les décisions et la composition d'une Cour suprême jugée trop conservatrice.

Le cas britannique montre, en revanche, un éloignement par rapport à cet idéal-type de la convergence des trois démocraties. Si l'Etat de Droit est une réalité traditionnelle en Grande-Bretagne depuis la *"Magna charta"* de 1215, les deux autres sens du concept de démocratie y sont imparfaitement représentés.

Tous les observateurs de la société britannique, au premier rang desquels nous mettrons l'anglais d'origine allemande Ralf Dahrendorf, s'accordent pour penser que la société britannique est la plus *"aristocratique"* d'Europe occidentale, malgré le plan Beveridge de 1942, l'ère travailliste d'avant 1979 et le *"populisme"* souvent noté de la communication politique de Margaret Thatcher entre 1979 et 1991 ; les filières scolaires de *"public schools"* très privées débouchant sur *"Oxbridge"*, la circonstance de n'avoir jamais connu d'invasion depuis 1066 et de révolution politique depuis 1689, ont perpétué dans l'élite des valeurs de déférence qui se sont diffusées dans une grande partie de la société ; pour renouveler cette adhésion, le système politique britannique a toujours su trouver des petits bourgeois comme Disraeli, Edward Heath ou Margaret Thatcher tandis qu'une coalition de syndicalistes (Attlee, Bevin) et d'intellectuels comme Michael Foot, Harold Wilson, parfois aristocrates comme Tonny Benn, apportaient au système l'indispensable stipulation de leurs critiques et de leurs réformes.

D'autre part, si la souveraineté du peuple a été de plus en plus réelle, à mesure que le suffrage s'élargissait entre 1832 et 1918, la légitimité du système politique britannique est en réalité mixte.

En 1867, Walter Baeghot, fondateur du très britannique *"The economist"* nous avertissait dans son livre *"the english constitution"*[10] que la monarchie avait conservé des fonctions réelles (lien avec le passé par le mystère du décorum qu'elle maintient, symbole d'unité du pays, possibilité d'avertir le premier ministre par son expérience) de consensus dans un pays en voie de modernisation. Cela est si vrai que la réforme électorale anglaise de 1832 a encore vu, malgré un réel élargissement du suffrage qui dépasse le million d'électeurs (trois fois plus que la France de Louis-Philippe), se perpétuer l'idée que le vote est une fonction et non un droit ; seuls les propriétaires et certains contribuables se voient accorder cette fonction ; même après 1867, l'idée qu'un domestique vote ne sera pas communément admise. Cette idée d'un vote-fonction a également été admise en France avant 1848 ; elle est inséparablement libérale et aristocratique. Un aristocrate libéral n'est pas moins aristocrate pour cela, bien au contraire. C'est le petit bourgeois impérialiste et baroque Disraeli qui élargit de nouveau le suffrage en 1867 pour procéder à un contournement petit bourgeois et conservateur des élites libérales. Disraeli a compris que *"le grand saut dans le noir"* de l'élargissement du suffrage (réforme électorale de 1867) était le seul moyen de trouver une base sociale au conservatisme ; le tout fut cristallisé dans l'exaltation de l'empire (en 1876, la reine Victoria est couronnée impératrice des Indes) : c'est à bon droit que Hannah Arendt consacre de longues analyses dans *"les origines du totalitarisme"* à Disraeli, chez qui l'articulation entre l'âge démocratique, la souveraineté du peuple qu'on exalte à la limite du nationalisme et la reconnaissance d'une légitimité mixte où le kitsch d'une monarchie mythifiée dans le marketing des tabloïds l'emporte parfois sur la révérence aristocratique de l'Etat de droit constitue une synthèse originale mais où, toutefois, le respect maintenu de cet Etat de droit et des bonnes manières lui évitent de verser dans le national-populisme, malgré le *"jingoisme"*, forme anglaise du chauvinisme en 1874-1885 ; Disraeli est pétri

---

(10)   Walter Baeghot : *"The english constitution"*, diverses éditions, dont une édition Penguin.

de cette modernité ambiguë qui a fait les nationalismes du XXe siècle, mais aussi la stabilité des grandes démocraties, qui n'ont pu vivre sans une certaine exaltation nationale, du moins à certaines périodes.

Une évolution semblable, plus connue par ses conséquences, a caractérisé la Vienne de 1900 où les politiciens antisémites remplacent après 1880 les libéraux, comme l'ont montré notamment les travaux de l'américain Schorske. Des écrivains universalistes, comme Stefan Zweig, n'y verront qu'un aspect de *"l'ère des masses"*, sans prendre longtemps le problème au sérieux[11] : l'intuition est juste, mais cela n'est pas sans conséquence sur le devenir et le malaise dans la civilisation, pour reprendre le titre de l'essai de Freud de 1929.

Cette légitimité mixte en Angleterre reste réelle, notamment dans le contexte post-colonial, où la monarchie demeure un lien avec l'identité nationale passée : les Windsor rattachent l'Angleterre actuelle au monde d'avant 1947. Cependant, les membres de la famille royale s'imposent de moins en moins, si l'on excepte la reine, les obligations victoriennes de discrétion et adoptent l'hédonisme hyper-individualiste de la société civile où ils sont immergés : la démocratie au sens tocquevillien n'épargne personne, pas même les têtes couronnées : ce fait n'est pas entièrement nouveau dans le contexte anglais ; on sait que Victoria, épaulée par son austère mari allemand, adopta le sérieux et la vertu officiels de la bourgeoisie, malgré son amitié personnelle pour Lord Melbourne, premier ministre au début du règne et survivant de l'aristocratie libertine du XVIIIe siècle.

Les comportements privés des monarques à l'âge démocratique ne sont pas sans conséquences publiques : depuis Mayerling en 1889, cela demeure vrai ; alors que les favorites des monarques jusqu'au XVIIe siècle n'ont pas nui à l'image publique des souverains, bien au contraire, la démocratisation change cette situation : la *"bourgeoise"* (en fait, issue d'une famille de financiers de l'Ancien régime) Poisson, devenue marquise de Pompadour et *"l'étrangère"* Marie-Antoinette, sont jugées par un peuple qui s'avance sur le théâtre de la souveraineté : les mégères anglaises qui pleurent sur les malheurs de Diana procèdent de la même logique de l'âge démocratique, alors que les scandales de Guillaume IV (règne de 1820 à 1837) avaient pu être oubliés par les 64 ans (1837-1901) du règne de Victoria.

(11)   Voir *"Le monde d'hier"*. *"Die Welt von gestern"*, Fischer Taschenbuch Verllag, janvier 1986.

La convergence entre les trois démocraties est ainsi toujours imparfaite en Grande–Bretagne, mais l'aristocratisme des valeurs de la société entretient avec l'Etat de droit des liens subtils : le respect des hiérarchies sociales est compatible, et même corrélé avec le formalisme hiératique et hermétique de l'Etat de droit, surtout dans sa forme imprégnée par la jurisprudence, suprême valeur et suprême pensée de la *"Common law"*.

Le cas de la France depuis 1971 et surtout 1983 apparaît comme celui d'une convergence croissante, très large, bien que toujours imparfaite et souvent discutée entre les trois modes d'être de la démocratie.

Depuis la décision du conseil constitutionnel du 16 juillet 1971 sur la liberté d'association, l'Etat de Droit a succédé en France à *"l'Etat légal"*, comme nous l'avons vu, dans la mesure où la suprématie de la constitution, préambule compris, sur la loi peut être contrôlée. Les gardes des sceaux successifs ont beau évoquer la crainte d'un *"gouvernement des juges"*, une partie de la classe politique française souligne que cette limitation de la souveraineté du peuple n'est pas dans la tradition française, la tendance dominante (au moins jusqu'en 1993) admet ce nouvel Etat de droit et semble refermer l'exception française.

Mais comme le montrent les ouvrages de Philippe d'Iribarne[12], la société civile française a gardé de ses origines aristocratiques une *"logique de l'honneur"*. Les entreprises ne sont pas régulées par une logique contractuelle de type américain ou par le consensus des pays protestants de l'Europe du Nord, mais par la fierté de divers corps de métiers qui mettent leur *"point d'honneur"* à exécuter le travail d'une certaine manière.

L'honneur était le principe psycho–sociologique de la monarchie ; il est resté le principe de la société des corps en France qui ne se confond pas avec la *"vertu"* des sociétés de type américain ou protestant.

La convergence entre les trois types de démocratie est donc rare, du moins à l'Etat pur.

Cette divergence est à fortiori le cas des pays semi–démocratiques, en voie de démocratisation ou en situation de post–communisme ; dans ces pays, le plus évident est que la société civile est travaillée par une logique démocratique de type tocquevillien. L'individualisme comme réalité et comme

---

(12)   Philippe d'Iribarne : *"Logique de l'honneur"*, Le Seuil, 1976

valeur, l'économie comme sphère séparée de la société, le désenchantement du monde et le vide des valeurs, caractérisent partiellement, mais réellement, ces divers pays. Il n'est pas jusqu'à l'Arabie Saoudite où on ne peut relever une lente dérive qui la fait passer de la théocratie holiste à une situation d'individualisme croissant : l'introduction du facteur monétaire, les contacts avec l'étranger, la guerre du Golfe ont permis d'ouvrir un peu une société close.

Dans les sociétés semi–développées d'Amérique latine, du Moyen–Orient et les pays post–communistes de l'Europe, il n'est bruit que de *"nationalisme"* et de *"populisme"*. Sans pouvoir revenir en détail sur ces problèmes, si l'on se limite à conceptualiser l'évolution de ces pays par rapport à la problématique des *"trois démocraties"*, on peut constater que beaucoup de ces pays reconnaissent ou connaissent une des formes de cette démocratie, notamment le peuple comme source de la légitimité politique. Elles connaissent la démocratie individualiste au sens tocquevillien de manière croissante. Mais beaucoup, en leur sein, s'efforcent de nier cette dévolution en développant une certaine forme de tribalisation ou *"communautarisation"* de substitution que constitue la Nation.

Or, cette obsession de la nation et du *"peuple"* signifie que les communautés au sens organique des sociologues allemands ont cessé d'exister ou sont en voie de dissolution depuis longtemps. La nation signifie inséparablement l'individualisme comme réalité, désenchantement du monde, déracinement des communautés et reconnaissance d'un groupe (la nation) désiré comme artefact historique interposé entre l'individu et le marché mondial, l'économie–monde selon les termes de Wallerstein et de Fernand Braudel (voir notamment le tome I de **capitalisme et civilisation matérielle**, PUF, 1979).

Nous avons vu que selon Ernest Gellner, la *"Nation"* n'est pas ce qu'elle semble être ; elle se présente comme une *"Gemeinschaft"* et elle est une *"Gesellschaft"*[13] : elle se présente comme chaude, matricielle, alors qu'elle est arrachement au groupe local, à la famille. La France de 1914 a fait combattre les paysans bigoudens après leur avoir enseigné des rudiments de français et les avoir persuadés que la France était une réalité consubstantielle à eux–mêmes. Mais par rapport au vaste monde, l'Etat–nation France était bien une

---

(13) Les deux concepts de *"Gesellschaft"* et de *"Gemeinschaft"* sont considérés par Tonnies dans son livre de 1887 comme des *"concepts de sociologie pure"* comme le précise le titre du livre.

communauté de substitution, qui depuis le gouvernement Méline (en 1896) avait relevé les droits de douane sur les produits agricoles et donné des raisons de vivre et de mourir à des Français dont elle était la seule *"religion"* commune, leur seul lien social commun. Pour certains, à l'heure du chômage de masse, des négociations du GATT et des mécanismes peu compris de l'union européenne, cela n'a pas changé.

Du point de vue de la souveraineté du peuple comme légitimité du pouvoir politique, l'obsession de la *"nation"* signifie la nécessité de clore (voire clôturer : les fils barbelés sont parfois au bout de cela) le *"souverain"*, de séparer le citoyen et l'étranger ou l'apatride, typique des phases de démocratisation comme l'Europe en a connu de 1180 à 1940.

A l'extrême de l'extrême, cela signifie le *"nettoyage ethnique"* : on homogénéise le peuple par le déplacement des populations. Ce spectacle auquel on assiste en Bosnie depuis 1992 a connu de nombreux précédents : fuite des grecs d'Asie Mineure en 1923, chassés par les turcs, réfugiés palestiniens, échanges forcés de population en Inde en 1948. A l'extrême de cet extrême, cela donne le génocide : depuis 1915, notre siècle en a connu au moins deux (Arméniens, Juifs), liés à des phases paroxystiques de nationalisme. Cette logique, absolument contraire à l'Etat de droit, est par contre tout à fait conforme aux deux autres sens du mot *"démocratie"*. Ces génocides ou exodes diffèrent des massacres de Tamerlan en cela qu'ils visent le départ ou la mort d'un peuple pour composer ou recomposer le *"Souverain"* au sens que le mot a dans la philosophie classique (titulaire de la souveraineté). Tamerlan, en ce qui le concerne, massacrait des individus assistés ou rétifs, pour satisfaire divers instincts.

Le nationalisme, même sa forme la plus extrême, est donc conforme à la fois à la *"démocratie"* de l'âge démocratique dans la société civile et à la démocratisation politique limitée à l'affirmation du peuple souverain. Les révolutionnaires français qui n'avaient que le mot *"nation"* à la bouche fustigeaient *"l'étrangère"* Marie-Antoinette, comme d'autres fustigent le *"cosmopolitisme"*, voulant exorciser l'universalisme et refusant l'avènement ou le maintien de la démocratie libérale qui associe souveraineté du peuple et Etat de droit, en limitant l'énergie de la première par l'institutionnalisation du second.

En effet, ces sociétés qui veulent nier les effets de l'âge démocratique au sens tocquevillien refusent l'établissement de l'Etat de droit comme forme procédurale de l'exercice de la souveraineté du peuple. On se trouve dans le cas d'une divergence entre les trois démocraties dans le cadre de *"l'atterrissage démocratique"* dans des pays marqués par les rémanences d'une société holiste au sens de louis Dumont. Il s'agit véritablement d'un front d'acculturation, d'un front de métamorphisation pour employer une métaphore géologique entre la *"démocratie"* et *"l'aristocratie"* au sens tocquevillien, entre l'individualisme et le holisme dans la terminologie de Louis Dumont.

Les pays de l'Europe centrale et méditerranéenne se trouvaient dans ce cas entre les deux guerres. Les idéologies fascistes, nazies et leurs multiples épigones dans les divers pays manifestent, dans leurs contradictions, plusieurs évidences.

Des pays, marqués par les processus de la *"démocratie"* individualiste refusent, dans le discours et l'action politique, cet individualisme. Louis Dumont a montré, de manière convaincante dans son livre *"essais sur l'individualisme"*, que le nazisme était une idéologie individualiste qui ne parle que de groupe et de hiérarchie. Les pays communistes invoquent le groupe et la solidarité de classe, mais isolent l'individu par l'encadrement policier, instaurant dans la société un comportement individualiste.

Ces pays ont connu un fort refus de la démocratie libérale et même de la reconnaissance explicite de la *"souveraineté du peuple"* politique. Toutefois, le culte du chef, *"Duce, "Führer"* suppose, implicitement mais nécessairement, la reconnaissance du *"peuple"*, de la société civile comme lieu d'émergence d'un leader dans une société marquée par l'érosion des hiérarchies traditionnelles. Hitler et Mussolini sont issus de couches petites bourgeoises ou populaires.

La véritable hiérarchie aristocratique et la légitimité politique verticale ne sélectionne que des Edouard VII ou ex Aga Khan. Hitler succède à Guillaume II, dont il fut un caporal, il est un produit de *"l'âge démocratique"*, de la démocratie *"tocquevillienne"* dont on sait qu'elle peut aboutir, dans la société politique, au despotisme dont le totalitarisme extrême est une forme dans les conditions du XXe siècle.

On peut aller plus loin ; au lieu de freiner la *"démocratisation"* de la société civile, les mouvements de type fascistes l'accélèrent. Le prestige des élites traditionnelles y est brisé dans un contexte de guerre, l'individu y est atomisé face à un Etat–parti envahissant, le *"futurisme"* et le *"modernisme"* y sont exaltés, même si, en contrepoint, la présence de thèmes ruralistes d'exaltation du paysan et de la terre est présente. Alors même que les mouvements fascistes se réclament d'un anti–individualisme de principe, ils sèment l'individualisme par un effet pervers (au sens sociologique de Raymond Boudon) dans lequel certains pourraient voir une *"ruse de la raison"* ; Tocqueville n'avait sans doute pas tort d'éprouver une *"terreur religieuse"* devant la démocratie individualiste que ses adversaires éclairés servent en précipitant la désagrégation des sociétés holistes.

De même, le communisme a démocratisé la société civile au sens tocquevillien, en brisant les cadres traditionnels des sociétés traditionnelles, en atomisant l'individu dans des sociétés semi-agraires ou agraires.

On a souvent remarqué que loin de s'établir en Angleterre, aux USA ou en Allemagne, le communisme a conquis des empires retardataires comme la Russie, la Chine et les décombres de l'Autriche-Hongrie et de l'empire ottoman.

Cette remarque va plus loin que ne le croient généralement ceux qui la formulent. Weber posait la question : pourquoi le socialisme est-il absent des USA ? A la lumière du post-communisme, on peut risquer une réponse. La variante communiste du socialisme représente un sas de décompression entre l'âge de la légitimité verticale des empires (du point de vue politique) et des sociétés holistes (du point de vue anthropologique) et l'âge démocratique des sociétés individualistes (dans la société civile) et de la reconnaissance véritable de la souveraineté du peuple comme légitimité politique (dans l'Etat).

Au lieu de dépasser la révolution de 1789, le communisme a été un moyen socio-politique de l'atterrissage démocratique des sociétés holistes en voie *"d'individualisation"*, de démocratisation au sens tocquevillien. En Europe centrale et orientale, cet atterrissage fut totalitaire et sanglant : constater le tragique ne doit pas paralyser l'analyse. L'atterrissage démocratique n'est pas une voie paradisiaque ; en Europe occidentale, la modernité s'est elle-même imposée dans une certaine violence : le *"grand renfermement"* de l'hôpital, de la prison et de l'usine la caractérisent sans se résumer à elle.

Dans les sociétés déjà *"démocratiques"* en 1835 dont l'archétype est constitué par les USA, le bricolage d'accommodation avec la modernité constitué par le socialisme marxiste, et plus particulièrement par son versant léniniste, n'a pas été nécessaire.

Il n'en résulte pas l'absence de toute social-démocratie : le bloc constitué par les syndicats ouvriers et une grande partie du parti démocrate depuis 1932 ou 1892 a contrebalancé l'alliance du business et des classes moyennes aux USA, mais cette opposition entre un parti *"aristocratique"* (éventuellement dirigé par un acteur populaire comme Ronald Reagan) et un parti *"populaire"* (souvent dirigé par un patricien comme D. Roosevelt ou

John Kennedy ; mais Jules César le patricien dirigeait déjà le parti populaire à Rome) est structurel dans tout système de compétition électoral ouvert.

Il est vrai que cette démocratie est corrélative de l'imprégnation protestante et plus particulièrement calviniste. Les pays dont l'élite politique est (et, surtout a été) calviniste comme les USA ou les Pays–Bas ont pu, dans une large mesure, échapper à l'influence des mouvements fascistes et de l'extrême gauche marxiste–léniniste, alors même qu'ils furent à la pointe de la modernité capitaliste. **Le communisme n'est pas le stade suprême du post–capitalisme, mais le stade avancé du pré–capitalisme, et une parenthèse entre deux époques marquées, dans la culture politique et la redéfinition du lien social, par le nationalisme. De même, les fascismes ne furent pas les tombeaux de sociétés individualistes et de la démocratie politique qu'ils voulaient être, mais des modes d'acculturation violents de la modernité démocratique dans les sociétés semi–holistes orphelines, dans l'ordre politique, des légitimités verticales de l'Empire ...**

Cette divergence entre la *"démocratisation"* de la société civile au sens de Tocqueville ou Louis Dumont et de la démocratie politique libérale rend nécessaire le concept *"d'atterrissage démocratique"*. Tous les Etats du monde ont été, sont ou seront dans cette phase. Depuis les USA de 1776 jusqu'à la théocratie actuelle de l'Arabie Saoudite, la désagrégation de la société holiste, le désenchantement du monde qui en est le corrélât, conduisent à une phase de divergence entre une société civile de plus en plus individualiste, nostalgique ou partagée sur son passé hiérarchique, et une démocratie politique dont l'enfantement semble interminable, qui semble même se retourner dans son contraire absolu, la dictature la plus sanguinaire.

Contrairement aux intellectuels républicains de la 3ème République qui pensaient souvent, avant 1930, que la *"révolution"* signifiait un progrès univoque de la liberté individuelle, que la démocratie dans la société civile avançait d'un même pas avec la libéralisation de l'Etat, il nous faut constater que la plupart des conjonctures historiques depuis 1776 ont été des conjonctures de *"divergence"* entre la *"démocratie"* dans la société civile, la reconnaissance de la souveraineté du peuple comme source de la légitimité du peuple de l'Etat et la démocratie libérale.

Il en est de même aujourd'hui. L'Algérie militarisée offre un cas classique ; l'élite administrative, appuyée par l'armée, reconnaît de manière croissante la modernité individualiste dans la société civile, se déclare prête à construire un Etat de droit, mais la souveraineté du peuple s'y exprime par le succès du FIS *"intégriste"* qui rêve d'une société holiste, religieuse et théocratique. Toutefois, les intégrismes, comme le parti ultra en France entre 1815 et 1870, loin d'être traditionnels, sont eux-mêmes travaillés par la modernité. La tradition n'a nul besoin de traditionalistes lorsqu'elle est vivante.

Le traditionalisme surgit dans un monde que la tradition n'habite plus. De plus, le triomphe des traditionalistes, loin d'être un retour à la tradition, serait une nouvelle révolution. Benjamin Constant constatait en 1796 que la contre-révolution serait une nouvelle révolution. Julien l'apostat l'eut-il emporté en 363 que le paganisme restauré eût comporté une codification théologico-dogmatique et une organisation ecclésiale étrangère à son génie : il se serait christianisé de l'intérieur.

Les adversaires de la révolution se caractérisent par un romantisme dans le discours ou les sentiments ; l'enchantement du discours de Chateaubriand chante le monde désenchanté, Maurras tempête dans un style pamphlétaire pour le classicisme serein et mesuré. Nul, les traditionalistes ou les intégristes moins que quiconque, n'échappe à la *"démocratie"* de la société civile individualiste.

Ils peuvent simplement empêcher l'avènement de la démocratie libérale en niant la souveraineté du peuple ou l'Etat de droit. L'histoire du monde depuis 1776 vit de ces divergences.

Les *"intégrismes"* ou *"fondamentalismes"* (termes simplistes, mais inévitables, comme le montrent les travaux d'Olivier Roy et de Gilles Kepel), qui semblent les seuls concurrents des nationalismes dans les pays en phase de *"transition démocratique"* prétendent certes nier la souveraineté du peuple comme légitimité politique et récusent l'individualisme de la modernité. Le premier point est certes crucial : on peut constater qu'à ce jour, aucune démocratie complète n'a surgi dans le monde musulman. Les expériences semi-libérales du Liban en 1945-75, de l'Egypte ou de la Tunisie, sont corrélées avec le caractère mixte (semi-chrétien) de la population ou avec un contact long et une influence prolongée de l'Europe libérale (cas de la Tunisie).

Le second point n'est que temporaire ; ces pays et leurs intégrismes sont déjà influencés par l'individualisme croissant de la société civile, qui garde de fortes traces de holisme, comme ce fut le cas de l'Europe entre 1789 et 1945. L'intégrisme islamique peut, paradoxalement, sur le très long terme, être une des formes de *"l'atterrissage démocratique"*. On sait que la démocratie chrétienne fut d'abord, avant 1900, une forme de réaction très anti-moderne, d'un anti-individualisme très prononcé, avant de devenir une des formes d'acculturation à la modernité sociale et politique, comme le montre l'historien

Emile Poulat dans ses divers ouvrages. Aujourd'hui, les partis démocrates-chrétiens sont un des piliers de fait de ces démocraties européennes, comme le sont les partis sociaux–démocrates, également issus d'une tradition très hostile à l'individualisme de la *"démocratie bourgeoise"*.

3) Démocratie, atterrissage démocratique et nationalismes

Les nationalismes actuels illustrent de manière plus nette encore ce paradoxe. Nous avons vu que le nationalisme était un phénomène typique de l'âge démocratique. Mais les adversaires du nationalisme font souvent valoir que le nationalisme serait contraire à la démocratie. Cette thèse demande à être précisée, dans la mesure où elle induit une grande confusion à l'heure actuelle. Elle ne devient vraie que si elle se limite à affirmer une antithèse entre la démocratie libérale, plus particulièrement l'Etat de droit qui constitue le versant *"aristocratique"* de celle–ci et le nationalisme.

Elle devient fausse si elle oppose le nationalisme avec la démocratie en tant que celle–ci trouve sa légitimité dans la souveraineté du peuple. Sous ce rapport, démocratie et nationalisme trouvent leur source de légitimité ou leur source d'énergie dans la même souveraineté du peuple, *"légitimité horizontale"* rendue possible par le désenchantement du monde qui remplace la légitimité *"verticale"* des empires et des monarchies.

Cette confusion naît en France en raison d'une histoire politique singulière : Etat–nation par excellence, la conception française de la nation affirmée dans la déclaration du 26 août 1789 et théorisée dans la conférence de Renan du 11 Mars 1882 à la Sorbonne, ne veut pas se confondre avec la conception allemande, ethnique, issue de Herder et de Fichte, qui serait seule entachée de *"nationalisme"*. La distinction entre les deux conceptions est certes réelle, bien qu'elle relève plus des idéaux proclamés que des réalités[14] et a souvent été analysée, mais on ne saurait nier qu'elles reposent l'une et l'autre sur le postulat de la *"légitimité horizontale"* de la souveraineté du peuple. Si la *"légitimité verticale"* n'est plus possible, et nous le pensons, si la légitimité horizontale devient seule possible, démocratie et nation sont inséparablement liées, pour le meilleur et pour le pire, notamment dans les moments de crise (avènement de la démocratie).

---

(14)   Voir livre de Dominique Schnapper, *"La France de l'intégration"*, Gallimard, 1991, chapitre 1 : *"deux idées de la nation"*

La décomposition de l'URSS, de la Tchécoslovaquie et de la Yougoslavie, la réticence des peuples danois, britanniques et français à réduire leur souveraineté, montrent à tous les liens très étroits entre Nation et démocratie. Le reproche de *"déficit démocratique"* que l'on adresse à l'Europe communautaire signifie que cet ensemble est un Etat de droit (sans Etat, en fait un *"ordre juridique communautaire"*) qui n'a pas réussi à s'arrimer avec la souveraineté d'un peuple. L'union économique et politique n'est cependant pas un empire, alors que les trois fédérations communistes (URSS, Tchécoslovaquie, Yougoslavie) qui se sont effondrés ont été des succédanés d'Empire dont l'idéologie communiste était la *"religion séculière"* universaliste qui niait en réalité la souveraineté des peuples comme légitimité politique.

L'opposition entre démocratie et nationalisme est également fausse si l'on soutient que le nationalisme serait contraire à l'individualisme de la modernité. Loin d'être réellement opposé à l'individualisme, nous avons vu que le nationalisme en était un produit paradoxal ; la nation est inséparablement communauté et société, comme nous l'avons mentionné, individualisme constaté et communauté *"rebricolée"* ; ce n'est pas fortuitement que Barrès fut le chantre successif du *"moi"* et de la nation, de la terre et des morts, après Fichte qui a lui-même combiné cette polarisation successive chez le même penseur[15].

En effet, la *"nation"* dont le nationalisme est l'exaltation, arrache les individus à leurs communautés pour leur inculquer une éducation standardisée (histoire nationale, langue littéraire commune) et les rassembler dans des bureaux des villes et des usines ; par compensation, le nationalisme veut persuader les *"nationaux"* qu'ils constituent une *"communauté"* naturelle. Mais cette communauté de substitution artificielle n'est qu'un cocon qui s'interpose entre le marché mondial, par hypothèse unique et l'individu déraciné. Ce schéma se reproduit à une échelle plus vaste : la *"Communauté Economique Européenne"* (appellation en vigueur entre 1957 et 1993) est, inséparablement, une *"Gemeinschaft"* et juridiquement sanctionnée dans un *"marché commun"* qui tend à devenir *"unique"* alors qu'elle se voudrait (en théorie) protectrice par rapport à un marché mondial redouté, du moins dans une version française ou allemande (jusqu'à ces dernières années). La construction européenne ne suscite cependant pas un *"nationalisme"*

---

(15)   Voir notamment la thèse de Zeew Sternhell, *"Le nationalisme de Barrès"*, dans une réédition des éditions Complexe en 1985.

européen, faute d'une souveraineté d'un hypothétique peuple européen. Jean-Claude Ruffin[16] a simplement pu suggérer, métaphoriquement, qu'elle tend, volontairement ou non, à constituer un *"empire"* contre les *"nouveaux barbares"*.

Les nationalismes actuels, loin de s'opposer de manière générale à la démocratie sont, au contraire, le corrélât inévitable d'une démocratisation post-communiste : la nécessité de construire des Etats-nations et l'angoisse créée par la phase de transition à l'économie de marché expliquent, très classiquement, ce phénomène. Personne n'a réussi à montrer, de manière incontestable, et nous sommes de ceux qui le regrettent, que l'exercice de la Souveraineté pouvait se passer du cadre national. La volonté de constituer une *"identité post-nationale"* telle qu'elle est présentée par Jean-Marc Ferry commentant Habermas a, peut-être, eu un sens dans l'Allemagne prospère des années d'avant 1992, mais il paraît difficile à mettre en place dans les périodes *"fondatrices"* de la démocratie comme celles que l'Europe Centrale a vécues en 1989-93.

Le communisme, universaliste dans sa visée, a retardé la reconnaissance de la souveraineté du peuple comme seule légitimité politique. Le nationalisme reconnaît par définition cette souveraineté, mais s'oppose à l'universalisme abstrait des anciennes élites discréditées.

Le communisme par contrecoup avait suscité dans l'Europe de l'Ouest, l'organisation par les élites d'une société civile internationale, notamment *"la Communauté Economique Européenne"*.

Ces élites procédaient certes d'une élection, directe ou indirecte (hauts fonctionnaires nommés par l'autorité politique élue), mais, à l'instar des aristocraties du XVIIIe siècle, elles étaient plus universalistes que leurs peuples. La fin du communisme, l'éloignement dans le temps du nazisme, provoquent un retour du balancier. Les bouffées identitaires que les pays de l'Europe de l'Ouest connaissent ne signifient pas nécessairement que la démocratie, notamment dans le sens tocquevillien, soit menacée.

Toutefois, il est certain que la *"convergence"* entre les trois formes de démocratie est instable et fragile. La fin de l'exception français que l'on annonçait en 1988 se heurte à de nombreux obstacles : poussée de l'extrême-droite, doute généralisé des citoyens sur la possibilité d'une influence de

---

(16)   Jean-Claude Ruffin : *"Les nouveaux barbares"*, Jean-Claude Lattès, 1990

l'action politique sur le cours des choses, frictions entre l'autorité judiciaire et l'autorité politique dans un contexte de corruption croissante qui jettent un doute sur l'Etat de droit.

La seule constante reconnue par la plupart des observateurs est une poussée de l'individualisme dans la société civile qui peut déstabiliser les deux formes de la démocratie politique ; l'exercice de la souveraineté populaire devient incertain si plus de 50 % des électeurs s'abstiennent.

L'Etat de droit est paralysé si les juges sont physiquement (Italie) ou matériellement (France) dans l'impossibilité de jouer leur rôle. Sous des formes diverses, l'Allemagne, les USA, la Grande-Bretagne, voient un certain désenchantement de la convergence qu'elles ont parfois connue, notamment dans l'après guerre entre les trois formes de démocratie. Il faut cependant ajouter que le modèle formel de l'Etat de droit exerce une influence énorme : toutes les constitutions de l'Europe de l'Est prévoient un contrôle de constitutionnalité[17].

D'une manière générale, cette convergence est structurellement menacée par ce qu'on pourrait appeler les *"contradictions culturelles de la démocratie"*. La *"démocratie"* tocquevillienne dans la société civile est corrélée avec l'hédonisme du repli sur la sphère privée, tandis que l'exercice de la démocratie dans l'Etat suppose une mobilisation du citoyen ; pour exercer la souveraineté, il faut notamment voter et s'intéresser à la vie politique, sinon militer ; pour garantir l'Etat de droit, il faut respecter les lois. Ce dosage entre la liberté des anciens et des modernes est au coeur du problème. D'autre part, entre l'absolutisme spontané de la souveraineté du peuple et la modération d'essence aristocratique de l'Etat de droit, une autre contradiction se manifeste[18].

La délimitation des trois définitions du concept de *"démocratie"* éclaire les évolutions actuelles du monde à la fois en Occident, dans les pays ex-communistes, et dans une zone qui fut appelée Tiers-Monde.

Dans le sens bien particulier de la problématique des *"trois démocraties"*, la fin du communisme termine bien une certaine histoire : la société civile individualiste et la souveraineté du peuple dans l'Etat ne sont guère plus contestés, si l'on excepte, en théorie, les *"fondamentalismes"*. Mais

---

(17)   Voir l'article d'ESPRIT de septembre 1990 et novembre 1991 de Pierre Kende.
(18)   Daniel Bell : *"Les contradictions culturelles du capitalisme"*, traduction au PUF, collection Sociologies.

la convergence entre les trois formes de démocratie relève d'un équilibre instable, tandis que le caractère aristocratique des délicats mécanismes de l'Etat de droit rendent la démocratie libérale difficile à sauvegarder dans les pays de l'individualisme absolu *"occidental"* et difficile à instituer dans des pays qui ne l'ont pas connu. Le succès de la transition à la démocratie dépend, en réalité, du type de *"nationalisme"* qui se développe dans le pays en voie de démocratisation.

Typologie des nationalismes dans l'atterrissage démocratique

Il faut reconnaître d'abord les obstacles, pour un français, à parler de cette question. Les français admettent la distinction entre le *"patriotisme républicain"* et le *"nationalisme des nationalistes"* pour reprendre l'expression de Raoul Girardet[19], inauguré en 1886-92, avec le boulangisme et les écrits à la fois complémentaires et concurrents de Charles Maurras et de Maurice Barrès. L'article du 4 juillet 1892 de Maurice Barrès dans le FIGARO *"la querelle des nationalistes et des cosmopolites"* marque un tournant dans le débat public : les termes du débat entre les nationalistes au sens étroit et beaucoup d'autres sont posés.

Cette distinction nous paraît réelle, et de nombreux travaux sur l'histoire politique de la France l'illustrent. Mais, comme toute distinction conceptuelle, la durcir mène à l'erreur. Les français *"patriotes"* se croient préservés de tout *"nationalisme"*, mais les européens des ex-pays communistes se croient insultés lorsque on les appelle *"nationalistes"* : ont-ils nécessairement tort ? De même que dans les années 1970, l'idéologie, c'était les idées des autres, aujourd'hui le sentiment national des autres est nationaliste, tandis que le sien est *"républicain"*.

En réalité, si l'on se place du point de vue du savant et non du politique, il faut d'abord reconnaître qu'un des obstacles épistémologiques à l'étude du nationalisme se trouve dans l'histoire et la langue française. La France, qui s'est posée successivement comme fille aînée de l'Eglise et patrie des Droits de l'Homme depuis la déclaration des Droits de l'Homme et du Citoyen du 26 août 1789, croit ou veut croire que l'identité française est, en elle-même, ouverture à l'universalité. Du moins est-ce là le versant universaliste de son

---

(19)   Raoul Girardet : *Le Nationalisme Français*, Seuil, 1979.

histoire, généralement dominant. L'autre versant admet, paradoxalement, la définition herdero–fichtéenne de la nation. Barrès voit dans le nationalisme *"la reconnaissance d'un déterminisme"*. La distinction a donc quelque chose de réel.

Mais on risque ainsi, en sur–valorisant l'histoire des idées et les textes les plus solennels de ne pas voir la continuité des sentiments et des comportements, ainsi que la source commune du défi auxquels répondent tous les nationalismes que nous appelons ici **nationalismes**, y compris les patriotismes et les attachements nationaux les plus modérés : la modernité démocratique, à la fois dans le sens tocquevillien (voir supra) et la proclamation de la *"souveraineté du peuple"* qui engendrent les *"nationalismes"*, des plus modérés aux plus extrémistes.

Les manifestants de Leipzig, Vilnius et Prague avaient, en 1989–91, ainsi un point commun : affirmer inséparablement la démocratie et la nation qui, dans la phase fusionnelle de *"l'état naissant"*[20] sont une seule et même chose, pour le meilleur et le pire. Les allemands de l'Est ont successivement scandé le *"Wir sind das Volk"* de la démocratie, qui reprend inconsciemment le *"we, the people"* de la déclaration d'indépendance américaine de 1776 et *"wir sind ein Volk"* de la fusion nationale et nationaliste. Les sectionnaires de 1789–94 scandaient volontiers des slogans sur la *"nation"*, réservant les discussions à la démocratie à des cercles plus feutrés. Beaucoup ont laissé déclarer la guerre à l'Europe entière et ont défendu la *"patrie en danger"*. Auraient-ils donné leur vie pour la démocratie définie comme une gestion procédurale de la souveraineté du peuple dans le cadre de l'Etat de droit, une des trois définitions de la démocratie que nous proposons ? Nous avons quelques doutes là–dessus.

Mais si le nationalisme est un dans sa source ultime, il est multiple dans ses manifestations et ses occurrences et produit des effets contrastés suivant son mode d'être.

Une des premières variantes du nationalisme est le nationalisme d'affirmation nationale. C'est le cas de l'Algérie de 1954–62, de la Serbie en 1913–18, notamment celui des serbes de Bosnie en 1908–14 dans le cadre du mouvement *"Jeune Bosnie"* ou du Kosovo depuis 1968. Il est caractérisé par la concomitance d'une population jeune, d'une natalité plus forte que celle des populations voisines, d'une économie sous–développée ou peu industrialisée,

---

(20)   Francesco Alberoni : Genesis, Ramsay, 1993.

une référence malaisée à un passé étatique plus ou moins lointain, qui se voudrait médiéval ou antique. Il se caractérise par la négation de ses prétentions par un état dominant (les empires austro-hongrois et ottomans avant 1914 pour les serbes, la France pour l'Algérie avant 1962) et une compatibilité théorique avec l'universel : les assassins de Sarajevo, les nationalismes universalistes et humanitaires comme les mazziniens et hugoliens du XIXe siècle, à l'instar des révolutionnaires français, se rattachaient à une prétention à l'universel, mais cette prétention est plus théorique que pratique. La logique de la lutte contre les autres puissances et pour leurs propres droits les mène au bord de la fermeture identitaire.

Une deuxième variante est le libéral-indépendantisme : la Norvège après 1905, les Pays Baltes en 1991, la Slovénie en 1991 se sont détachés de leur état de rattachement par des procédés qui ont combiné un juridisme pointilleux, une violence minimale et le maintien ou le raffermissement de leur Etat de droit. Le cas des pays tchèques en 1992 se rattache à ce cadre. Une population vieillie, un relatif développement économique, un passé marqué partiellement au moins par la réforme protestante et l'industrialisme weberien explique ce phénomène : dans le cas de la Slovénie, plutôt catholique de tradition, mais marquée par un épisode protestant fondamental au XVIe siècle, où le président Kucan est lui-même d'origine protestante, ce que sa carrière communiste dissimule aux yeux des observateurs pressés. Ce nationalisme a pour conception du lien étatique une vision proche de celle qu'en a le code civil moderne : l'association avec les autres peuples est un mariage qui peut déboucher sur un divorce.

Il en va différemment des nationalismes de crispation dont le national-communisme serbe est une forme extrême. Avant le phénomène actuel du Milosevicisme, dont les origines directes datent de 1986, la nationalisme serbe avait accédé à une forme apparemment plus apaisée : les immenses pertes pendant les deux guerres mondiales, la chute de la natalité serbe, une certaine croissance économique semblaient rapprocher l'évolution serbe de la norme moyenne des états européens, du moins avant 1983. Il était clair cependant qu'il demeurait plus attaché à ses mythes fondateurs que l'attachement national des peuples de l'Europe Occidentale. La prise du pouvoir par Milosevic l'a fait accéder à ce que certains appellent le *"national-communisme"*, terme ou concept que nous acceptons, à condition d'en préciser le sens : un tel régime est violent et autoritaire, populiste au sens fort du mot[21].

---

(21) Voir notre article *"Les populismes de l'Europe orientale"*, revue *"Le débat"*, n° 67

Jusqu'en juillet 1993, un tel régime a laissé une liberté de parole aux opposants, au moins apparente, réduite surtout à la capitale il est vrai, dans la mesure où les zones de campagne sont restées contrôlées par un appareil hérité du titisme : le socle de l'encadrement politique reste celui de la période titiste. Le régime n'est donc pas totalitaire au sens que ce concept peut avoir chez Raymond Aron, Hannah Arendt, ou Claude Lefort, mais cela n'induit nullement l'absence de violence extrême : ni l'Espagne franquiste, ni certaines dictatures d'Amérique latine ne furent totalitaires, mais elles furent d'une cruauté immense. Au regard des événements de Bosnie, ces distinctions conceptuelles peuvent paraître dérisoires, mais le devoir de l'analyste est bien de faire des distinctions conceptuelles et de ne pas se laisser déborder par l'émotion qui étreint l'individu ou le citoyen. Par ailleurs, ce régime est bien nationaliste au sens le plus exclusiviste, même si cet exclusivisme n'est clairement exprimé que par des hommes de l'extrême-droite comme Seselj.

Face à ce cas extrême, l'essentiel du nationalisme croate paraît, à l'heure actuelle et à condition d'en isoler la forme extrême du mouvement du *"parti croate du droit"* de Paraga (qui se réclame des oustachis), beaucoup plus modéré ; certains éléments du nationalisme de crispation existent cependant, notamment dans les déclarations verbales, et le comportement des milices croates à Mostar, en Bosnie, n'a rien pour rassurer : la volonté de découper une zone *"purement"* croate apparaît, au moins au niveau des dirigeants locaux (Ljubo Boban) et semble-t-il dans les préférences d'une partie des hommes politiques croates de Zagreb, surnommé couramment dans la presse locale ou internationale les *"herzégoviniens"*. En supposant que ces dirigeants locaux soient un jour contrôlés, pour des motifs de respectabilité globale de la Croatie sur la scène internationale, il reste vrai que beaucoup d'hommes politiques croates ont du mal à admettre le caractère pluraliste des opinions dans la société et la vie politique croate ; la fameuse *"indétermination démocratique"* au sens de Claude Lefort n'est pas spontanément admise. En faire grief aux croates leur semble injuste dans la mesure où des sociétés d'Europe occidentale ont mis des siècles à accéder à ce stade, qui n'est pas toujours évident pour tous en France, par exemple. Mais il nous paraît indispensable de signaler que la différence entre un attachement national, inévitable et légitime, et le nationalisme exclusiviste est ténue. Ainsi les croates ont, de leur point de vue, le sentiment de défendre un territoire menacé par un agresseur extérieur, mais la mentalité durcie des croates d'Herzégovine ou cette foi exclusiviste dans la survie de leur groupe que l'on a trouvée chez plusieurs communautés au Liban, qui a fait son apparition chez une partie des pieds-noirs en 1958-62, explique également une partie du comportement des serbes : dans la haine partagée et la mort infligée, les nationalistes se comprennent fort bien.

Conclusion

La démocratie et le nationalisme trouvent donc leur source d'énergie commune dans la même légitimité horizontale du pouvoir politique. Il est vain d'espérer, pour une démocratie, échapper à toute forme de nationalisme : pendant la période fondatrice de *"l'atterrissage démocratique"* et à chaque phase de crise du système politique (par exemple, en France, de 1888 à 1901, de 1934 à 1944, de 1956 à 1962, de 1983 à ?), une crise *"nationaliste"* secoue la démocratie, corrélée, le plus souvent, à un choc extérieur et à une récession économique.

De ce point de vue, la comparaison *"chronique"* de ce qui a failli se passer en France en 1958–62 et de ce qui se passe en Serbie en 1986–93, est passionnante.

Dans la crise algérienne, une république a remplacé l'autre, mais ni la république, ni la démocratie n'ont sombré grâce à l'action de Charles de Gaulle, à la solidité de l'Etat en France et à l'existence de mouvements politiques divers et pluralistes en France. Les généraux d'Alger ne l'ont pas emporté. Mais l'immense désespoir des pieds-noirs était bien réel, et la république n'a guère su le gérer. Le désespoir des serbes des régions et républiques qui réclament ou ont obtenu leur indépendance, dans un contexte de décomposition du communisme, est très réel : ils se croient menacés, même si, en général, ils ne le sont pas. Ce choc *"systémique"* imposé à un système politique fragilisé au sens décrit par David Easton dans son *"analyse du système politique"*[22], n'est pas sans évoquer la fin de la 4ème République. L'analogie historique est un outil délicat, mais il est inévitable comme outil de compréhension, qu'il faut manier avec précaution : la situation actuelle ressemble, en Serbie, à celle d'une France en 1961 où les généraux auraient réussi à prendre le pouvoir et à faire avaliser par le peuple français leur entreprise. On peut prolonger l'uchronie en supposant la sécession d'une partie de la France de l'époque, refusant le modèle proposé et se déclarant un Etat à part : cet Etat se serait déclaré verbalement très hostile aux partisans de l'autre

---

(22) David Easton : *"Analyse du système politique"*, Paris, Armand Colin, 1974.

Etat. La comparaison rencontre ses limites dans le fait que la France, Etat multiséculaire qui a créé la Nation, a créé un sentiment de sécurité pour beaucoup de citoyens français. Dans les décombres d'empire que sont l'ex-Yougoslavie et l'ex-URSS, les Etats-nations sont arrivés trop tard dans un monde d'identités ethniques et religieuses trop vieilles. En 1975-93, les débris d'empires flambent : en 1878, Beyrouth Sarajevo, Salonique, Jérusalem, Skopje, Bagdad et Kowei-City faisaient partie du même empire ottoman. Avant 1830, Alger était, théoriquement, dans le même cas. Superposer la carte des empires d'hier et des conflits d'aujourd'hui, où démocratisation et nationalisme sont liés, est éloquent.

Comme le déclare volontiers Umberto Eco, *"on n'a jamais calculé le coût politique et humain de la mort des empires"*. Sans reprendre l'exemple de l'empire romain, la chute des empires des Hasbourg, de l'empire ottoman, et de l'empire tsariste, sous le choc de *"l'atterrissage démocratique"* qui intègre ses trois acceptions de la démocratie tocquevillienne, de la souveraineté du peuple et de la démocratie libérale, a supposé une acculturation nationaliste, pour le meilleur et pour le pire. Nous n'en concluons pas qu'il est souhaitable ou possible de rétablir l'empire ou des monarchies : mais il faut savoir que la démocratisation a un coût nationaliste, au sens large. La démocratie et les lumières ont une face d'ombre, tandis que le nationalisme a lui-même une face de lumière, qui est démocratique[23].

---

(23) Sur ce point, voir le livre récent de Michel Wieviorka, *"La démocratie à l'épreuve"*, la Découverte, 180 pages. Nous n'avons pas pu consulter cet ouvrage avant la rédaction de notre chapitre.

LES RELATIONS ECONOMIQUES DE L'ALLEMAGNE
AVEC L'EUROPE DE L'EST :
MITTELEUROPA OU INTEGRATION COMMUNAUTAIRE ?

BEATRICE DEDINGER

(Université de Marne-la-Vallée)

De la chute du mur de Berlin jusqu'aux lendemains de la réunification allemande, la question allemande est revenue au premier plan de l'actualité. Elle a été posée dans les termes suivants : quels sont les risques pour l'Europe d'une Allemagne forte de 80 millions d'habitants, déjà première puissance économique européenne ? La peur, qu'une Allemagne réunifiée a commencé par inspirer à tous (pays de la Communauté Européenne, pays de l'Est, mais aussi Allemagne), a eu pour conséquence immédiate d'accélérer le processus de l'unification européenne, la construction d'une Europe politique étant présentée comme le meilleur rempart contre le danger allemand. Mais l'élan a bien vite été freiné, le débat sur l'union politique européenne en est revenu à la question fondamentale : quelle structure politique pour l'Europe ? et les inquiétudes au sujet de l'Allemagne se sont portées sur les risques d'expansionnisme à l'Est. *The Germany's eastern question*[1] est toujours un sujet d'inquiétude pour l'Est et l'Ouest, à cause de réminiscences inévitables d'un passé relativement récent ou bien parce que les pays d'Europe occidentale craignent que l'Allemagne ne se détourne d'eux. Toutes ces questions ne font plus aujourd'hui la une de l'actualité, le problème allemand étant pour le moment les difficultés économiques internes. Si l'on se place dans une perpective à moyen ou long terme, qui est celle de cet article, et que l'on suppose ces difficultés économiques surmontées, il paraît inévitable que la

---

(1) The Economist (29 février 1992), pp. 23-24.

question de l'expansionnisme allemand à l'Est retrouve une certaine acuité. Le moment semble donc bien choisi, alors que les passions sont apaisées, pour essayer d'envisager avec sérénité la question des relations économiques allemandes avec l'Europe de l'Est.

Le renforcement des liens économiques entre l'Allemagne et les pays d'Europe de l'Est depuis 1990 est un constat qui conduit à s'interroger sur les conséquences géopolitiques possibles. Premier scénario envisageable, qui résumerait les craintes diverses exprimées au sujet de la nouvelle puissance allemande au centre de l'Europe, la création d'un *Mitteleuropa* sous domination allemande. Géopoliticiens et historiens semblent s'accorder aujourd'hui, pour penser qu'une actualisation de l'idée du *Mitteleuropa* n'est guère probable[2]. Le second scénario envisageable, et que l'on espère plus probable, serait que des relations économiques plus étroites entre l'Allemagne et l'Europe de l'Est servent de relais à l'intégration de l'Europe de l'Est dans la Communauté européenne.

Le cheminement de cet article suivra trois étapes : tout d'abord le constat du poids économique de l'Allemagne en Europe de l'Est, puis nous développerons successivement les deux conséquences envisagées.

L'Allemagne est le premier partenaire économique occidental de l'Europe de l'Est.

Commençons par le constat : y a-t-il effectivement un renforcement des liens économiques entre l'Allemagne et les pays d'Europe de l'Est depuis 1990, et si oui, quels sont les points de comparaison qui permettent d'en apprécier l'intensité ?

Il convient tout d'abord de préciser ce que nous entendons par Allemagne et pays de l'Est. L'Allemagne est toujours définie dans les frontières de l'année considérée. Ainsi il s'agit, à partir de juillet 1990, de l'Allemagne réunifiée et, avant cette date, des échanges extérieurs de l'ancienne RFA. La comparaison entre les deux périodes n'est pas faussée, car

---

(2) Cette affirmation doit cependant être nuancée. Voir, par exemple, le point de vue peu optimiste exprimé dans la revue *Hérodote* (1er juin 1993) sur *"La question allemande"*.

ce qu'il importe de comparer, ce sont les relations de l'entité économique et politique Allemagne (et non d'une zone géographique allemande homogène) avec le groupe des pays de l'Est sur différentes années. Ce groupe des pays d'Europe de l'Est n'inclut pas, quant à lui, l'ex–URSS[3], car nous ne prenons pas pour acquis que la Russie dût faire partie de l'Europe communautaire ou d'une grande puissance Europe.

Les tableaux ci–dessous retracent l'évolution des échanges commerciaux entre l'Allemagne et les pays d'Europe de l'Est ; ils offrent une comparaison temporelle en opposant les années 1990–92 à quatre périodes du passé, 1889-1913, 1925-32, 1933-38 et 1950-89 : ils permettent une comparaison spatiale en donnant un aperçu de l'état actuel des relations économiques entre les grandes puissances occidentales et les pays d'Europe de l'Est.

On voit nettement, dans le premier tableau, l'augmentation de la part des cinq pays de l'Est dans le commerce total allemand à partir de 1990. Et cette part annuelle moyenne augmente régulièrement jusqu'en 1992 pour atteindre des valeurs qui, quoique encore modestes (3 – 3,5 %), se situent au–dessus de la moyenne atteinte au cours de la période 1950-1989 (2,4 %)[4]. Les deux partenaires commerciaux les plus importants depuis 1990 sont la Pologne et la Tchécoslovaquie. Mais comparer la situation actuelle avec la période 1950–89 est insuffisant, sinon injustifié, car le commerce d'Etat a créé une situation anormale dans les échanges entre l'Allemagne et l'Europe centrale. La comparaison doit être faite avec une période durant laquelle ces échanges étaient (relativement) libres ; on trouve une telle situation sous le IIe Reich et sous la République de Weimar. Les premières statistiques de l'Office impérial de statistique sur la répartition géographique du commerce extérieur allemand remontent à 1889. De 1889 à 1913, la part annuelle moyenne de l'Autriche-Hongrie, de la Roumanie et de la Bulgarie dans le commerce total allemand était de 12,1 % et l'Autriche-Hongrie, avec une part de 10,9 %, était le troisième partenaire commercial du IIe Reich. Sous la République de Weimar, le groupe des pays de l'Est (hors Autriche), représentait, en moyenne annuelle

---

(3) Les statistiques allemandes du commerce extérieur ne distinguent pas, avant 1992, différentes parties de l'ancien empire soviétique. Nous donnons, pour mémoire, la part de la Russie – URSS – ex-URSS dans les échanges commerciaux allemands.

(4) On notera que, de 1972 à 1979, la part annuelle des cinq pays de l'Est dans le commerce total allemand oscillait entre 3 et 3,5 %. Cette part est retombée à 2,4 % dès 1980 et elle s'est réduite jusqu'à 1,9 % en 1987.

sur 1925–32, 9,1 % du commerce total allemand et les deux premiers partenaires étaient la Tchécoslovaquie et la Pologne. Ainsi, quand les économistes parlent aujourd'hui de liens historiques entre l'Allemagne et l'Europe centrale, ils désignent sans doute le fait que l'Europe centrale occupait jusqu'à l'entre–deux–guerres environ 10 % du commerce total allemand et que des pays comme l'Autriche–Hongrie puis la Tchécoslovaquie faisaient partie du groupe des dix premiers partenaires commerciaux de l'Allemagne.

TABLEAU 1
Part de l'Europe de l'Est dans le commerce total allemand (*)
1889 – 1992 (part annuelle moyenne en %)

	1889 1913	1925 1932	1933 1938	1950 1989	1988	1989	1990	1991	1992
Autriche – Hongrie	10.9	–	–	–	–	–	–	–	–
Pologne	–	2.2	1.3	0.7	0.6	0.7	1.0	1.2	1.3
Tchécoslovaquie	–	4.2	2.9	0.6	0.5	0.5	0.6	0.8	1.2
Hongrie	–	0.9	1.6	0.5	0.5	0.6	0.7	0.6	0.7
Roumanie	1.0	1.4	1.9	0.4	0.2	0.2	0.2	0.2	–
Bulgarie	0.2	0.4	1.0	0.2	0.2	0.2	0.2	0.1	–
Total ci–dessus	**12.1**	**9.1**	**8.7**	**2.4**	**2.0**	**2.2**	**2.7**	**2.9**	**3.5**
Autriche	–	2.3	1.4	3.5	5.0	4.9	4.9	5.1	5.2
Russie – URSS ex–URSS (**)	1.08	4.1	2.7	1.5	1.6	1.8	2.8	2.4	2.0

Sources : Statistisches Jahrburh für das Deutsche Reich ; Statistisches Jahrbuch für die Bundesrepublik Deutschland ; Deutsche Bundesbank – Zahlungsbilanzstatistik ; calculs de l'auteur.

*   Territoire de l'Allemagne réunifiée à partir de juillet 1990.
** L'ex–URSS sans les trois Etats baltes à partir de 1992.

Pour clore cette comparaison temporelle, penchons–nous sur la période du IIIe Reich au cours de laquelle le Mitteleuropa est devenu un objectif déclaré de la politique extérieure allemande. Sur les six années d'avant–guerre, on constate que, dans son ensemble, le groupe des pays de l'Est n'accroît pas sa part dans le commerce total de l'Allemagne : elle reste un peu inférieure à 9 %. Cependant, l'évolution est différente suivant les pays. L'Empire allemand resserre ses liens commerciaux avec ses trois partenaires traditionnellement les moins importants (Hongrie, Roumanie, Bulgarie) et prend ses distances vis-à-vis de la Pologne et de la Tchécoslovaquie.

Si l'on replace donc les relations commerciales entre l'Allemagne et les pays d'Europe centrale dans une perspective historique, il apparaît clairement que le renforcement, à partir de 1990, de la part des pays de l'Est, en particulier la Pologne et la Tchécoslovaquie, dans le commerce allemand, peut être simplement le signe d'un retour à la normalité des flux d'échanges.

TABLEAU 2
Part de l'Europe de l'Est dans le commerce extérieur
des pays occidentaux

	Part dans le commerce total des pays occidentaux (%)					Répartition du commerce total de l'OCDE	
	1988	1989	1990	1991	1992	1992* (mds $)	1992 %
Allemagne	1.9	2.0	2.7	2.9	3.6	29.2	42.2
Italie	1.3	1.3	1.3	1.4	1.8	6.7	9.8
France	0.7	0.7	0.7	0.8	1.0	4.5	6.5
Royaume-Uni	0.7	0.6	0.6	0.6	0.8	3.2	4.7
Autriche	4.4	4.5	4.6	5.5	6.1	6.3	9.1
Suisse	1.1	1.1	1.0	1.0	1.1	1.4	2.0
Etats-Unis	0.3	0.3	0.3	0.2	0.3	2.8	4.1
OCDE	8.6	8.6	9.0	11.1	12.9*	69.1	100.0

* Chiffres provisoires

Sources : FMI – Direction of Trade Statistics ; OCDE – Statistiques mensuelles du commerce extérieur ; calculs de l'auteur.

Note : Europe de l'Est = Pologne, Tchécoslovaquie, Hongrie, Roumanie, Bulgarie.

Le poids économique actuel de l'Allemagne en Europe de l'Est doit aussi être apprécié en le comparant à l'engagement économique d'autres pays occidentaux. Pour avoir une vision plus complète de ces relations, trois indicateurs au moins doivent être proposés : la part des pays d'Europe centrale dans le commerce extérieur des pays occidentaux ; inversement la part des pays occidentaux dans le commerce extérieur des pays de l'Est ; et la part des différents pays occidentaux dans les investissements directs à l'Est. Pour ce dernier indicateur, seules des estimations incomplètes sont actuellement disponibles.

En 1992, l'Europe de l'Est représente 3,6 % du commerce total allemand, ce qui est un pourcentage au moins deux fois plus élevé que pour tout autre grand pays industrialisé (tableau 2 : nous n'avons pas relevé le Japon et le Canada, pour lesquels le commerce avec l'Europe de l'Est est insignifiant). C'est également l'Allemagne qui a le plus accru son engagement commercial à l'Est depuis 1990. Cette dépendance, toute relative, de l'Allemagne n'est pas apparue en 1990. Dès avant la révolution à l'Est, la République Fédérale d'Allemagne commerçait plus avec les cinq pays de l'Est que les autres grandes puissances occidentales. Enfin, pour être tout à fait exact, notons que, si l'Allemagne est la grande puissance la plus engagée à l'Est, elle n'est pas le pays d'Europe occidentale le plus engagé ; c'est dans le commerce extérieur autrichien que les cinq pays d'Europe centrale ont la part la plus importante (6,1 % en 1992).

Si l'on considère maintenant la dépendance économique des pays de l'Est vis-à-vis des pays occidentaux, c'est l'Allemagne encore qui s'impose largement comme le premier partenaire commercial. Nous avons retenu, dans le tableau 3, les quatre principaux partenaires commerciaux occidentaux des pays de l'Est, à savoir l'Allemagne, la France, l'Italie et l'Autriche. On remarquera tout d'abord que la part de l'Allemagne dans le commerce total de l'Europe de l'Est (22 % en 1992) est en moyenne au moins trois fois supérieure à celles des trois autres pays. Notons que cette part est la plus élevée dans le commerce extérieur de la Pologne et de la Tchécoslovaquie (environ 27 % en 1992). Deuxième remarque, en 1990, la part de l'Allemagne fait un bond très net et élevé par rapport aux autres pays occidentaux dans le commerce des cinq pays de l'Est. Il faut souligner enfin, que la part de la Communauté européenne dans le commerce total des pays de l'Est est imputable pour moitié environ aux échanges de l'Allemagne avec ces pays. Ainsi, si 54 % des échanges totaux de la Pologne en 1992 se font avec la Communauté Européenne dans son ensemble, 27 % sont déjà réalisés avec la seule Allemagne.

Le dernier indicateur proposé pour estimer le poids économique de l'Allemagne en Europe de l'Est sont les investissements directs. Bien que l'on souligne aujourd'hui l'importance prise par ce type d'échanges dans les relations économiques avec l'Est, des statistiques fiables, globales ou détaillées, manquent encore pour préciser exactement l'ampleur et la nature du phénomène. D'après Inotai, l'Allemagne est, en 1991, le premier investisseur étranger dans la région d'Europe Centrale. Les firmes allemandes représentent 40 % de capitaux étrangers en Pologne, 30 % en Tchécoslovaquie et 20 % en Hongrie (où les Etats-Unis ont la première place)[5]. Un ouvrage récent confirme que la part la plus importante dans les investissements directs en Europe de l'Est est tenue par l'Allemagne[6].

---

(5) A. Inotai (juin 1992), p. 15.
(6) Z. Dobosiewicz (1992), pp. 92-93

TABLEAU 3
Part des pays occidentaux dans le commerce total
des pays d'Europe de l'Est 1988–1992 (en %)

	Pologne					Tchécoslovaquie				
	1988	1989	1990	1991	1992	1988	1989	1990	1991	1992
Allemagne	13.0	14.8	23.2	28.0	27.6	16.4	16.5	19.6	22.5	27.4
France	2.8	2.7	3.1	3.7	4.3	1.6	1.9	2.2	2.4	3.5
Italie	2.8	3.1	4.6	4.3	5.9	1.8	2.0	2.7	3.8	5.3
Communauté Européenne	28.8	32.8	45.2	52.7	54.2	25.3	25.9	31.5	36.5	45.7
Autriche	3.6	4.6	4.5	5.4	3.2	4.8	5.1	7.9	6.7	8.3
	Hongrie					Roumanie				
	1988	1989	1990	1991	1992	1988	1989	1990	1991	1992
Allemagne	12.3	13.8	18.6	24.5	25.6	4.1	4.9	11.3	11.0	12.7
France	2.0	2.3	2.5	2.8	3.1	2.0	1.7	2.5	3.8	5.1
Italie	3.7	4.0	5.2	7.6	7.9	4.7	5.9	4.2	5.0	7.3
Communauté Européenne	23.8	26.5	33.5	43.4	45.9	16.8	17.6	24.3	30.5	35.0
Autriche	6.4	7.4	9.0	10.8	12.6	1.3	1.3	1.5	3.4	2.9
	Bulgarie					Moyenne des 5 pays				
	1988	1989	1990	1991	1992	1988	1989	1990	1991	1992
Allemagne	17.1	16.3	22.2	17.4	17.4	12.6	13.3	19.0	20.7	22.1
France	3.4	3.7	3.9	6.5	6.6	2.4	2.5	2.8	3.8	4.5
Italie	4.8	6.5	8.0	8.8	8.1	3.6	4.3	4.9	5.7	6.9
Communauté Européenne	35.0	37.3	45.1	45.6	47.5	25.9	28.0	35.9	41.7	45.7
Autriche	3.6	3.3	3.5	3.7	3.5	3.9	4.3	5.3	6.0	6.1

Source : FMI – Direction of Trade Statistics ; calculs de l'auteur.

Une actualisation du Mitteleuropa est peu probable.

On voit donc que l'intensité des relations économiques entre l'Allemagne et l'Europe de l'Est, qui s'est nettement accrue depuis 1990, n'est égalée par aucune autre grande puissance d'Europe occidentale et encore moins mondiale. Ce constat vient-il apporter confirmation à ceux qui voyaient poindre, avec la réunification allemande, le risque d'une domination politique allemande en Europe Centrale ? Si l'on reprend l'argument économico-statistique énoncé ci-dessus, la réponse est non. Le renforcement des liens économiques depuis 1990 n'est que le résultat de l'ouverture des frontières, un retour à la normalité des flux d'échanges qui rétablit des liens commerciaux traditionnellement forts. Mais avant de reconnaître la pertinence de cet argument, voyons pourquoi il paraît peu fondé de soutenir qu'un renforcement des liens économiques témoigne des ambitions expansionnistes allemandes. Pour cela, plaçons-nous dans la sphère politique et tournons-nous vers les géopoliticiens, philosophes, politiques et historiens.

Notre propos n'est pas de discuter la probabilité de voir se réaliser le *Mitteleuropa*. Il est simplement de rappeler les arguments qui ont été présentés par les spécialistes, afin de rejeter le scénario d'une domination politique allemande en Europe centrale, et qui nous paraissent convaincants. En effet, lorsque la question avait tout son piment, au moment de la réunification allemande, elle a été abondamment discutée et l'on constate qu'aucune analyse n'a conclu à un risque sérieux ou probable, dans un avenir envisageable, d'expansionnisme allemand. Est-ce à dire, pour autant, que la question est réglée ou n'a plus de sens aujourd'hui ? Non, car il n'y a pas d'éléments tellement nouveaux aujourd'hui qui permettent d'affirmer que la question est totalement dénuée de sens. De même les arguments développés il y a deux ans, pour rejeter le scénario de la domination politique, restent valables.

La question a été posée sous différentes formes : va-t-on vers une Europe allemande, faut-il craindre un *Drang nach dem Osten*, une résurgence du thème du *Mitteleuropa*[7] ? ... Si toutes ces formules ne sont pas équivalentes (l'une désigne une aire géopolitique, l'autre une politique

---

(7) Voir D. Hamilton (1991), qui reprend comme titre une citation de T. Mann : *"A more European Germany, a more German Europe"*. Voir également P. Behar (1992), D.Heimerl (1992), B. von Staden (1990) ; W. Seiffert (1992), G. Wettig (1991).

extérieure, la troisième une idéologie), elles posent toutes le même problème : celui d'une domination allemande en Europe centrale qui créerait un danger pour l'équilibre européen.

Pourquoi un tel risque est–il aujourd'hui écarté par tout examen sérieux ? A la lumière des arguments proposés, deux conditions fondamentales paraissent nécessaires pour qu'un tel risque existe : il faut qu'il y ait à la fois volonté et possibilité de domination politique. Si le gouvernement allemand avait la volonté d'étendre la puissance de l'Allemagne à l'Est, cela devrait se traduire dans les objectifs ou les actions de politique extérieure. Or, il est clair pour le moment, que la ligne adoptée depuis la fin de la dernière guerre reste la ligne directrice de la politique extérieure allemande : préservation de l'équilibre européen par un ancrage solide à l'Europe de l'Ouest et au cercle des démocraties libérales. Le respect de cet objectif est garanti par le Traité *"Deux–plus–Quatre"* du 12 septembre 1990[8], et par l'intégration de l'Allemagne réunifiée à la Communauté européenne et à l'OTAN. Et les dirigeants allemands sont d'autant plus soucieux de réaffirmer leur volonté de s'en tenir à la ligne directrice et de respecter leurs engagements, qu'ils sont pleinement conscients des craintes réveillées par la réunification allemande. Mais le respect de la stabilité en Europe n'implique pas que l'Allemagne se détourne pudiquement de l'Europe de l'Est car, comme le souligne le ministre allemand des Affaires Etrangères, Klaus Kinkel : *"en tant que pays de 80 millions d'habitants, en tant que plus grande puissance économique au centre de l'Europe, nous nous trouvons devant une responsabilité particulière, en partie nouvelle"*[9]. Le ministre allemand préconise un élargissement de la Communauté européenne aux pays d'Europe centrale, dès lors que leur situation économique le permettra[10].

Ces rappels sommaires sont suffisants pour montrer que l'unification de l'Allemagne n'est pas automatiquement en soi cause d'instabilité du continent européen (concept qui était défendu par le parti social–démocrate allemand). L'instabilité est créée par une volonté expansionniste de l'Allemagne. Hitler n'a jamais caché ses objectifs, il les a formulés par écrit dès 1925 ; ils étaient tellement audacieux que personne ne l'a pris au sérieux. Depuis la fondation

---

(8)   Voir les termes extrêmement clairs et précis des articles 1, 2 et 3 portant sur le caractère définitif des frontières allemandes et sur l'engagement de l'Allemagne unie à faire respecter la paix, à renoncer à la fabrication et à la possession d'armes et à réduire ses forces armées.
(9)   Frankfurter Allgemeine Zeitung (19 mars 1993), p. 8.
(10)   Ibid.

de l'Empire allemand, Hitler a été le seul dirigeant qui n'ait pas tenu compte (ou qui n'ait pas compris) des contraintes qui s'imposent naturellement à cette grande puissance au centre de l'Europe. Toute velléité d'expansion doit être exclue car, mettant en danger l'équilibre européen, elle entraînerait automatiquement une coalition anti–allemande des autre pays européens[11].

Cependant, le risque existe toujours de voir désigner un chancelier qui révélerait brusquement ses visées expansionnistes. Il est fort peu probable qu'il obtienne le soutien de la population allemande (non seulement pour des raisons historiques et psychologiques, mais aussi pour les raisons géopolitiques évoquées ci–dessus. On imagine mal que la majorité des citoyens approuve une politique expansionniste qui mettrait en péril leur vie et leur nation). Quels sont donc les risques de voir à nouveau un régime autoritaire triompher en Allemagne ? Ils paraissent bien moindres aujourd'hui que sous la république de Weimar, où la démocratie était mal comprise ou mal acceptée. L'Allemagne est, depuis le 3 octobre 1990 et pour la première fois de son histoire, une nation et une démocratie stable.

Toute réflexion un peu approfondie conduit donc à considérer comme peu vraisemblable le scénario d'une domination politique allemande en Europe Centrale. Mais personne ne peut non plus affirmer que le risque est totalement exclu, car un accident est toujours possible. C'est d'ailleurs pourquoi la question mérite toujours d'être posée.

L'Allemagne peut être le relais de l'intégration de l'Europe de l'Est à l'Europe communautaire.

Le scénario qui semble dominer aujourd'hui est celui dans lequel l'Allemagne sert de relais à l'intégration économique des pays de l'Est dans la Communauté européenne. Si l'on entend par intégration économique d'une zone déterminée cette situation dans laquelle les biens, services, capitaux et personnes y circulent librement (on peut distinguer différents stades d'intégration), l'Allemagne encourage l'intégration économique des pays d'Europe centrale dans la Communauté d'une manière évidente : grâce à l'action de ses agents économiques privés, en particulier les entreprises

---

(11)   Voir J. Baechler (1993), pp. 95–96.

allemandes. Celles-ci sont le moteur de l'accroissement des échanges entre l'Est et l'Ouest et ont déjà permis une relative intégration des pays de l'Est à la Communauté européenne. C'est, en effet, ce que permet de conclure le graphique 1 : entre 1989 et 1992, la part de la CE dans le commerce total des pays de l'Est a fortement augmenté, gagnant dans chaque cas plus de 10 points en trois ans. Et cette hausse est due essentiellement au développement des échanges avec l'Allemagne (cf. le tableau 3). Les pays de l'Est effectuent en moyenne plus de 40 % de leurs échanges avec la Communauté en 1992 (dont 20 % avec l'Allemagne). Ce pourcentage reste inférieur à celui de la moyenne des Etats-membres (58 % de leur commerce est intra-communautaire), mais c'est un taux déjà élevé qui été atteint très rapidement.

Cette amorce d'intégration économique, via l'Allemagne, est-elle un phénomène transitoire, dû à des facteurs conjoncturels ? Autrement dit, les agents économiques allemands ont-il été pris d'un enthousiasme éphémère pour les produits et les marchés de l'Est ? Nous ne le pensons pas et croyons au contraire,

Graphique 1
Intégration économique des pays dans la CE
Part de la CE dans le commerce total des pays (en %)

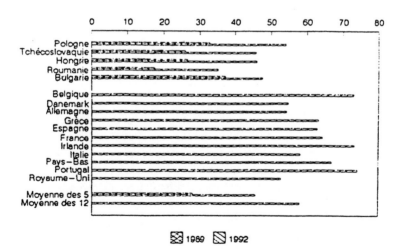

Sources : EUROSTAT – Commerce extérieur et Balance des paiements ; FMI – Direction of Trade Statistics.

que les relations économiques entre l'Allemagne et l'Europe de l'Est devraient aller en se renforçant[12]. L'on peut avancer au mois quatre raisons dans ce sens, en supposant au préalable que les réformes économiques à l'Est vont se poursuivre et porter leurs fruits[13].

– La première raison, qui mérite toujours d'être rappelée, est l'attirance traditionnelle entre les deux zones. On l'attribue à des affinités culturelles et linguistiques, ainsi qu'à la proximité géographique.

– En second lieu, l'Est est un marché que les entreprises de l'Ouest de l'Allemagne avaient redécouvert dès avant les événements de 1989 ; leur intérêt n'est donc pas nouveau. Quand la politique extérieure allemande a répondu à la réforme gorbatchévienne par une nouvelle *Ostpolitik*, celle-ci s'est traduite par l'encouragement des contacts de toute sorte entre la RFA et ses voisins de l'Est. Des conséquences sont déjà visibles dans les statistiques du commerce extérieur de 1988 et des premiers mois de 1989[14] et on peut aussi en apprécier les effets au regain d'activité entre l'Allemagne de l'Ouest et ses partenaires de l'Est dès 1989 (joint ventures, crédits, coopération, etc.)[15].

– Le troisième point est fondamental. C'est le fait que ce renforcement des liens économiques repose sur de réelles motivations économiques et que celles-ci devraient continuer à jouer. En effet, pourquoi les Allemands commercent-ils avec les pays de l'Est, pourquoi investissent-ils à l'Est, quelle sont les perspectives de croissance ? Examinons ces différentes questions successivement. Depuis la levée du rideau de fer, les échanges entre l'Est et l'Ouest ne sont plus contraints par l'organisation étatique du commerce extérieur mise en place en 1949 par les soviétiques. On a ainsi observé, depuis 1989, une redistribution de grande ampleur des flux commerciaux des pays de l'Est qui s'est faite au profit des pays à économie de marché, en particulier au profit de l'Allemagne[16]. Plus que sur l'ampleur du phénomène, c'est sur la motivation des agents économiques que nous aimerions insister. Le

---

(12)　Dans son analyse des conséquences économiques de la réunification allemande pour les pays d'Europe centrale, A. Inotai (1992) met clairement en évidence l'importance du voisin allemand. L'Allemagne est et restera le principal partenaire des pays de l'Est, d'où le rôle qu'elle joue dans le processus de transition économique à l'Est.

(13)　Cette hypothèse semble fondée, toujours dans une perspective à moyen-long terme. Les programmes de stabilisation macroéconomique ont déjà des effets encourageants en Hongrie, en Pologne et dans la République tchèque. Le processus d'assainissement microéconomique a été engagé dans ces pays, également en Bulgarie et en Roumanie.

(14)　Voir Monatsberichte der Deutschen Bundesbank (juillet 1989)

(15)　The Economist (28 avril 1989), pp. 28–29.

(16)　Voir Commission économique pour l'Europe (1993), chapitre 2.

fondement des échanges entre l'Est et l'Ouest, entre l'Europe de l'Est et l'Allemagne, est aujourd'hui la loi de l'avantage comparatif. La structure des échanges entre l'Allemagne et les pays d'Europe de l'Est montre que l'Allemagne exporte relativement plus de produits intensifs en capital et en recherche–développement (machines, appareils électrotechniques, véhicules automobiles) ; elle importe en échange des produits intensifs en ressources naturelles et en travail qualifié et non qualifié (viandes, textiles finis, chaussures, articles en bois, en fer). Ce qui correspond aux dotations relatives en facteurs des deux zones[17]. Tant que l'avantage comparatif réglera les flux commerciaux, chaque partie continuera de trouver un gain à l'échange. Si l'on considère maintenant l'aspect croissance, plusieurs facteurs laissent penser que ces échanges pourraient se développer plus encore dans l'avenir. Tout d'abord, la part des pays de l'Est dans le commerce extérieur allemand est encore très faible, bien en dessous de la moyenne atteinte au cours des périodes antérieures. On peut donc avancer que tout le potentiel d'échanges entre l'Allemagne et l'Europe de l'Est n'est pas encore exploité. Ensuite, les pays de l'Est ne sont pas encore sortis de la phase de transition économique qui, sur le plan macroéconomique, s'est caractérisée au départ par une baisse de la production, des emplois et de la demande, donc par un effet dépressif sur les échanges extérieurs. La reprise économique, l'augmentation progressive de la production et du niveau de vie devraient, dans le futur, avoir un effet stimulant sur les échanges extérieurs (qui peuvent aussi être la source de la croissance économique), donc sur les échanges avec l'Allemagne qui est déjà le premier partenaire commercial des pays de l'Est. Un autre facteur mis en avant par Inotai est l'impact positif que devrait avoir la reconstruction de l'Allemagne[18]. Enfin, le dernier facteur que l'on peut invoquer est le degré d'ouverture des pays de l'Est. Asselain nous rappelle combien était faible ce degré d'ouverture dans l'entre–deux–guerres[19]. Depuis 1989, les pays de l'Est affirment clairement leur volonté d'ouverture aux échanges et l'on observe effectivement

---

(17) Voir tableau en annexe, ainsi que L. Hoffmann (1993) et A. Inotai (11992), pp. 290–291.
(18) A. Inotai (1992) p. 288.
(19) J.C. Asselain (1991), pp. 133–134.

une sensible augmentation du degré d'ouverture en 1990[20]. Toutes choses égales d'ailleurs, il n'est donc pas inconcevable que les échanges entre l'Allemagne et l'Europe centrale puissent se développer au-delà de la part moyenne de 9 % atteinte dans l'entre-deux-guerres.

Le second aspect de l'intégration économique que nous avons envisagé sont les mouvements de capitaux, essentiellement les investissements directs allemands à l'Est. Comme dans le cas des échanges de biens, nous cherchons à répondre à deux questions : pourquoi y a-t-il investissement direct et quelles sont les perspectives de croissance ? D'après la théorie des investissements directs, le principal motif qui pousse une entreprise à acquérir des intérêts durables dans une activité à l'étranger est la perspective d'obtenir un profit plus élevé que les firmes domestiques du pays étranger[21]. Et la principale explication de ce rendement plus élevé est l'existence d'avantages spécifiques à la firme qui peuvent être exploités aussi bien sur un marché étranger que sur le marché domestique (exemple de la qualité du management japonais). Dans le cas des investissements occidentaux à l'Est, trois principaux motifs expliquent la croissance enregistrée depuis 1990[22]. Les perspectives de profit sont attirantes pour les petites et moyennes entreprises ; elles reposent essentiellement sur le coût relativement peu élevé d'une main d'oeuvre qualifiée. Les grandes entreprises, elles, attachent moins d'importance aux profits à court terme qu'à la consolidation à long terme de leur position en Europe de l'Est. Enfin, toutes les entreprises ont en vue la conquête de nouveaux marchés. Si l'on envisage les perspectives de croissance, il faut clairement distinguer le court terme et le long terme. A court terme, les obstacles apparaissent nombreux. Outre le problème de l'établissement d'un régime juridique adapté, se pose le problème des infrastructures, de la faiblesse du niveau de vie à l'Est, de l'étroitesse de chacun des marchés de l'Est, de la stabilité économique de ces pays, du niveau des droits de douane

---

(20) Degré d'ouverture des pays de l'Est = Exports + Imports / PIB (%)

	1970	1980	1990
Pologne	3.9	5.7	34.5
Tchécoslovaquie	17.3	33.3	56.0
Hongrie	20.8	–	55.2

Sources : B.R. Mitchell (1992) – International Historical Statistics : Europe 1750–1988 ; FMI – Statistiques financières internationales.

(21) Voir E.M. Graham, P.R. Krugman (1989), p. 27 et s. et la bibliographie détaillée qu'ils donnent.

(22) Voir Z. Dobosiewicz (1992), chap. 4. Il insiste également sur un facteur spécifique : l'importance des investissements réalisés par des émigrants de l'Est qui se sont enrichis aux Etats-Unis et en Europe de l'Ouest.

(s'il y a une forte concurrence des importations, les investissements risquent de ne pas être rentables)[23]. De plus, les craintes habituelles des pays récepteurs des investissements étrangers, en particulier les craintes des pays de l'Est devant l'afflux de capitaux allemands, peuvent freiner la libéralisation des mouvements de capitaux. en ce qui concerne les investissements allemands, on souligne l'ampleur des transferts de l'Ouest vers l'Est de l'Allemagne, qui pourrait détourner l'Allemagne de l'Europe de l'Est[24]. Tous ces obstacles n'ont cependant pas freiné, en 1992, le flux d'investissements directs et les projets de coentreprises dans les cinq pays d'Europe de l'Est[25]. A long terme, en revanche, les pays d'Europe de l'Est sont généralement vus comme un marché de plus en plus attractif pour les investissements directs occidentaux. Le principal argument repose, encore une fois, sur la notion d'avantage comparatif. Etant donné la richesse relative en travail et en travail qualifié des pays de l'Est, les entreprises occidentales auront avantage à déplacer vers l'Est les activités (stades de production ou branches) relativement intensives en ces facteurs, et à se spécialiser dans les produits nouveaux ou de pointe, intensifs en capital humain et en recherche–développement (application de la théorie du cycle–produit). L'Ifo–Institut prévoit ainsi une tendance croissante des investissements directs allemands en Europe de l'Est[26]. Cette tendance sera d'autant plus marquée que les coûts salariaux unitaires allemands resteront relativement élevés.

– Quatrième source, enfin, de renforcement des liens économiques Allemagne–Europe de l'Est, le nouvel atout dont bénéficie l'Allemagne depuis la réunification : l'héritage des relations particulières entre l'Allemagne de l'Est et l'Europe de l'Est. Rappelons toutefois que la croissance sensible des échanges entre l'Allemagne et l'Europe de l'Est à partir de 1990 n'est pas le fait

---

(23) Voir P.J. Welfens (1992).

(24) Mais les investisseurs privés pourraient être découragés par les conditions salariales dans les nouveaux Länder et préférer les pays de l'Est à bas salaires. Voir A. Inotai (1992), pp. 287–288.

(25) Commission économique pour l'Europe – Etude sur la situation économique de l'Europe en 1992–1993. Les chiffres ci-dessous concernent la Bulgarie, la Tchécoslovaquie, la Hongrie, la Pologne et la Roumanie.

	Projets d'investissements directs (nombre)	Flux nets d'investissements directs (millions dollars)
1990	11 733	573
1991	26 835	2 261
1992	50 979	2 825

(26) Ifo Schnelldienst (1992).

d'entreprises de l'Est mais de l'Ouest de l'Allemagne[27]. L'article cité ci-dessous fait état de perspectives peu optimistes pour l'évolution à court terme des échanges entre l'Allemagne de l'Est et l'Europe centrale. Son argumentation s'appuie sur les difficultés actuelles de la transition économique dans ces deux zones. Mais une reprise à terme est fort probable, ne serait-ce qu'en raison des liens traditionnels entre les deux zones. On observe déjà, à la lecture des quotidiens allemands, que nombre de nouvelles entreprises est-allemandes produisant des biens échangeables considèrent les marchés d'Europe de l'Est comme le principal débouché extérieur. Du point de vue économique, au fur et à mesure que la dotation relative en facteurs de l'Allemagne de l'Est se rapprochera de celle du reste de l'Allemagne, les deux zones auront la même incitation à exporter vers l'Est des produits de haut de gamme et à en importer des produits plus standardisés.

Plusieurs facteurs permettent donc d'avancer que les relations économiques entre l'Allemagne et l'Europe centrale devraient s'accroître, aller dans le sens d'une plus grande intégration économique. Soulignons ici qu'un tel phénomène n'est pas à blâmer, au nom d'un soi-disant *"impérialisme économique allemand"*. En effet, si un pays doit établir sa domination sur un autre, c'est par le fait de ses dirigeants, pour des raisons politiques et par des moyens militaires. Des échanges accrus de biens et de services entre l'Allemagne et l'Europe de l'Est sont un gain, également pour ces derniers, et les pays de l'Est profitent, grâce aux investissements directs, d'un transfert de technologie et des techniques de management les plus récentes.

L'augmentation de la circulation de biens, capitaux et personnes est un aspect essentiel de l'intégration économique. Sa réalisation ne dépend cependant pas uniquement de l'action des agents privés ; elle est soumise à la mise en place, par les pouvoirs publics, d'un cadre juridique adapté. Pour permettre la libre circulation des biens, si l'on s'en tient à ce premier stade de l'intégration, il faut supprimer les obstacles aux échanges, en particulier droits de douane et quotas. La mise en place d'une telle politique commerciale n'est pas de la compétence du gouvernement allemand mais des institutions communautaires. Rappelons brièvement le cadre juridique actuel des relations économiques entre la Communauté européenne et l'Europe centrale. Des accords européens d'association, basés sur l'article 238 du Traité de Rome, ont

---

(27)   Voir l'article de K. Werner (1992).

maintenant été signés avec les cinq pays de l'Est considérés ici[28]. Des accords intérimaires pour le commerce et les mesures d'accompagnement, basés sur l'article 113 du Traité de Rome, ont été signés en même temps, afin de permettre l'application des dispositions commerciales des accords européens dans l'attente de leur entrée en vigueur. Les accords intérimaires sont entrés en vigueur le 1er mars 1992 (pour la Tchécoslovaquie, la Pologne et la Hongrie), le 1er mai 1993 pour la Roumanie et le 1er juin 1993 pour la Bulgarie. Le volet commercial des accords européens, qui est donc dès à présent en vigueur, prévoit l'instauration progressive d'une zone de libre–échange pendant une période de transition de dix années au maximum ; les pays de l'Est bénéficient dans une première phase d'un traitement préférentiel. La procédure de démantèlement se déroule comme suit : du côté communautaire, suppression immédiate de toutes les restrictions quantitatives sur les importations industrielles, à l'exception des produits textiles (libéralisation échelonnée sur une période allant jusqu'au 1.1.1998) ; abolition immédiate des droits de douane sur la moitié des produits industriels, les droits de douane sur les autres produits étant réduits progressivement jusqu'à leur suppression totale d'ici le 1er janvier 1998 (1.1.1999 pour les textiles). Pour les produits agricoles, la Communauté doit accorder aux pays de l'Est le bénéfice du système de préférences généralisées (SPG) et peut accorder des concessions supplémentaires. Du côté des pays tiers, les démantèlements doivent être plus longs, étalés sur sept à dix ans. Les accords offrent aux pays tiers la possibilité d'introduire des dérogations exceptionnelles, de durée limitée, pour protéger des industries naissantes ou certains secteurs en restructuration. Enfin, le Conseil européen réuni à Copenhague a décidé d'accélérer le démantèlement des droits de douane et des restrictions quantitatives communautaires prévu dans les accords européens. Mais ces mesures ne s'appliqueront pas aux secteurs de l'acier, des textiles et des produits agricoles.

Bien que ces accords soient fondés sur une philosophie libre–échangiste et que l'entrée en vigueur des dispositions commerciales ait permis une croissance sensible des exportations des pays de l'Est vers la

---

(28) De nouveaux accords européens ont été signés le 4 octobre 1993 entre la Communauté d'une part, et la République Tchèque et la République Slovaque, d'autre part.

Communauté européenne en 1992[29], de nombreuses critiques leur ont déjà été adressées. Celles-ci partent de l'hypothèse généralement acceptée qu'une libéralisation effective et totale des échanges est une condition essentielle du succès de la transition des pays de l'Est vers l'économie de marché. Or les accords européens ne garantissent pas une libéralisation effective et totale rapide des échanges. Premier indice de leur imperfection : *"leur complexité ; ce qui est généralement un signe d'ambiguïté"*[30]. La lecture approfondie de ces accords entreprise par Messerlin lui permet de conclure, que le maintien à court terme de barrières commerciales sur des produits essentiels pour les pays de l'Est aura un effet réellement restrictif sur leurs exportations ; et cela risque de provoquer des réactions protectionnistes de la part des pays de l'Est (il cite les premiers exemples). Outre le processus de démantèlement des barrières commerciales, d'autres dispositions des accords européens sont un obstacle potentiel à la libéralisation totale des échanges[31] : il s'agit des mesures de sauvegarde qui peuvent prendre la forme de droits anti-dumping ou de restrictions quantitatives (pour répondre au cas où un produit serait importé en quantités tellement accrues à et à des conditions telles qu'il porterait ou menacerait de porter un préjudice grave aux producteurs nationaux, ou qu'il entraînerait ou menacerait d'entraîner de graves perturbations dans un secteur de l'économie). Dans le contexte de récession économique que connaît la CE depuis 1992, on a vu comment ces clauses de sauvegarde peuvent être utilisées et remettre en cause le planning de démantèlement prévu par les accords (levée de droits anti-dumping allant de 11 % à 30 % sur les importations de certaines catégories d'acier en provenance de Tchécoslovaquie, Hongrie et Pologne).

Si la politique commerciale communautaire vis-à-vis des pays d'Europe de l'Est devait, soit s'avérer dans les faits insuffisamment libérale, soit faire un usage persistant des mesures de sauvegarde, quelles pourraient être les réactions en Allemagne ? Il faut tout d'abord rappeler que les Allemands ne sont pas les derniers à demander une plus grande protection

---

(29) En 1992, les cinq pays d'Europe de l'Est accroissent leurs exportations à destination de la CE de 17.3 % (+ 5.7 % pour le groupe *"Pays d'Europe centrale et de l'Est"*), alors que tous les autres groupes de pays partenaires enregistrent une diminution de leurs exportations vers la CE (+ 0.8 % pour l'AELE*. Les exportations des cinq pays d'Europe centrale progressent comme suit (par rapport à la période correspondante de l'année 1991) :

	1992	1992 I	1992 II	1992 III	1992 IV
Cinq pays Est	+ 17.3 %	+ 18.5 %	+ 19.2 %	+ 15.0 %	+ 16.8 %

Source : EUROSTAT – Commerce extérieur et Balance des paiements.
(30) P.A. Messerlin (1993), p. 90.
(31) Mais elles sont conformes aux règles du GATT, notamment aux articles VI et XIX.

pour leur agriculture, leur industrie sidérurgique et leur industrie textile. Mais, à la différence de la France notamment, il existe en Allemagne de puissants groupes de pression qui sont résolument libre-échangistes. Le *Bund der Deutschen Industriellen* (BDI) et le *Deutsche Industrie-und Handelstag* (DIHT), pour ne citer que les deux plus importants, réaffirment régulièrement leur soutien à une politique d'ouverture à l'Est. Ils y voient l'intérêt des industries exportatrices allemandes. La position de ces groupes est également soutenue par les instituts de conjoncture allemands dont l'avis n'est pas indifférent au gouvernement allemand. Bref, les pressions libre-échangistes sont fortes en Allemagne et ne sont pas étrangères à la réputation libérale des représentants allemands sur la scène communautaire ou internationale. Outre la pression libre-échangiste, un autre facteur doit inciter le gouvernement allemand à s'opposer à une politique trop protectionniste vis-à-vis des pays de l'Est : c'est l'immigration en provenance de ces pays. On peut adapter la phrase célèbre du chancelier Caprivi[32] aux circonstances actuelles : soit l'Allemagne importe des marchandises, soit elle importe des hommes. C'est exactement le risque qu'évoque K. Kinkel quand il dit que toute tendance protectionniste de la CE ne ferait qu'inciter plus encore les européens de l'Est à émigrer vers l'Ouest[33] (avec l'Allemagne au premier plan). Les objectifs de politique extérieure sont un dernier facteur à prendre en compte. Le gouvernement allemand est pour une intégration rapide (dès que le processus de transition économique sera suffisamment avancé) des pays de l'Est dans la Communauté européenne. Cet objectif n'est pas conciliable avec un protectionnisme renforcé vis-à-vis de l'Est.

Ainsi, la politique commerciale communautaire devrait, en principe, créer un cadre juridique favorable à l'intégration économique des pays de l'Est dans la Communauté européenne. Cependant, les exemptions prévues par les accords et les obstacles aux échanges imposés ces derniers mois peuvent avoir une incidence négative dans l'avenir, si la tendance protectionniste n'est pas inversée. Dans ce cas, l'Allemagne risquerait d'être placée face à un dilemme, car elle a un réel intérêt à une ouverture des échanges avec l'Est. Cet intérêt n'est pas fondé sur de simples considérations philanthropiques ou au contraire sur des visées expansionnistes.

---

(32) Le chancelier Caprivi défendait, dans son Exposé des motifs du 7 décembre 1891, une politique libre-échangiste. Son principal argument se résumait à la phrase suivante : *"Entweder wir exportieren Waren oder wir exportieren Menschen"*.
(33) F.A.Z., op. cit.

Concluons sur la question qui sous-tend cet ouvrage collectif : la Grande Europe peut-elle se faire ? Dans le domaine économique, une des conditions de la réalisation d'une Grande Europe est l'intégration économique entre la Communauté européenne et l'Europe centrale. Nous avons avancé l'idée que l'Allemagne pourrait être le vecteur de cette intégration, mais cela suppose la réalisation effective d'une zone de libre-échange entre la Communauté Européenne et l'Europe centrale.

BIBLIOGRAPHIE

ASSELAIN (Jean-Charles) – *"L'Europe de l'Est dans l'économie européenne : actualité d'un passé proche"* – in Les relations Communauté européenne-Europe de l'Est sous la direction de J.C. Gautron – Paris : Economia, 1991 – 760 p.

BAECHLER (Jean) – La grande parenthèse (1914-1991). Essai sur un accident de l'histoire – Paris : Calmann-Levy, 1993 – 218 p.

BALASSA (Bela) – The theory of economic integration – London : Allen and Unwn, 1962 – 305 p.

BEHAR (Pierre) – *"La réunification de l'Allemagne et ses conséquences pour l'Europe"* – in Cahiers français, 257, juil-sept 1992 : pp. 7-17.

DEDINGER (Béatrice) – Le commerce extérieur de l'Allemagne 1871-1939. L'incidence respective des facteurs politiques et économiques – Paris : Thèse de l'Institut d'Etudes Politiques, 1992 – 570 p.

DOBOSIEWICZ (Zbigniew) – Foreign investment in Eastern Europe – New-York : Routledge, 1992 – 134 p.

Deutsches Institut für Wirtschaftsforschung– *"Industriegütereinfuhren der EG aus Ost und Süd : Handelspolitik und entwicklung"* – Wochenbe Ericht, 23/93 : pp. 317–334.

HANEL (Petr) – *"La libéralisation des relations économiques extérieures en Hongrie, Pologne et Tchécoslovaquie"* – Revue d'Etudes Comparatives Est–Ouest, 23 (1), 1992 : pp. 77–108.

HEIMERL (Daniela) – *"Les relations entre l'Allemagne et l'Europe centrale : reconnaissance"* – Notes et Etudes documentaires, 4964–65, 1992 : pp. 21–38.

HOFFMANN (Lutz) – *"L'importance de l'Europe centrale et orientale pour l'industrie allemande"* – Revue du Marché Commun et de l'Union Européenne, 369, juin 1993 : pp. 550–557.

INOTAI (Andras) – *"Economic implications of German unification for Central and Eastern Europe"* – in P.B. Stares, ed. – The new Germany and the new Europe – Washington, D.C. : the Brookings Institution, 1992 – 367 p.

INOTAI (Andras) – The Economic Impact of German Reunification on Central and Eastern Europe – American Institute for Contemporary German Studies, Seminar Papers, 1, juin 1992 – 47 p..

La Question allemande – Hérodote, 68, le trim. 1993.

MESSERLIN (Patrick A.) – *"The EC and Central Europe : the missed rendez-vous of 1992 ?"* – Economics of Transition, I (1), 1993 : pp. 89–109.

"Neuere Tendenzen im Aussenwirtschaftsverkehr mit den Staatsherdelsländern" – Monatsberichte der Deutschen Bundesbank, juil. 1989 : pp. 19–26.

PELKMANS (Jacques) – Market integration in the European community – The Hague : Nijhoff, 1984 – 322 p.

SEIFFERT (Wolfgang) – *"Auswirkungen der deutschen Vereinigung auf Osteuropa"* – Zeitschrift für Politik, 39 (1), mars 1992 : pp. 34–48.

SIEBERT (Horst) – The Big Bang with the Big Brother. German unification on its third year – Kiel : Institut für Weltwirtschaft, mai 1993 – 26 p. (Kieler Diskussionsbeiträge, 211).

SIEBERT (Horst) – *"German unification : the economics of transition"* – Economic Policy, 13, octobre 1991 : pp. 287–340.

STADEN (Berndt von) – *"Das vereinigte Deutschland in Europa"* – Europa Archiv, 45(23), 1990 : pp. 685–690.

WELFENSS (Paul J.J.) – *"Foreign investment in the East European Transition"* – Management International Review, 32(3), 1992 : pp. 199–218.

WETTIG (Gerhard) – *"Deutsche Vereinigung und europäische Sicherheit"* – Aussempolitik, 42(1), 1991 : pp. 13–20.

"Die wirtschaftsbeziehungen des vereinigten Deutschlands zu den mittel–und osteuropäischen Reformländern" – Monatsberichte der Deutschen Bundesbank, juil. 1992 : pp. 15–22.

LES EUROPEENS DE L'EST ET DE L'OUEST
PARLENT–ILS LE MEME LANGAGE ?
(exemple de la Pologne et de la France)

Johanna NOWICKI

(Université de Marne la Vallée)

Retour à l'Europe / Eveil de particularismes nationaux.

On assiste aujourd'hui en Europe centrale et orientale à un vrai paradoxe : le mot d'ordre **du retour à l'Europe** est omniprésent dans les déclarations d'hommes politiques, dans la presse, dans les conversations quotidiennes des gens et traduit la principale aspiration culturelle des peuples de l'autre Europe qui, avec le renversement du régime communiste veulent tout simplement *"vivre normalement"*, ce qui veut dire pour eux *"vivre à la manière des occidentaux"*. Cependant cette soif de se rapprocher du modèle occidental n'empêche pas un certain courant protectionniste, nationaliste, voire xénophobe de surgir, ce qui inquiète les intellectuels est–européens (cf. prof. Skarga et son article dans *"Tygodnik Powszechny"* de janvier 1993). Les raisons de cet état des choses sont sans doute en grande partie économiques. En effet, l'Occident, tel qu'il était évoqué pendant l'occupation communiste, était un idéal de liberté plus qu'un modèle économique précis dont le fonctionnement quotidien n'était d'ailleurs pas vraiment bien connu des Européens de l'Est, excepté de ceux qui avaient eu l'occasion de participer à la vie sociale d'avant-guerre. Pour les générations grandissant en *"démocratie populaire"*, l'Ouest c'était des livres interdits, une certaine musique, une certaine philosophie, un certain style de vie dont on imaginait aisément les bienfaits sans forcément connaître l'envers de la médaille. D'ailleurs, les aspects difficiles de la démocratie occidentale étant exploités à fond par la propagande communiste, cela enlevait toute crédibilité à tout argument avancé, même s'il n'était pas uniquement idéologique ...

L'Occident – de l'amitié lointaine vers un partenariat économique.

Aujourd'hui, avec l'avènement de l'économie libérale, l'Ouest a changé de signification. De l'ami lointain, perçu comme allié idéologique, plus chanceux dans le partage des zones d'influence politique après la guerre, il est devenu **partenaire politique et économique** dont les intérêts ne sont pas automatiquement les mêmes (il suffit de mentionner à cet égard les difficiles négociations autour du GATT). Un occidental c'est un **professionnel** dont on observe scrupuleusement le savoir–faire dans les affaires mais dont on redoute parfois l'esprit commercial animé davantage par l'intérêt financier que par la générosité dont il a fait souvent preuve dans la période précédente. A l'échelle des entreprises nationales est–européennes, l'Occident est un **investisseur** attendu, indispensable, mais souvent perçu comme trop fort, menaçant l'intégrité du patrimoine national (trop souvent associé à l'immobilier et à la terre, même dans le monde industriel où c'est pourtant les technologies qui font la richesse et qui sont vitales pour l'avenir de l'économie est–européenne).

L'occidental est également **formateur,** animateur des stages de formation mis en place par des organismes divers pour expliquer le fonctionnement de l'économie de marché à ceux qui en connaissent les principes théoriques mais pas la pratique. Et c'est là où le champ d'observation mutuelle est ouvert et l'écart creusé par les années de séparation entre les deux Europe sensibles, car **les mentalités ne sont pas les mêmes** malgré la volonté idéologique des deux côtés d'affirmer leur proximité.

Exemple de la France et de la Pologne – ses particularités et sa dimension générale.

Je me limiterai, dans l'analyse de ces phénomènes, à l'exemple concret de la France et de la Pologne même si, sans doute, de nombreuses remarques pourraient s'appliquer à d'autres cas de figures, étant donné la ressemblance des situations vécues dans l'ancien esprit entrepreneurial d'où qu'elles viennent. Aussi, les questions liées à la toute récente rencontre des deux Europe ne concernent pas uniquement le cas franco–polonais mais plutôt les relations Est–Ouest. A noter au passage que les notions d'Est et d'Ouest, qui sont devenues certes dépassées sur le plan politique et risquent d'être très vite réductrices dans l'approche culturelle, n'ont pas perdu toute leur pertinence dans cette période de redécouverte mutuelle des deux Europe séparées pendant un demi-siècle[1].

Pour illustrer plus concrètement de quelle manière cette Grande Europe est en train de se faire, prenons donc le cas des Français et des Polonais, cas d'autant plus intéressant qu'en apparence les relations entre ces deux peuples sont harmonieuses, *"sans histoires"*, comme chez ces bons couples qui ne se disputent pas, mais en réalité fort difficiles à analyser à cause du stéréotype de la traditionnelle amitié qui brouille les pistes. Ainsi, au départ, pas de préjugés défavorables des deux côtés, beaucoup de sympathie spontanée qui a fait ses preuves dans les périodes variées de l'histoire commune, jamais tachée d'une guerre de surcroît... Et pourtant les malentendus sont nombreux qui rendent une collaboration efficace parfois difficile même si dans le monde des gens bien élevés on ne se dit pas tout ce que l'on pense de l'autre ...

Forme / Fond.

La culture française est basée sur le soin extrême de la **forme**[2]. Elle en tire d'ailleurs sa gloire et a su bâtir là dessus sa renommée internationale. Il suffit d'énumérer quelques domaines dans lesquels les Français se sont rendu maîtres incontestés même si pas toujours exclusifs : la littérature, la mode, la gastronomie, la diplomatie, le design, pour s'apercevoir que partout où ils sont forts, c'est précisément grâce aux qualités de la forme. La forme du langage, fonctionnant d'ailleurs dans la vie sociale tout comme dans l'art à plusieurs niveaux bien distincts, la forme des matières, le raffinement des mets et des vins, les manières, les règles du comportement codées et stratifiées que l'on ne peut pas inventer.

Ce souci extrême de la forme est une force mais parfois peut également devenir une source de faiblesse, notamment dans les contacts avec certains étrangers, tels les Polonais.

---

(1) Pour avoir un aperçu global des réalités complexes des pays de l'Europe centrale et orientale, nous recommandons l'ouvrage de Jacques Rupnik *"L'autre Europe. Crise et fin du communisme"*, Editions Odile Jacob, 1990.

(2) Voir entre autres l'analyse qu'en fait H. Keyserling dans son *"L'analyse spectrale de l'Europe"* qui date de 1928, rééditée par Bartillat, 1990. *"La France demeure en fait le pays des jardins, qui considère le globe comme un jardin français et qui a beaucoup de difficulté à vivre en dehors de ses limites. Ainsi la France incarne-t-elle l'ancienne culture de la forme ce qui la rend statique, conservatrice, plongée toute entière dans l'immobilité de la perfection".* op. cit. p. XV.

La fameuse tolérance française, liée à l'individualisme qui interdit de juger trop facilement l'autre en vertu du principe que *"tout dépend du point de vue où l'on se place"* conduit les Français à une extrême prudence dans les contacts directs avec les représentants d'une autre culture (ce qui par ailleurs n'empêche pas les mêmes personnes de considérer que la culture française reste la plus riche et la plus belle et que les étrangers ont raison de défendre la leur à condition de reconnaître cette évidence-là).

Les Français pensant manifester ainsi un profond respect des différences n'affirment à l'étranger que l'incontestable et mettent dans leur discours mille et une formules rhétoriques nuançant le propos avancé, le rendant souvent littéralement incompréhensible pour un public polonais qui ignore les considérations franco-françaises d'une part et n'est pas habitué, dans des échanges professionnels, à la préciosité verbale aussi développée[3].

Cette attitude française conduit en définitive à l'irrespect de l'autre, à la négligence de ses besoins réels, c'est-à-dire concrètement aux résultats opposés à l'intention. Les malentendus peuvent être graves et pourtant ils ne résultent souvent que de la simple méconnaissance des figures de rhétorique utilisées par les Français très couramment, de manière inconsciente car elles font partie des règles de l'éducation inculquées depuis le plus jeune âge et perçues comme de simples règles de politesse.

Prenons à titre d'exemple cette formule tirée d'un des nombreux stages animés par des professionnels français en Pologne : *"Nous apprenons de vous autant que vous apprenez de nous"*, évoquée dans le souci de mettre à l'aise un public se trouvant forcément en position de faiblesse (enseignés face à enseignant). Or, cette formule n'est pas toujours comprise dans cet esprit. Elle peut au contraire passer pour une phrase ironique, voire arrogante, ou pire encore, étant entendue à la lettre elle peut provoquer des réactions de supériorité perçues par les Français comme déplacées !

---

(3) Cet échange entre un intellectuel français et son public de professionnels polonais lors d'un stage de formation est révélateur de cette problématique.
  – *"J'espère que cette introduction n'est pas pour vous un simple bavardage"* (précaution verbale)
  – *"Mais si, Monsieur"* (franchise considérée comme normale dans une situation de formation qui doit être utile).

Le non–dit à la française / Le franc parlé à la polonaise.

Arrêtons–nous un instant sur cette problématique du sens littéral et sous–entendu. La communication à la française affectionne particulièrement ce mode d'expression qui échappe bien souvent à l'interlocuteur étranger. Ceci est frappant dans les formules exprimant le désir de voir telle chose arriver et le refus de la solution inverse. *"Je préfère qu'il ne vienne pas aujourd'hui"*, *"j'aime autant qu'il vienne à une autre occasion"* – voilà des phrases qui fonctionnent pour un interlocuteur français comme l'expression claire de non acceptation de la solution contraire à ce qui est énoncé. Aux yeux de nombreux étrangers, ce ne sont pas des formules nécessairement fermées, elles laissent donc réellement le choix à la personne concernée.

Ce problème de compréhension erronée résulte d'un aspect plus général de l'expression française qui est sans doute une source de malentendus assez fondamentaux dans les contacts avec les personnes *"qui ne vivent pas en français"*, à savoir le recours dans la conversation courante à la litote, appelée autrement la *"diminution"*. Par égard, par refus d'affrontement direct, simplement par politesse diront volontiers les français, *"au lieu d'affirmer positivement une chose, on nie absolument la chose contraire, on la diminue plus ou moins, dans la vue même de donner plus d'énergie et de poids à l'affirmation positive qu'elle déguise"*[(4)]. Quelques exemples pour illustrer ce mécanisme :

"Il n'a pas une mauvaise idée de lui–même" pour *"Il a de lui–même une très haute idée"*.

"Vous êtes bien peu patient" pour *"Vous manquez tout–à–fait de patience"*.

"Ce n'est pas un sot" pour *"Il est intelligent"*, etc., etc.

"Ce n'est pas inintéressant" pour *"c'est passionnant"*.

Cette attitude, très naturelle pour un interlocuteur français, est souvent perçue par les Polonais comme fausse, voire hypocrite, qui n'inspire pas confiance et face à laquelle ils auraient souvent envie d'utiliser une expression consacrée qui en dit plus long que toute explication savante : *"Dis*

---

(4) P. Fontanier, *"Les Figures du discours"*, Flammarion, 1977, p.133.

franchement ce que tu penses, n'enveloppe pas ton propos dans du coton "[5]. En effet, la qualité d'expression dans la culture polonaise est davantage jugée sur le fond qu'elle exprime (franchise, engagement, position claire, non ambiguë) que par sa forme, même si les exigences de la pureté linguistique demeurent (il suffit à cet égard d'observer le nombre de blagues qui circulent autour des fautes de langage relevées dans les discours du président Walesa).

Deux modèles d'éducation : l'un dominé par l'exigence de la rigueur intellectuelle, l'autre par le respect des valeurs morales.

Tout cela m'amène à la conviction que les racines de ces malentendus franco—polonais se trouvent dans les modèles d'éducation fort différents dans les deux pays.

L'éducation française bannit la spontanéité, tout en insistant sur la rigueur, la logique, en privilégiant les mathématiques et le fameux *"esprit cartésien"* (dont on n'a jamais vraiment expliqué ce que c'était mais l'ambition reste de mise). Ceci dit, un certain degré de spontanéité est admis et même souhaité pour rajouter de l'authenticité au comportement autrement perçu comme trop rigide et trop froid. L'idéal c'est une spontanéité bien maîtrisée, ce qui rejoint l'idée précédente du souci extrême de la forme.

Quelles en sont les conséquences ? Sur le plan des relations sociales cela entraîne une certaine rigidité, peut—être pas perceptible d'emblée pour un étranger car le caractère latin reste tout de même une composante importante du tempérament français, une forte dose de jeu d'apparence et un effort évident de création de sa propre image.

Sur le plan intellectuel, la conséquence la plus importante de la conception cartésienne de l'éducation à la française est l'apprentissage de l'esprit critique. Très tôt, l'enfant scolarisé en France apprend en effet à se méfier de ce qu'il entend, voit et lit, en devient capable de déceler les intérêts de chacun, les points de vue contradictoires, ce qui l'amène à prendre conscience de la relativité des choses de ce monde. *"Tout dépend"* ... Cela

---

(5) L'expression polonaise *"owijac w bawelne"* a d'ailleurs été reprise par F.B. Huyghe dans son ouvrage *"La langue de coton"* où il dénonce les mots creux de la société spectaculaire-marchande en France contemporaine par opposition à la *"langue de bois"* des idéologies dures.

rend les Français relativement moins susceptibles de devenir victimes d'un endoctrinement massif, ce que l'histoire a confirmé, malgré les périodes que l'on sait où l'usage de l'esprit critique a été un peu négligé ...

Car l'envers de la médaille c'est un tel relativisme dans tout, qu'il n'y a plus de certitudes nulle part ... ni de jugement de valeur absolu, ni d'exigence morale évidente pour tout le monde. Et l'on entend des voix s'élever contre ce qui est appelé par certains le dangereux laxisme qu'il faut combattre, mais aussitôt d'autres voix rappellent que nul ne possède la vérité absolue ni le pouvoir moral sur les autres, que donc peut-on faire de mieux que de tolérer et de s'abstenir ?

Honneur / Pragmatisme.

Dans les situations extrêmes, les réactions extrêmes, l'histoire française l'a démontré à maintes reprises. N'empêche que, le temps des émotions passé, on revient sur certaines décisions perçues après coup comme trop violentes (fallait-il tuer le roi ? fallait-il exécuter Brazillac ? – les débats ne manquent pas). Ce dernier exemple d'ailleurs est particulièrement intéressant parce qu'il illustre à la fois la problématique morale et esthétique. Dans ce débat on a utilisé l'argument du talent (en l'occurrence littéraire) qu'une société a le devoir de protéger, peu importe l'usage qui en a été fait. Le culte de la forme atteint ici son apogée – même lorsqu'elle dit l'ignoble, une parole bien exprimée garde quand même une valeur artistique.

Cette dichotomie dans les jugements portés sur les intellectuels choque les Polonais. Un écrivain qui compromet son talent en le mettant au service des causes perçues comme injustes n'est plus un bon écrivain. Il n'aura plus de lecteurs car plus nombreux seront ceux qui manifesteront une forme d'ostracisme social vis-à-vis du comportement considéré comme contraire au code de bonne conduite que ceux qui ne verront en lui qu'un artiste en tant qu'artisan de la forme et non pas un intellectuel responsable de ses paroles.

Car la valeur qui a influencé fortement la mentalité polonaise et qui reste présente dans les esprits malgré d'importants changements qui s'y opèrent actuellement, c'est **l'honneur**[6]. On le sait en France et on l'associe au

---

[6] A cet égard il est intéressant de noter l'ouvrage de A. Michnik intitulé *"Z dziejow honoru w Polsce"* (L'histoire de l'honneur en Pologne), éd. Nowa, 1985, écrit en prison et considéré par l'auteur comme une description de différentes manières de sauver la face.

fameux romantisme polonais considéré comme incorrigible et souvent fou. On le sait mais on n'en comprend pas toujours l'origine. Or, si l'on garde à l'esprit que c'est la noblesse et non pas la bourgeoisie qui a fourni ses idéaux à la société polonaise[7], tout devient plus clair : sauver la face, se battre jusqu'au bout malgré l'inévitable défaite, éviter le compromis mou – toutes ces notions deviennent logiques et non pas folles. Comme le dit Keyserling : *"la morale du gentilhomme est la morale suprême car il est l'homme du risque et du danger alors que le bourgeois est celui de la sécurité"*[8]. En effet, le **pragmatisme**, issu de la culture bourgeoise et non pas du code moral de la noblesse, très valorisé dans les sociétés occidentales modernes, indispensable dans toute activité du type entrepreneurial (commerce, service, gestion), considéré également comme important dans l'action politique, cette notion commence à peine à être introduite dans la liste des capacités souhaitables à faire acquérir aux jeunes en Pologne. Cependant, même si acceptée, elle est souvent perçue comme un nécessaire mais triste abandon de certaines vraies valeurs face aux défis de la modernité.

Aspiration à l'épanouissement personnel / Martyrologie nationale.

Une autre différence considérable dans les deux styles d'éducation que sans trop de risque de simplification on peut appliquer aux cultures slaves d'une part et à l'Occident de l'autre, c'est l'attitude face au malheur. On aurait envie de dire que l'obligation numéro un dans la société occidentale moderne est celle d'être heureux. Passons outre les conventions très superficielles qui font répondre à tout le monde l'incontournable *"ça va"* à la question posée. Le problème est plus profond. En fait, une personne qui n'est pas capable de trouver des raisons de bonheur dans son existence n'est pas bien vue.

---

(7) Pour des raisons historiques qu'il n'est pas possible d'expliquer ici, la société polonaise n'a pas créé pendant longtemps sa propre bourgeoisie. Celle-ci était allemande ou juive, plus ou moins polonisée avec le temps mais la classe sociale qui a fortement influencé la mentalité des Polonais c'est incontestablement l'intelligentsia issue de la noblesse terrienne qui perdait au fil des insurrections et guerres les propriétés et s'installait dans les grandes villes pour y mener des activités libérales, intellectuelles plutôt que commerciales. Une très bonne illustration d'une sorte de rivalité entre ceux qui avaient des moyens et ceux qui avaient les origines nobles se trouve dans le roman de l'écrivain polonais du XIX s. Boleslaw Prus intitulé *"Lalka"* (La Poupée).

(8) Op. cit. p. XVII.

A cet égard, on observe en France un paradoxe qui résulte de la contradiction entre l'exigence de bonheur et l'esprit critique dont nous avons parlé et qui s'exprime dans une attitude de *"râleur"*. Ainsi, on la le droit, et il est même parfaitement normal, d'exprimer haut et fort son mécontentement sur tout ce qui nous entoure : la politique, le temps, la bourse, les autres, mais il faut le faire de manière générale, impersonnelle, donnant l'apparence d'objectivité. Dès l'instant qu'une personne se plaint de ses propres malheurs ou frustrations, elle en devient responsable et si cela se reproduit trop souvent elle passe pour quelqu'un d'incapable, voire d'angoissé, ce qui n'inspire pas la sympathie. Le malheureux est suspect. L'épanouissement personnel a sans doute remplacé le traditionnel dévouement chrétien envers l'autre, son prochain. Et s'il est clair qu'il faut réussir sa vie, les critères du succès ne sont absolument pas unanimes car chacun a le droit de trouver son bonheur où il l'entend pourvu qu'il le trouve quelque part (et on rejoint ici l'individualisme et la tolérance dont il était déjà question).

Tandis que l'éducation française privilégie l'apprentissage du bonheur personnel, l'éducation polonaise (et sans doute celle d'autres pays slaves), elle, est davantage basée sur la notion de **devoir** et de **souffrance**. Devoir envers soi d'abord[9], envers sa famille, envers les autres, envers sa nation, et même peut–être envers la langue polonaise, que l'on n'appelle pas d'ailleurs *"langue maternelle"* mais *"langue de la Patrie"*[10].

Ces notions ont toujours été inculquées à l'école polonaise et malgré l'ironie mordante d'un Gombrowicz qui a dressé une extraordinaire caricature d'un tel style d'éducation dans son roman *"Ferdydurke"*[11], rien ne semble

---

(9) Władysław Bartoszewski, historien et écrivain polonais, a écrit un ouvrage qui porte un titre emblématique : *"Cela vaut la peine d'être un homme honnête"* (*"Warbo byc przyzwoitym"*, Ed. Spotkania, Paris 1986, l'original en allemand *"Herbst der Hoffnungen. Es lohnt sich anständig zu sein"*, Herder, 1983), ce qui nous semble assez caractéristique de l'ethos de l'intelligentsia polonaise.

(10) Menacée en effet par différents occupants qui russifiaient, germanisaient de force ou simplement fortement influencée par les emprunts des langues dominantes à différentes époques (latin, français, anglais), cette langue a survécu certainement à cause de l'acharnement des élites polonaises à maintenir dans le peuple sa maîtrise alors même que l'existence politique du pays était remise en cause. Il suffit d'évoquer à cet égard les nouvelles d'écrivain du XIX s. - E. Orzeszkowa qui raconte l'enseignement clandestin de la langue polonaise dispensé bénévolement par des dames de bonnes familles aux enfants du peuple : *"A.B.C., Dobra Pani"* (*"A.B.C. Gentille Dame"*).

(11) W. Gombrowicz, *"Ferdydurke"*, Christian Bourgeois Editeur, 1973 *"Donc pourquoi Slowacki éveille-t-il en nous l'enthousiasme et l'amour ? (..) Parce que, Messieurs, parce que Slowacki était un grand poète ! Walkiewicz, dites-moi pourquoi ! Répétez, pourquoi ? Pourquoi l'amour, l'enthousiasme, les pleurs, les coeurs, transportés, courir, voler ? Pourquoi, Walkiewicz ? (...) - Parce que c'était un grand poète !"* op. cit. p.49.

annoncer les changements considérables du modèle respecté et respectable à de nombreux égards.

L'histoire politique très mouvementée de la Pologne a fait que, contrairement à ce qui a pu se passer en France, ce n'est pas le bonheur mais la **souffrance** qui a façonné les esprits. Il en résulte une force certaine, une très grande vitalité de ce peuple qui a dû à maintes reprises affronter les difficultés insurmontables, mais cela conduit aussi à une sorte de pessimisme, fatalisme, parfois même complaisance dans les plaintes. Aussi, manifester trop bruyamment son bonheur et sa satisfaction n'est pas de bon ton en Pologne. Tout le monde a appris qu'il y a dans la vie d'abord les difficultés et ensuite les plaisirs, ce qui est d'ailleurs à l'origine d'un sens de l'humour considérable, qui joue de cette sensation d'impuissance et conjure le présent souvent tragique par l'évocation apparemment légère de l'horrible.

Il est intéressant de voir à ce propos quels sont les héros nationaux, je veux dire presque les clichés dans la conscience collective des Polonais de ce qui est vénérable. Comme dans la majorité des cultures, il y a bien sûr des hommes politiques mais ce sont davantage les insurgés que l'on vénère en eux que les chefs d'Etat (Kosciuszko, Pilsudski, Walesa), des grands savants (Kopernik, Sklodowska-Curie), mais ce qui est plus caractéristique c'est le nombre de **martyrs** de la lutte pour la dignité humaine (le premier Patron de la Pologne – Saint Stanislas, le père Kolbe, J. Korczak, tous deux morts pour d'autres dans un camp d'extermination, plus récemment – le père Popieluszko), et la place considérable donnée aux **poètes** dont les plus grands deviennent des bardes nationaux (Mickiewicz, Slowacki, Norwid, récemment Herbert, Milosz).

Humiliation / Pensée positive

Ce culte de la martyrologie nationale[12], n'est pas sans influence sur les comportements individuels actuellement. L'amour propre blessé est ressenti

---

(12)   Encore une image tirée de *"Ferdydurke"* de Gombrowicz, révélatrice à cet égard, d'un professeur qui fait son cours d'histoire littéraire *"Nos grands prophètes messianistes, messianistes, messianistes, le patriotisme éternel, la Pologne, Christ des Nations, le flambeau, le glaive, l'autel et le drapeau, la Passion, le rachat, le héros, le symbole.*
Les mots entraient par les oreilles et déchiraient les esprits, les visages se déformaient de plus en plus, rompaient avec le modèle consacré et, froissés, accablés, rabotés, semblaient prêts à recevoir n'importe quelle autre forme ... (...) Et la réalité, rabotée elle aussi, elle aussi accablée, froissée, déchirée, se transformait peu à peu en univers de songe, ah, laissez-moi rêver !" op. cit. p.54.

comme quelque chose d'insupportable et l'humiliation ne peut pas durer longtemps.

Or, toute la période d'occupation communiste a été vécue par beaucoup comme une série d'humiliations contre lesquelles il fallait se battre, chacun à sa façon. Ce sentiment a donné une opposition démocratique de plus en plus massive, ce qui a permis de renverser finalement le régime en place. Il reste cependant de cette période dans les esprits de ceux qui l'ont vécue, une sorte de blessure dont il faut tenir compte, notamment dans les efforts de construction de la Grande Europe, d'autant plus que c'est sans doute un trait commun pour l'ensemble des pays de l'ex-Europe de l'Est. Il s'agit d'une hypersensibilité à toute attitude qui puisse être interprétée comme portant atteinte à la dignité de la personne, telle que manque d'humilité, trop grande agressivité, l'exercice trop évident du pouvoir, négligence de la valeur de l'expérience vécue de chacun, trop d'initiative dans l'action commune. Les Européens de l'Ouest, désireux de faire avancer l'Autre Europe, ont ce type de comportement simplement parce que leur éducation a été assez concentrée sur le sens de l'initiative, la capacité de décision, l'énergie et l'optimisme tournés vers le futur davantage que vers le passé. Les Européens du Centre-Est, au contraire, ont concentré toute leur énergie créatrice à résister, sauvegarder la mémoire collective, attendre ... Ils ont appris que les choses ne pouvaient pas changer vite, que peu dépendaient de l'initiative individuelle, que la vie n'était pas forcément ce qu'ils souhaitaient sans qu'ils en soient totalement responsables. D'où une incompréhension profonde qui peut se produire malgré les meilleures intentions des deux côtés : ce qui est parfaitement normal chez un Occidental peut être perçu en Europe du Centre-Est comme tout-à-fait arrogant et blessant l'amour propre. A cet égard, il suffit d'observer les réactions de certains groupes pas forcément d'obédience communiste contre les investissements étrangers dans les entreprises Est-Européennes, ce qui est totalement contradictoire avec leur désir tout aussi affirmé du retour à l'Europe. Cette attitude résulte d'une logique affective et non pas rationnelle qui n'accepte plus aucune domination soit-elle de nature totalement différente de celle vécue jusqu'à présent. Il faut donc beaucoup de tact et de délicatesse pour ne pas blesser inutilement ses interlocuteurs qui ont besoin de temps avant d'être capables de prendre plus de recul face à leur propre histoire et à la manière de se situer dans l'avenir par rapport au passé. Face au défi de la modernité à l'occidentale qui a brusquement frappé à la porte de l'Europe du Centre-Est, il y a le bagage considérable de l'éducation à laquelle ces peuples ont toujours attaché de l'importance mais dont toutes les composantes ne sont plus adaptées à la réalité telle qu'elle se présente aujourd'hui.

En résumant, on peut dire qu'en somme l'éducation polonaise garde une dominante **idéaliste**, développe l'imagination, le respect des arts et des lettres, privilégie dans le travail sur la personnalité les qualités morales telles que courage, intransigeance, liberté, plutôt qu'esprit critique, rigueur, respect des normes et de l'autorité.

Individualisme occidental et individualisme à la polonaise.

Elle contribue certainement au développement d'une forme très spécifique de **l'individualisme** qui n'est pas tout à fait comparable avec l'individualisme occidental moderne. Il s'agit d'une conscience très développée de sa différence face aux autres. A l'origine de ce phénomène il y a certainement, encore une fois, l'héritage de la culture de la noblesse[13] où le collectif n'était pas une valeur supérieure (à part la Patrie dont la défense était le devoir collectif). Ajouter à cela les années du régime communiste qui introduisait de force le collectif partout et qui a détruit la société civile (l'associatif, le bénévolat, etc.) et la situation actuelle devient très compréhensible. Malgré la formidable expérience de l'opposition démocratique *"Solidarnosc"* qui était, en plus du mouvement politique une forme de la renaissance de la société civile, on observe aujourd'hui une certaine difficulté des Polonais à s'organiser en réseaux à l'intérieur des professions, groupes d'influence, etc. L'éparpillement de partis politiques est également une bonne illustration de ce que j'appellerais l'individualisme exacerbé. L'affirmation de ses convictions personnelles se fait partout et ouvertement et la notion de consensus reste ambiguë. La négociation n'est sans doute pas, en effet, le côté le plus fort des Polonais (à cet égard l'histoire de la négociation de 1989 avec les communistes au pouvoir, du passage pacifique au système démocratique, moyennant de nombreuses concessions de la part de l'opposition démocratique, est une exception qui confirme la règle).

Tandis que l'individualisme français (et sans doute en règle générale occidental) est très lié à l'exigence de l'épanouissement personnel et à la non acceptation relative de pressions extérieures (familiales, religieuses, institutionnelles), l'individualisme polonais est d'une autre nature, car il

---

(13)   *"En fait, le noble ne se compare pas. Il a le sens de son unicité : un noble est individuel à l'extrême car il est animé du sentiment d'être un être irremplaçable"* Keyserling, op. cit. p. XVII.

n'empêche pas les gens d'accepter une assez forte pression de moeurs traditionnelles (valeur de liens de famille, d'appartenance à un groupe social, à un groupe d'âge, etc.), tout en réclamant haut et fort leurs raisons individuelles, leurs convictions, leur désaccord. En tant que société, la société française est sans doute plus attachée à la notion de raison d'Etat ou à celle d'intérêt général que la société polonaise, acceptant mal la soumission à une autorité quelle qu'elle soit.

Il y a dans la mentalité polonaise une forme d'égalitarisme face aux privilèges ou au pouvoir, même légitime, qui ne permet pas facilement d'accepter la supériorité de quelqu'un. La hiérarchie sociale ne fonctionnant pas dans le passé de la même façon qu'en Europe Occidentale[14], chaque individu a une notion très forte de sa propre dignité et de ses droits (conçus d'ailleurs dans l'absolu plutôt qu'en tant que droits spécifiques de citoyen par exemple). Dans ce contexte, il n'est pas facile d'imposer des contraintes hiérarchiques fortes et même de simples règles de discipline tant au travail que dans la vie sociale, qui peuvent poser quelques problèmes.

Se superpose à cela un vrai **dégoût pour le collectif** qui résulte des quarante dernières années du système qui s'était acharné à tuer toute manifestation d'individualisme incontrôlable. Aujourd'hui, chose parfaitement compréhensible, chacun s'affirme ... souvent dans son coin. Il faut beaucoup d'efforts pour parvenir à organiser des réseaux à l'intérieur des professions, groupes, organisations. L'application d'un style de management à l'occidentale se heurte aux difficultés qui sont parfaitement prévisibles si l'on prend soin de revenir un peu en arrière pour comprendre l'origine de comportements de gens.

Concurrence / Synergie / Réseau.

Un autre problème pratique surgit assez souvent dans les rencontres professionnelles Est-Ouest que j'appellerais le **manque d'habitude de collaboration** en partenariat libre de tout lien institutionnel entre individus

---

(14) La monarchie polonaise n'était pas héréditaire mais élective. Presque un tiers de la Nation avait ses titres de noblesse et vis-à-vis de la loi de la REPUBLICA tous les nobles avaient exactement les mêmes droits. Le désaccord d'un individu (le fameux *"liberum veo"*) lors de votes au Parlement pouvait empêcher la prise de décision (source : *"Armorial Généalogique de la noblesse polonaise"*, Editions du Dialogue, Paris, 1992).

événement, ou simple rencontre pour échange d'information, n'est pas la intéressés par la même chose. En effet, la perception du sens de rencontres informelles, du type repas pris en commun, cocktail organisé à l'occasion d'un même à l'Est et à l'Ouest. Ce phénomène est encore une fois très compréhensible étant donné qu'à l'époque communiste quasiment toute la société civile était contrôlée par le pouvoir politique et les initiatives d'auto-organisation (du style associations, groupements, coopératives librement installées) aboutissaient rarement. Seul le monde académique avait gardé l'habitude de le faire et c'est sans doute la raison pour laquelle ce sont justement les intellectuels des deux Europe qui se sont retrouvés le plus rapidement. Ailleurs, l'information circule non sans difficulté même si ce ne sont plus les interdits politiques qui empêchent les gens d'agir. Le manque de réflexe chez beaucoup de mettre au courant les personnes susceptibles d'être concernées par un problème ou une manifestation donnés est à l'origine de peu de rapprochements professionnels qui se font à l'Est et dont l'idée vient à l'esprit d'un occidental assez spontanément.

Ceci est en partie lié à une vision assez violente de ce qu'est la concurrence. Phénomène nouveau qui oblige tous les nouveaux acteurs économiques à prendre part à un jeu dont les règles sont souvent confondues avec le secret, le travail pour soi davantage qu'au service des autres. La dimension sociale de l'entreprise n'est pas toujours perçue ni l'aspect positif de la concurrence. Le partenaire occidental peut facilement prendre cette réserve pour de la méfiance d'autant plus que l'affirmation de soi et la prise ouverte d'initiative ne font pas encore partie des habitudes courantes.

Se battre pour préserver sa dignité / Se battre pour se faire une place dans la société.

Voilà deux motivations pas forcément contradictoires mais assez différentes sur le plan psychologique. L'une était bien celle de l'Est jusqu'au renversement du communisme, l'autre domine le monde occidental surtout en période de crise économique.

La première logique privilégie le respect de sa propre intégrité, développe le regard aigu sur l'aspect moral des actes des autres, et partant permet les jugements de valeurs et éventuellement l'acceptation d'une situation médiocre pour préserver ce qui est considéré comme l'essentiel dans la vie.

La deuxième logique, qui gagne d'ailleurs du terrain en Europe du Centre Est actuellement, développe l'initiative individuelle, une certaine agressivité, l'efficacité dans l'action entreprise, la capacité de se mettre en valeur pour *"se vendre"* sur le marché du travail.

Cette nouvelle situation exige un changement radical d'attitude envers soi et envers les autres. Les critères moraux seuls ne peuvent plus être suffisants. Il s'agit d'acquérir de nouvelles compétences telles que la capacité de se prendre en charge, d'assumer ses points faibles pour prendre des engagements réalistes, la capacité de se remettre en cause en cas d'échec etc. etc., tout en essayant de préserver sa propre intégrité morale.

Dans un contexte économiquement difficile, où le combat pour la vie n'a rien d'une ambiance bon enfant, faire l'un sans transiger sur l'autre n'est pas une chose simple.

Un grand nombre de phénomènes décrits disparaîtront très rapidement avec le développement réel de l'économie de marché qui force les individus à s'adapter à l'environnement et qui pénalise l'immobilisme. Certains autres en revanche resteront là en tant que composante permanente de la mentalité de chaque société qu'il faut connaître et respecter.

LA RUSSIE ET L'EUROPE :
L'EURASISME ET LE NEO-EURASISME

Françoise THOM

(Université Paris-Sorbonne)

Le plus *"européen"* des écrivains russes, Pouchkine, rappelait en 1980 : *"Vous devez comprendre que la Russie n'a jamais rien eu en commun avec le reste de l'Europe ...".* Le même Pouchkine remarquait que l'Etat était le seul Européen en Russie. Très tôt la Russie a conscience d'être européenne par son empire. Le journaliste Katkov, chaud partisan de l'écrasement de l'insurrection polonaise de 1863, écrivait : *"Sans la Pologne, la Russie cesse d'être une grande puissance européenne".* Et de fait, chaque crise de l'Etat russe amène une interrogation sur les relations entre la Russie et l'Europe. Le courant eurasien dans les années 20, la résurgence de l'eurasisme en 1992–93, constituent les manifestations les plus radicales de cette remise en cause des relations traditionnelles entre la Russie et l'Europe. A deux reprises dans ce siècle, la Russie a brutalement perdu ses frontières, s'est trouvée menacée par la construction d'un *"cordon sanitaire"*, privée des dogmes sur lesquels reposait l'ordre précédent. Le traumatisme est particulièrement profond en 1991 : du jour au lendemain la Russie est passée du statut de superpuissance à quelque chose qui n'avait même pas de nom.

La crise causée par cette double vacance, incertitude sur l'identité russe, perte de l'impulsion messianique, explique le rapide succès du néo-eurasisme : aujourd'hui l'ensemble de la classe politique russe se réfère implicitement ou explicitement aux thèmes introduits en 1991–92 par les pionniers du néo-eurasisme groupés autour du journal *Den* et de la revue *Elementy*.

Les origines : l'eurasisme des années 20

La naissance du courant eurasien peut se situer en 1921 au moment de la parution dans l'émigration du recueil *Exode vers l'Est* publié par N. Trubetskoï, le futur linguiste, P. Savitski, économiste géographe, P. Souvchinski, critique musical, et G. Florovski, théologien[1]. L'idée-force des Eurasiens est le rejet de l'Europe ; leur passion dominante, la haine de la civilisation occidentale. Pour eux, les Russes ne sont ni des Européens ni des Asiatiques, ce sont des Eurasiens, mélange de peuples sédentaires des forêts, de peuples nomades des steppes. Savitski écrit en 1925 : *"Le concept d'une Europe qui engloberait l'Europe occidentale et l'Europe orientale est absurde"* ; l'Eurasie *"est un monde à part, distinct des pays situés à l'Ouest et de ceux situés au Sud et au Sud-Est ... La Russie occupe la plus grande partie de l'espace eurasien qui n'est pas divisé entre deux continents, mais en forme un troisième, un continent indépendant qui n'a pas seulement un sens géographique ... La conception eurasienne signifie un refus résolu de l'eurocentrisme ... le refus de l'approche universaliste de la culture"*. Les Eurasiens ont été d'éloquents partisans du relativisme culturel, des précurseurs de l'idéologie tiers-mondiste. Pour eux l'Occident est moribond, l'Orient se lève. La Russie, pays colonisé depuis Pierre le Grand, peut prendre la tête des autres pays asservis par l'Europe, dans la lutte contre les colonisateurs *"romano-germaniques"*. Car la révolution bolchevique a eu du bon : elle a débarrassé la Russie de l'influence européenne – quoique paradoxalement, le bolchevisme fut un pur fruit de la culture européenne, *"l'accomplissement de deux siècles d'européanisation"*. La révolution a tiré la Russie du *"concert européen"* où l'avait introduite la néfaste politique de Pierre le Grand et de ses successeurs – cette politique dégradante faisait d'elle *"un facteur politique parmi d'autres participant au précaire équilibre pan-européen"* (P. Souvchinski). Selon N. Troubetskoï (1925), la rupture pétrovienne a introduit deux idées fausses, l'idée de *"la Russie comme grande puissance européenne"* qui a contaminé *"les représentants de la réaction gouvernementale"*, l'idée de la supériorité de la civilisation européenne, qui a dévoyé l'intelligentsia progressiste. Heureusement *"à l'apogée de l'européanisation socialiste, la Russie se dresse néanmoins contre l'Europe.*

---

(1) Ce dernier rompra avec les Eurasiens et critiquera vigoureusement leur doctrine. Pour l'eurasisme, v. N. Riasanovsky *The Emergence of Eurasianism* in : California Slavic studies, vol. IV, 1967 ; Otto Böss *Die Lehre des Eurasier* Wiesbaden 1961 ; **Nas Sovremennik**, n° 2, 1992, pp.140-167 ; V. Zymburski *"Ostrov Rossii"*, in : **Polis**, n° 5, 1993, pp.6-23.

La révolution a accentué la conscience d'une particularité culturo-politique russe ... La révolution qui isole le continent bolchevik et l'extrait de toutes les relations internationales rapproche l'avènement de l'Etat russe pour l'instant camouflé sous le masque du pouvoir communiste ..." écrit P. Souvtchinski en 1923. *"L'eurasisme se joint au bolchevisme pour rejeter non seulement toutes les formes politiques, mais aussi la culture qui étaient celles de la Russie avant la révolution ... L'eurasisme se joint au bolchevisme pour appeler à la libération des peuples d'Asie et d'Afrique asservis par les puissances coloniales ..."* renchérit Troubetskoï. Les Eurasiens peuvent donc devenir les chefs de la rébellion contre l'Europe, n'étant pas dupes du mensonge intellectuel européen, cela au nom de la culture authentique des peuples. Le bolchevisme sera passager et l'eurasisme le remplacera[2].

Si l'image de l'Europe exécrée est claire dans l'idéologie eurasienne (Europe doublement perverse, dans le catholicisme obsédé de pouvoir et dans les Lumières ennemies de Dieu), celle de l'Asie l'est beaucoup moins. L'Asie des eurasiens concentre tous les fantasmes pré-révolutionnaires : poésie des steppes, barbarie rédemptrice des Scythes, elle n'est pas perçue comme une menace à l'identité eurasienne, à la différence de l'Europe, mais plutôt comme une alliée future. Savitski rêvait du jour où le continent euro-asiatique serait dominé par la culture *"russe-eurasienne"* et où la culture européenne serait rejetée en Amérique du Nord.

Le retour de l'Eurasie

L'apparition de la doctrine eurasienne accompagnait la crise de l'Etat russe ouverte par la révolution de février 17. La désagrégation de l'Etat soviétique en 1991 entraînera une résurgence spectaculaire de l'eurasisme, augmenté d'apports divers qui en font une idéologie susceptible de remplacer le bolchevisme sans opérer de bouleversements fondamentaux dans les dispositions mentales modelées par la Weltanschauung léniniste. La

---

(2) On a souligné l'influence des slavophiles sur les eurasiens. Celle-ci s'exprime notamment dans la conviction que l'orthodoxie est supérieure à toutes les confessions chrétiennes grâce à la *"sobornost"*, la foi collective. Cependant à la différence des slavophiles, les Eurasiens croient à un Etat fort et ils se méfient du panslavisme : à leurs yeux les Tchèques et les Polonais sont irrémédiablement attachés à l'Europe.

géopolitique sert de position de repli au marxisme–léninisme et elle justifie le nouvel impérialisme russe : *"L'eurasisme est une nouvelle niche qui permet de sauver l'URSS"*[3] ...

Et c'est la nouvelle droite européenne qui a servi de creuset à la transmutation de l'eurasisme spécifiquement russe des années 20 en une géopolitique imprégnée de concepts en vogue sous le IIIe Reich. En tous cas elle en a facilité la vulgarisation : car on peut penser que la thématique *"pan-européenne"* en faveur dans certains milieux de l'armée allemande dans les années 20 et 30 a été communiquée à l'état-major soviétique dès cette époque. Le néo–eurasisme est d'abord apparu dans des cercles liés à l'état–major soviétique : dès les années 50, des stratèges soviétiques comme le général Chtemenko et l'amiral Gorchkov s'inspiraient des thèses eurasiennes[4].

La doctrine néo–eurasienne se base sur l'idée[5] d'une opposition irréductible entre les puissances terrestres et les puissances maritimes. Cette opposition s'incarne dans la guerre implacable entre le monde anglo–saxon (Grande-Bretagne et Etats-Unis, les *"puissances océaniques"*, *"thalassocratiques"* par excellence) et le Continent, dont le coeur (*"heartland"*) est justement l'Eurasie occupée par la Russie, l'*"axe géographique de l'histoire"* selon Mackinder. *"Seuls les intérêts stratégiques de la Russie sont strictement identiques à ceux du continent"*[6]. Dans cette vision le statut de l'Europe occidentale et de l'Asie se modifie par rapport à l'eurasisme primitif : l'Europe et l'Asie sont des *"territoires périphériques"*, des zones que la masse continentale doit être en mesure d'arracher à l'influence des puissances océaniques afin de pouvoir se constituer en *"grossraum"*, pour reprendre l'expression de Haushofer. La Russie doit distinguer deux niveaux dans ses relations avec ses voisins continentaux de l'Ouest et de l'Est : *"le refus de l'Occident et de l'Orient sur le plan culturel sont des impératifs pour l'indépendance de la Russie"* ; en revanche sur le plan stratégique, *"il est indispensable de transformer les territoires périphériques en alliés ... car*

---

(3) A. Prokhanov in : **Den**, n° 28, 1992. On comprend aisément les causes du succès de la géopolitique en Russie : *"Selon le principe du Grand Espace, la souveraineté nationale d'un Etat dépend moins de sa puissance militaire, de son développement économique et technologique que de l'étendue et de la disposition géographique de ses territoires ..."* (**Elementy**, n° 3, 1993). L'eurasisme remplace la civilisation par l'espace : d'où son attrait en Russie.

(4) **Elementy**, n° 1, 1992.

(5) Empruntée au géographe Friedrich Ratzel, au Britannique Mackinder et au fondateur allemand de la géopolitique Karl Haushofer. Elle est déjà présente chez Savitski.

(6) **Elementy**, n° 4, 1993.

seule l'intégration continentale centrée autour de la Russie peut assurer à tous les peuples de l'Eurasie une souveraineté vraie ... Les territoires périphériques ("Rimlands") sont indispensables à la Russie si elle veut devenir une véritable force géopolitique continentale souveraine" ; toute fragmentation fait le jeu des atlantistes, les Etats-Unis rêvant de faire de la Russie une *"réserve ethnique"*[7]. C'est parce que les Etats-Unis contrôlaient le *"territoire périphérique"* ouest-européen que le *"bloc oriental, facteur positif dans la perspective de l'unification eurasienne"*, s'est désagrégé. Il faut donc travailler à la création *"d'un nouveau bloc stratégique eurasien"* qui engloberait *"le bloc franco-allemand avide de se libérer de la tutelle atlantiste, le bloc asiatique constitué de la Chine, de l'Inde et du monde musulman"*. Si la Russie ne prend pas l'initiative de jouer le rôle d'*"heartland"*, de noyau continental dynamique, d'autres puissances terrestres s'en chargeront ; la création d'une Eurasie non russe signifierait l'anéantissement total du peuple russe[8]. En Europe c'est avant tout l'axe Berlin-Moscou qu'il faut constituer : tout en encourageant la reconstruction par l'Allemagne de la Mitteleuropa, car *"l'Allemagne a toujours été l'adversaire des conquêtes coloniales anglo-saxonnes et s'est toujours efforcée de créer une civilisation purement terrestre, continentale et autarcique"*, et en mettant l'Allemagne en garde contre toute flambée de nationalisme, car le nationalisme allemand *"constitue la menace permanente pesant sur l'Empire européen centré sur l'Allemagne"*[9]. En Asie il faut s'appuyer sur l'adversaire juré des *"atlantistes"*, le fondamentalisme islamique, et tâcher d'éliminer le pion malfaisant du monde anglo-saxon dans la région, la Turquie laïque. La chose est d'autant plus facile qu'il existe une affinité entre l'orthodoxie, *"l'esprit nordique de l'Eurasie"*[10] et l'islam : *"Nous sommes des Eurasiens : durant des siècles notre pays unissait l'Europe et l'Asie. Et c'est justement notre essence eurasienne que les stratèges de l'"atlantisme" et leur marionnettes du gouvernement russe "démocratique" veulent détruire de fond en comble ... L'essence de l'eurasisme, c'est le dialogue fécond, parfois difficile et conflictuel, entre deux styles de vie, entre deux civilisations, la civilisation slave et la civilisation islamique"*[11].

---

(7)   *Elementy*, n° 4, 1993.
(8)   *Elementy*, n° 4, 1993.
(9)   *Elementy*, n° 3, 1993.
(10) *Elementy*, n° 1, 1992.
(11) *Den*, n° 12, mars 92.

Parmi les néo-eurasiens post-soviétiques, le théoricien le plus éloquent de cette alliance privilégiée entre l'orthodoxie et l'islam est Alexandre Douguine : *"Les Eurasiens considèrent que l'islam fondamentaliste, avec son antimatérialisme, son refus du système bancaire, de l'usure internationale, du système de l'économie libérale, est leur allié ... Le seul ennemi géopolitique des Russes et des musulmans – c'est les Etats-Unis et leur système libéral, cosmopolite, antireligieux, antitraditionnel ... L'Europe aussi est consciente que les Etats-Unis sont son ennemi qui a vaincu l'URSS à cause d'une trahison interne ... Ce n'est pas un hasard si Khomeini a appelé les Etats-Unis le grand Satan "*[(12)]. Les vues de Gueidar Djemal, vice président du Parti de la renaissance islamique, ne les choquent pas : *"La seule force qui peut aujourd'hui s'opposer à l'universalisme de type américain, à la conception d'un nouvel ordre mondial est l'islam ... Ceci a une signification particulière pour la Russie dans la mesure où elle prétend suivre sa propre voie. En dehors de l'islam cette voie n'existe pas. Le seul moyen pour la Russie d'échapper à la disparition géopolitique est de devenir un Etat islamique "*[(13)].

Les néo-eurasiens reprennent l'idée de Haushofer selon laquelle l'expansion des *"peuples dirigeants des Grands Espaces"* ne se fait plus d'Est en Ouest, d'Ouest en Est, mais du Nord au Sud : l'Europe s'étend en Afrique, les Etats-Unis en Amérique Latine, l'Eurasie en Iran, Turquie et Afghanistan. C'est ce qu'Hitler proposait à Molotov en novembre 1940[(14)]. Plus d'un demi-siècle plus tard, les théories d'Haushofer sur *"le développement dynamique selon l'axe Nord/Sud"* trouveront un vulgarisateur passionné en la personne de V. Jirinovski, le plus célèbre des néo-eurasiens post-soviétiques : *"La meilleure solution est le partage des sphères d'influence le long de la ligne Nord Sud. Si nous rivalisons pour des territoires, nous nous gênerons mutuellement. Mais on peut se mettre d'accord, visiter toute la planète... Les Japonais et les Chinois se chargeront de l'Asie du Sud Est, des Philippines, de la Malaisie, de l'Indonésie, de l'Australie. La Russie de l'Afghanistan, de l'Iran et de la Turquie. L'Europe occidentale du continent africain. Le Canada et les*

---

(12)   A. Douguine in : **Den**, n° 26, 1992

(13)   **NG** 31/01/92.

(14)   Molotov rapporte la scène dans un entretien avec F. Tchouiev : *"Hitler : "Vous devez avoir un accès aux mers chaudes. L'Iran et les Indes, voilà votre avenir. "Moi : "C'est intéressant. Comment voyez-vous la chose ?" Je le pousse à parler. Pour moi bien sûr ce n'était pas sérieux ... Il ne comprenait pas la politique soviétique, ayant l'esprit court, il voulait nous entraîner dans une aventure, nous enliser dans une guerre avec l'Angleterre pour que nous dépendions de lui. Il fallait être naïf pour ne pas le voir"* V.F. Cuev. **Sto Sorok Besed s Molotovym** Moscou 1991.

Etats–Unis de l'Amérique Latine"[15]. Jirinovski ne fait que reprendre des thèses développées dans la revue **Elementy** : *"Le processus de recréation de l'empire doit viser d'abord l'accès de la Russie aux mers chaudes ... C'est seulement lorsque la Russie aura des frontières maritimes au Sud et à l'Ouest que son édification en continent sera achevée. Les annexions et les conquêtes ne sont pas indispensables pour cela. Il suffit d'une alliance stratégique anti–atlantique avec les puissances continentales européennes et asiatiques"*[16].

Il reste à analyser les politiques qui se déduisent de la vision eurasienne des zones de conflits bordant l'*"heartland"* eurasien. Hostilité absolue à la Turquie, *"cheval de Troie par lequel Washington espère détruire l'Europe"*, selon l'eurasien serbe Dragos Kalaic[17]. Dans le conflit entre l'Arménie et l'Azerbaïdjan, les néo–eurasiens sont en faveur de ce dernier, zone essentielle dans le *"triangle Ankara Moscou Téhéran"*, à condition que l'influence turque soit éliminée de Bakou. Hostilité à l'Arabie Saoudite qui *"s'oppose directement au monde de l'islam continental ... à la création d'un Grand Espace asiatique islamique"*[18]. De la Bosnie à l'Asie Centrale ex–soviétique, *"il faut tâcher de parvenir à une réorientation des musulmans vers l'Iran, la deuxième étape étant une alliance géopolitique entre la Mitteleuropa et l'Iran"* car *"l'Iran anti–occidental, continental et traditionaliste est l'allié potentiel de tous les blocs européens orientés vers l'Orient, de l'Eurasie russe à la Mitteleuropa. En outre, l'orientation vers l'Iran des Grands Espaces Est–Européens pourrait changer le rapport de forces dans tout le monde islamique, y diminuer l'influence américaine, ce qui serait conforme aux intérêts des Européens et libérerait les peuples islamiques du diktat économique et militaire des atlantistes anglo–saxons ... Les républiques qui s'orientent vers l'Iran ont plus de chances de parvenir à une harmonie géopolitique avec le bloc russe du continent eurasien ... La stabilité continentale de la Russie n'est pas menacée au Sud par le fondamentalisme islamique, mais par l'atlantisme camouflé sous le panturquisme, sous l'Etat laïque de type jacobin ou kemaliste, ou bien sous le puritanisme waabite prosaoudien"*[19]. Seul l'Iran *"continental–islamique, révolutionnaire"*, seule *"la révolution islamique*

---

(15) V. Jirinovski **Posledni brosok na jug** Moscou 1993.

(16) **Elementy**, n° 4, 1993.

(17) **Elementy**, n° 2, 1992.

(18) **Elementy**, n° 3, 1993.

(19) **Elementy**, n° 2, 1992. Cf. *"Le panturquisme est aussi équivoque que le panslavisme et le pangermanisme, ce sont des idéologies qui placent le national au–dessus des intérêts géopolitiques et religieux des peuples et des Etats"* (**Elementy**, n° 3, 1993).

orientée sur Téhéran" peuvent jouer le rôle de *"Grand Espace intégrateur des pays d'Asie Centrale"*, Grand Espace qui peut un jour englober *"l'Afghanistan et le Pakistan"*[20]. Il peut sembler surprenant que l'Eurasie russe abandonne si facilement toute tentative d'englober dans son *"Grossraum"* les Etats ex-soviétiques d'Asie Centrale. Aux yeux des néo-eurasiens, la tâche prioritaire est *"de créer immédiatement une alternative géopolitique à l'atlantisme ... Aujourd'hui la situation est si critique que peu importe sous quel étendard se formera le Grand Espace alternatif ... que ce soit la Mitteleuropa dominée par l'Allemagne, l'Asie Centrale unifiée sous le signe de la révolution islamique, le bloc d'Extrême-Orient autour de la Chine"*[21]. Tant que l'Eurasie russe est dominée par *"le gouvernement d'occupation provisoire"* des atlantistes eltsiniens, elle n'a aucune chance de récupérer son *"Grossraum"*.

Soucieux de *"grands espaces"* et excluant systématiquement le politique de leurs préoccupations, les néo-eurasiens prennent rarement la peine d'indiquer quelles formes institutionnelles prendra leur *"super Etat"* continental. Seul S. Kourguinian s'est penché sur la question : *"Nous proposons l'édification d'un grand Etat en Eurasie, un Etat uni et indivisible, encore plus grand que son prédécesseur qui pourtant n'était pas dépourvu de grandeur ... Ce ne sera pas une restauration mais la création d'une structure souple à plusieurs dimensions ... : premièrement une triple union entre les peuples slaves (Russie, Biélorussie et Ukraine) ; je le répète, une union et non pas une bizarre communauté ; deuxièmement, une fédération des Slaves avec les peuples turcs – une fédération, c'est-à-dire une forme d'unité plus forte que celle qui existait avant 1985 ; troisièmement un appendice confédératif ajoutant d'autres sujets à l'union turco-slave, lorsque ce noyau aura été créé ... "*[22].

---

(20) *Elementy*, n° 3, 1993.

(21) *"La Chine qui a rejeté la perestroïka mondialiste, constitue une forteresse des forces eurasiennes au niveau idéologique et stratégique. Il est donc probable qu'à l'avenir la Chine jouera le rôle de noyau d'un nouveau Grand Espace, ennemi de la superpuissance atlantique et de ses satellites".* V. *Elementy*, n° 3, 1993. Cf aussi A. Anisimov in : *Den*, n° 31, 1992 : *"L'effondrement politique de l'URSS rend tout à fait probable une hégémonie économique chinoise sur l'Eurasie ... Si Moscou ne veut pas planifier son économie, Pékin le fera plutôt que des prétendants dispersés comme le Japon, la Corée du Sud ou la Turquie, et le fera de manière aussi efficace que l'Allemagne a reconstruit l'aire est-européenne ... Il se peut qu'apparaisse un bloc d'Asie orientale opposé à l'Occident sur la base de la puissance chinoise, de son potentiel d'organisation qui aura absorbé la Russie ... Le "panmongolisme" est préférable à la mort".*

(22) S. Kourguinian in : *Den* n° 13, mars avr 92. Kourguinian rompra avec les eurasiens pour joindre les rangs des nationalistes russes.

Les remises en cause de l'eurasisme

Pourtant ce n'est pas cette lacune qui suscitera l'essentiel des critiques dirigées contre la mouvance eurasienne. Celles-ci partent des nationalistes russes qui ne sont pas prêts à sacrifier le peuple russe à la croisade anti-atlantiste, qui voient dans le *"continent"* rêvé par les néo-eurasiens une creuse utopie rappelant le bolchevisme, qui continuent à se méfier de l'Allemagne, et surtout qui ne croient pas à la possibilité d'une alliance entre le monde islamique et la Russie. Les nationalistes russes ne perdent pas de vue le catastrophique déclin démographique des Slaves (depuis 1991 l'excédent des décès sur les naissances est de plusieurs centaines de milliers par an en Russie), qui contraste avec le relatif dynamisme des régions musulmanes. Selon eux, les eurasiens sont prêts à *"conclure des alliances qui se fondent sur notre refus de tenir compte de nos intérêts nationaux"*. Ils ne conduisent pas à la *"renaissance de la Russie"* mais à une *"mutation définitive de notre conscience nationale et historique"* ; ils *"considèrent la Russie comme un champ de réalisation de nouveaux projets globaux ... La Russie devient un espace géographique et ethnographique sans contenu, on pourrait dire vide, qui peut se remplir de n'importe quelle forme d'Etat ... La Russie est pensée comme un désert national, le lieu prometteur de toutes les utopies étatiques ... Le projet eurasien est presque aussi destructeur de l'essence russe que son antagoniste – le projet atlantiste ..."*[23]*. *"La Russie a été l'Eurasie pendant assez longtemps – près de 300 ans. Cette "communauté des peuples" s'appelait la Horde d'Or ... Si l'Ukraine et la Biélorussie n'entrent pas dans l'Etat eurasien, la position des Russes sera désespérée ... Ils seront dissous dans la mer turque islamique ... L'Eurasie se transformera en Asie turque ... Les Eurasiens des années 20 n'avaient pas prévu ce développement ... Dès les années 70 le pouvoir communiste, à l'instigation des "experts" soviétiques, a commencé à peupler systématiquement des régions russes d'immigrants d'Asie centrale et du Caucase"*. Il faut isoler la Russie du monde musulman, en commençant par accorder l'indépendance aux peuples Nord caucasiens[24].

La critique nationaliste porte aussi sur le projet *"pan–européen"* des eurasiens. *"On ne peut pas jeter la Russie sur l'autel de la "nouvelle Europe" comme on l'avait jetée autrefois sur le bûcher de la révolution mondiale"*[25].

---

(23) Ksenia Mialo in : ***Literaturnaïa Rossia***, n° 32, août 1992.
(24) S. Fomine in : ***Russkii Vestnik***, n° 5, 1993.
(25) O. Morozov in : ***Literaturnaïa Rossia***, n° 2, 15/01/93.

Au lieu de poursuivre la chimère de l'expansion vers l'Ouest, la Russie devrait revenir à l'option qu'elle avait poursuivie puis abandonnée aux XVIe - XVIIe siècles, celle d'une mise en valeur des *"espaces difficiles"* de l'Est sibérien : elle devrait faire le choix de l'*"insularité"* dont elle s'est détournée avec les fallacieuses réformes de Pierre le Grand. Les concepts eurasiens n'ont plus de sens maintenant que la Russie est privée des forêts biélorusses, des steppes kazakhs. La théorie de Mackinder n'est vraie pour la Russie qu'en apparence : chaque fois que celle-ci s'est lancée dans les conquêtes en Orient, c'est parce que sa poussée vers l'Europe avait été bloquée par la résistance des puissances européennes. De même les démocrates occidentalistes, *"qui s'imaginent que l'intérêt national prioritaire de la Russie est de conserver l'image d'une nation européenne, ne font que se montrer les épigones des empereurs russes"*, sans se rendre compte *"que par sa masse la Russie est incompatible avec l'équilibre européen, quelles que soient les intentions de ses dirigeants"*. Il est donc temps de renoncer au mythe de *"l'enlèvement d'Europe"* qui a obsédé toute l'élite russe, des *"occidentalistes"* aux slavophiles en apparence les plus hostiles à l'Europe, aux eurasiens qui sont au fond revenus à une vieille tradition russe consistant à considérer l'Asie comme un moyen d'atteindre indirectement l'Europe, aux bolcheviques enfin pour qui, selon l'expression de Trotski, *"la route menant à Paris et Londres passe par les villes d'Afghanistan, du Pendjab et du Bengale"* ; il est temps d'encourager la *"fédéralisation"* de la Russie, car elle l'aidera à surmonter les vestiges de son européocentrisme, à transporter son centre de gravité vers l'Est ; car *"la Russie n'a pas conquis la Sibérie, elle a été créée par la Sibérie"*[26].

Cependant, malgré leur utopisme, les néo-eurasiens semblent prendre l'avantage sur les nationalistes russes : leur influence grandissante ne s'est pas seulement traduite par le succès de Jirinovski, mais par les références de plus en plus nombreuses des politiciens russes de tous bords à leur doctrine. Même le communiste très orthodoxe G. Ziouganov déclare : *"Notre pays est depuis les temps les plus reculés une union des peuples slaves et musulmans"*[27]. Visant l'Iran, l'ex vice-président Routskoï affirmait ne jamais se séparer du Coran. Le ministre *"atlantiste"* des Affaires étrangères Kozyrev appelle à constituer un axe Berlin-Moscou. Loin de chercher à se dégager du Caucase, la Russie vient de signer un traité avec la Géorgie qui lui accorde le droit de maintenir une présence militaire considérable dans la région, après avoir

---

(26) V. Zymburski *"Ostrov Rossii"*, in : **Polis**, n° 5, 1993, pp.6–23.
(27) **Pravda,** 17/02/93.

obtenu le remplacement à la tête de l'Azerbaïdjan du turcophile Eltchivey par le vieux tchékiste Gueidar Aliev qui joue depuis longtemps la carte iranienne. La faiblesse des nationalistes russes tient à ce qu'ils ne savent où situer les frontières russes. L'eurasisme apporte un fondement idéologique au projet impérial post–soviétique. Projet impérial plus tentant pour l'élite politique que l'option d'un retour laborieux à la civilisation implicite dans la conception recommandée par Soljénitsyne d'une Russie repliée sur elle–même, occupée à panser ses plaies. Le paradoxe russe consiste en ceci que l'orientation vers l'Europe dégénère toujours en rêve de domination, dont la réalisation entraîne la destruction de la civilisation européenne, comme le montre l'exemple malheureux des Etats Est–Européens tombés sous l'hégémonie moscovite ; alors que l'isolationnisme russe, condition préalable à toute tentative de civiliser le *"Grossraum"* eurasien s'accompagne invariablement d'une négation des valeurs européennes, c'est–à–dire de ce qui devrait servir de fondement à l'entreprise de civilisation.

L'AVENIR DES RELIGIONS EN EUROPE
LES RELIGIONS DANS LE MONDE COMMUN

Jean-Claude ESLIN

(Ecole Européenne des Affaires)

Comment parler ici des faits religieux?

Deux discours sont inadéquats : la sociologie de la religion, trop distanciée ; le discours sur le *"patrimoine religieux"*, qui suppose la religion dépassée dans la culture contemporaine. Deux discours conduisent à la marginalisation : la timidité du sécularisme honteux ; la réaffirmation brutale et caricaturale des convictions ; discours opposés qui pourtant s'entretiennent mutuellement.

Pour permettre un autre discours, il faut tenir compte du changement de position de la religion dans le monde contemporain : la voir comme une instance parmi d'autres. Il faut alors accepter sa position relative dans le monde, reconnaître la position *"d'extériorité interne"* de la religion à la société démocratique, qui lui permet une *"autorité"* autre, un point de vue critique, mais dans la pluralité.

Je me représente nos sociétés comme le lieu, le champ de forces d'instances diverses, instance politique, instance économique, instances religieuse, artistique, militaire, etc. Aucune de ces instances en débat ne peut prétendre se substituer aux autres, au nom de je ne sais quel fonctionnalisme. L'instance religieuse est elle aussi un pouvoir, au sens d'une capacité d'intervenir. Encore faut-il qu'elle veuille bien en prendre conscience, se l'avouer et ne pas craindre de l'assumer sous les différentes formes de la sphère religieuse, dans toute l'extension de ses attributs et de ses ressources : tantôt rituelles, tantôt institutionnelles, tantôt intellectuelles.

Dans le monde qui vient, la religion est une ressource, mais n'est jamais un monde en soi : elle doit trouver une place interactive, manifester sa capacité interactive avec la société commune, elle sera relation à la politique, à la raison, à la démocratie, à la philosophie, instances avec lesquelles elle n'a évidemment jamais cessé d'être en relation et en conflit. La perspective adoptée ici s'impose à nous : la religion dans le monde commun, public, démocratique.

Dans *Penser l'Europe*, Edgar Morin voit l'Europe s'organiser selon un principe dialogique, ce qui signifie que deux ou plusieurs logiques différentes sont liées en une unité, de façon complexe, sans que la dualité se perde dans l'unité. Le principe dialogique s'oppose au principe totalitaire qui recouvrit pendant plus de quarante cinq ans la moitié de l'Europe et qui consiste au contraire à éliminer ce qui dépasse, ce qui est autre ou différent.

Le *"conflit inachevé"* de la raison et de la foi, l'une critiquant l'autre et vice versa, est pour E. Morin l'exemple capital de ce principe dialogique. *"En quelque sorte la négation ne cesse d'être à l'oeuvre dans l'histoire culturelle de l'Europe. La Foi elle-même joue un rôle critique fondamental, parce qu'elle sape à la base tous les fondements proposés par la pensée laïque, et montre les limites et carences de la Raison, de l'Humanisme, de la Science "*[1].

Dans cette perspective d'inachèvement, de tensions potentiellement fécondes, nous nous plaçons ici, en deux temps :

1. La religion dans les conditions de la démocratie.

2. L'influence des religions sur la civilisation.

1 – Les religions dans les conditions démocratiques

Dans l'hypothèse que l'avenir en Europe soit celui de sociétés ouvertes, démocratiques et critiques, il en résulte des conditions dans lesquelles sont placées les religions, des conditions auxquelles elles doivent se soumettre si elles veulent subsister autrement que comme contre-cultures, opposées au courant dominant. Je laisse pour le moment l'hypothèse inverse, plausible aussi, où les religions deviennent surtout identificatoires et contre-cultures.

---

(1) p. 81

Une moitié de l'Europe renoue depuis 1989 avec la condition démocratique et il n'y a guère plus de trente ans qu'un pays comme la France vit vraiment *"la condition démocratique"* au sens de Tocqueville, comme égalité des conditions, et non pas seulement gouvernement politique. Pour subsister dans les siècles démocratiques ajoutait-il, les religions doivent accepter cette condition. Elles ne peuvent éviter d'être affectées par elle : la prééminence des libres choix des individus, la pluralité des opinions, la discussion indéfinie, la loi du marché appliquée au champ religieux, la reconnaissance des droits de l'homme. Toutes les religions ne sont pas aptes à cette transformation. Il y a deux mouvements concomitants, l'un et l'autre délicats : parallèlement à la religion qui s'adapte, se rationalise, on voit l'apparition d'*"un spiritualisme exalté"*. Entre démocratie et religion, Tocqueville entrevoyait un scénario de coopération, mais un autre est possible, de rivalité. Car la pluralité n'est pas le débat de bonne compagnie dont on parle dans les livres, elle comporte violence, lutte, parfois des aspects sordides. C'est une difficile articulation de facteurs où politiques et religions ont à apprendre de nouveaux codes de savoir-vivre.

Retenons quelques tensions auxquelles sont soumises les religions dans les conditions démocratiques.

Société ouverte et pluralité

Parmi les religions établies en Europe, les trois confessions chrétiennes, orthodoxie, catholicisme, protestantisme ; le judaïsme ; l'islam, il y a aussi les religions orientales et les *"nouvelles"* religions. Il y a donc pluralité de religions en Europe. Cela n'est pas nouveau, ne date ni d'aujourd'hui, ni du XVIe siècle.

Ce qui permet à ces religions de coexister en Europe est l'émergence d'un terrain politique autonome. La dualité de principes, religion/politique, opposée à toute réduction à l'unité sous quelque prétexte que ce soit, constitue semble-t-il la racine du dynamisme historique de l'Europe, le principe de liberté de la société occidentale. Si dans les faits il y eut bien des confusions, le principe même ne fut pas oublié. A César ce qui est à César, à Dieu ce qui est à Dieu. Héritage du christianisme, qui désacralise l'Etat, fait sauter l'enveloppe sacrale joignant politique et religion dans les sociétés antiques et d'autre part reconnaît une autonomie du champ politique.

Cette dualité de principes et d'instances ne doit pas être réduite, car elle favorise à la fois la liberté politique et la liberté religieuse (Tocqueville : *"en diminuant la force apparente d'une religion, on vient à augmenter sa puissance réelle"*). Cette dualité de principes se perd dans les totalitarismes quand l'Etat prétend assujettir et détruire les religions, mais aussi quand les expressions religieuses s'affaiblissent par trop, quand les Eglises devenues trop faibles ne représentent plus des instances sociales audibles. L'Etat tend alors à se réapproprier le champ libre, à devenir pôle unique de légitimité.

A l'inverse, le principe se perd aussi quand la religion devient trop puissante ou quand l'effondrement d'un empire communiste peut susciter aujourd'hui (en Russie ?) une interprétation religieuse de l'histoire, l'idée d'un jugement de Dieu : dans ce cas une interférence dommageable se produit entre politique et religion. A l'Est de l'Europe, l'importance de la séparation entre la politique et la religion n'est pas toujours perçue.

Ce principe, cette dualité d'instances structure l'Europe et exige de maintenir une séparation, une place vide, même quand la croyance religieuse s'effondre. Notre civilisation exige de maintenir une place vide, la place vide de Dieu ou d'un commandement, même si nous ne pouvons plus croire. Les *"valeurs communes"* auxquelles fait allusion Yves Lambert n'y sauraient suffire[2]. L'idée est de ne pas prendre toute la place, l'idée est d'une limite. En ce sens, en Europe aujourd'hui, l'athée est invité à vivre **comme s'il** croyait en Dieu, à maintenir la place vide de Dieu ; le croyant à faire **comme si** Dieu n'existait pas, à accepter un ordre laïque (**etsi Deus non daretur** : même si Dieu n'est pas donné : il peut envisager cette hypothèse). Chacun doit pouvoir garder devant les yeux l'hypothèse adverse.

Telle est notre situation depuis Michel de l'Hospital au XVIe siècle quand l'Etat devint lieu d'abri devant les luttes religieuses, en raison de l'imbrication de la religion et de la politique en Europe (situation que les Etats–Unis n'ont pas connue). Ceci reste actuel en Europe, car les liaisons entre les cultures nationales et les cultures religieuses peuvent être puissantes, et le principe de séparation doit pouvoir jouer ; les hiérarchies religieuses serbes (orthodoxes) et croates (catholiques) en ex–Yougoslavie peuvent–elles vraiment s'abstraire du nationalisme ? Le vieux schisme entre Rome et Byzance exerce encore ses effets, et le premier service européen que les deux Eglises, occidentale et orientale, pourraient rendre dans l'actualité serait de contribuer résolument à l'apaisement complet de ce conflit millénaire.

---

(2) Vers un monothéisme des valeurs. *Le débat*, 59, mars–avril 1990.

Mais l'illusion d'un point de vue neutre et scientifique sur les religions, qui fait l'économie des conflits et des violences dans le champ symbolique, est fréquente. Les religions (à la différence des philosophies) sont action et recherche d'influence. Elles peuvent être portées dans des voies sectaires ou réactives. Les religions ne se placent pas facilement en perspective. Aussi longtemps qu'elles sont vivantes, elles sont en concurrence, incompossibles, presque incomparables. Presque toujours la réflexion doit prendre comme référence une religion, non pas toutes. Elles font nécessairement déborder la marmite, quand bien même elles se soumettent aux principes républicains qu'il faut exiger d'elles ; sinon elles ne seraient plus des religions.

Chaque grande religion organise et structure l'espace intellectuel et religieux de façon différente. Chaque grande expérience religieuse se réfère à une intuition, un noyau fondamental, une base historique, qui en dernier ressort, surtout quand il s'agit de *"religions de salut"*, a quelque chose d'exclusif, voire d'intolérant, même quand elle a une grande capacité d'accueil et d'assimilation. Qu'on le veuille ou non le conflit organise notre espace, pour le meilleur et pour le pire ; et quand la foi des fidèles faiblit, les structures mentales désaffectées sont souvent plus rigides que les schèmes religieux vivants.

Aussi, je tends à penser que c'est sur le terrain de la philosophie, qui se présente comme une tierce instance, que les religions, dans notre culture, peuvent communiquer et débattre. De fait, les grandes religions n'ont cessé de se présenter à un moment ou à un autre devant cette instance pour y défendre ou y expliquer leurs positions. Quand l'espace philosophique fait défaut, les religions retournent à leur particularité.

L'instance politique au plan de l'action, l'instance philosophique au plan de la pensée, sont en Europe indispensables aux religions. Tel est le terrain commun où elles se retrouvent avec tous les autres. Le lien est étroit entre cette séparation et la structure de pensée judéo-chrétienne. Les fondements politiques de la civilisation, ses fondements mondains, sont ébranlés si la séparation constitutive est ébranlée.

Société critique, religion, vérité

Un atout des religions dans les circonstances actuelles est qu'elles ont rapport à la question du sens, mais une condition de leur influence, décisive pour leur réception aujourd'hui, doit retenir notre attention : nous sommes dans une société critique, il faut que la religion puisse articuler son rapport à la vérité, puisse au moins *"être estimée vraie"*.

La religion en Europe ne peut être entièrement mythologique. Dans l'Europe contemporaine, comme dans l'Europe classique, le souci de vérité est premier. *La crise de la conscience européenne* depuis les XVIIe et XVIIIe siècles, pour nous référer au livre de Paul Hazard, se produit à propos de la vérité de la religion. La critique de la religion n'est pas seulement le fait des philosophes du XVIIIe siècle, elle est le mouvement même de l'esprit occidental. Culture du doute méthodique, devenu doute sur la culture et sur la religion. Ceci n'est ni nouveau, ni conjoncturel : toute religion établie subit un jour ou l'autre l'examen de l'esprit critique.

Nouveau par contre est le fait que cet examen critique se soit démocratisé : ce sont des individus qui croient, des personnes, beaucoup plus exigeantes que jadis ; on ne baptise plus les guerriers avec le chef comme au temps de Clovis. La religion doit être un chemin de vérité pour l'homme individuel qui n'est pas un intellectuel. La religion, ni substantialisée (intégrisée), ni diluée (sécularisée), ni gardée de façon schizophrénique, se présente alors aujourd'hui sous la forme d'un passage que tout homme peut faire. Simone Weil éclaire cette idée d'**itinerarium**, de passage à partir de ce qui est donné, lié à la vérité. Le bouddhisme est-il plus apte à le permettre que le christianisme ? Ce n'est pas dire que chacun sera appelé à être mystique (de toute façon, contrairement à l'opinion reçue, les mystiques ne s'adossent-ils pas souvent à des institutions puissantes ?), mais s'il en va ainsi, ce pourrait bien être la réalisation du mot du prophète Joël : *"tes fils auront des songes, et tes filles des visions"*.

En Europe, la religion ne peut être mythique, elle doit **se penser** pour être crédible, croyable. Les religions devront développer leur rapport à la vérité, en quelque sens qu'on entende le mot, scientifique, historique, critique, philosophique, personnelle. Elles ne peuvent être purement compensatoires ou identificatoires. Il faut que la religion pour les européens soit estimée vraie, si elle ne peut pas être estimée telle, elle ne sera pas reçue.

Traditionnellement, l'appartenance à une religion vient plutôt de la culture et de la famille, est souvent transmise par la culture ou par la famille, mais aujourd'hui la transmission se fait mal, l'individu a beaucoup plus d'autonomie, et dans le cas chrétien, juif ou musulman, le problème de l'éducation, de la formation, se pose nettement.

Dès l'âge de dix ans, la question *"mythe et histoire"* sourd de la tête des enfants. Les récits fondateurs sont-ils mythe ou sont-ils histoire ? Même si on nous répond, ils ne sont ni l'un ni l'autre, mais de la théologie, la question de l'historicité, de la critique, demeure. Si les religions ne parviennent pas à se dégager de l'image du mythe, à parler en termes de vérité personnelle, elles seront rejetées par les esprits éclairés et même non éclairés.

Même si les attachements nationaux et culturels restent souvent liés aux attachements religieux, même si nos contemporains donnent créance à beaucoup de mythes (astrologie, etc.), la croyance est analogique, le mot croyance est susceptible de sens différenciés : ce contemporain qui croit à l'astrologie exige cependant de la religion monothéiste la vérité. S'agissant de la religion juive ou chrétienne, qui ne peut être purement culturelle, et aussi de l'islam, ces religions monothéistes doivent être vraies, au moins au sens où l'on parle de *"mythe vrai"*. Le sentiment inverse est la source de l'incertitude, de l'indicible inquiétude de nos contemporains (Simmel).

L'étude historique et théologique, l'interprétation personnelle des Ecritures, inaugurée par les protestants, pratiquée par les juifs et désormais par les catholiques, se développera. La religion ne peut rester étrangère aux procédures, techniques, moyens de connaissance, selon lesquels prend forme la passion de connaître, la passion du monde. Il faudra essayer de rapprocher l'étude de la religion telle qu'elle se pratique de l'intérieur et telle qu'elle se fait de l'extérieur. De nombreux préjugés et objections sont à prendre en compte auxquels les religions devront répondre. Elles n'étaient pas autrefois obligées avec la même insistance de le faire, il suffisait de faire ce travail pour une petite minorité.

L'esprit critique désormais développé dès les débuts de l'enseignement secondaire, c'est au niveau de la masse démocratique que la question se pose ; l'afflux de ces jeunes gens représente pour les religions un défi tout à fait nouveau. L'avenir des religions dépendra de leur niveau d'éducation, de leur capacité à assurer une éducation de haut niveau. Juifs, protestants, ont à cet égard une tradition plus solide que les catholiques.

Selon Weber, la religion peut être traditionnelle, charismatique, ou rationnelle ; du point de vue de l'Europe, elle doit un jour ou l'autre rendre des comptes à la raison. Les grandes discussions sur le bonheur, comme au temps d'Augustin, ne sont pas exclues de l'ordre du jour.

2 – Influence des religions dans la civilisation commune

Les religions subissent l'influence et les conditions de la société européenne moderne. Peuvent-elles à leur tour influencer ces sociétés ? Si les acteurs sont interactifs, y aura-t-il influence des religions dans le monde commun, dans la civilisation européenne ? Pour que la condition démocratique puisse exercer de façon bénéfique son influence sur la religion en Europe, il convient que les religions puissent aussi exercer leur influence sur la démocratie en Europe. Combattues ou rejetées, les religions tendraient à devenir contre-cultures.

Les religions jouent-elles encore un rôle dans la civilisation ou n'ont-elles désormais qu'un rôle privé ? Sont-elles simplement une option, un électif, un supplément pour certaines personnes ? Peut-on s'interroger un moment sur la place des religions dans l'avenir de l'Europe, non plus du point de vue des individus ou des institutions démocratiques, mais du point de vue de la civilisation, du point de vue de ce qui constitue aujourd'hui l'Europe ? Questions de longue durée.

Gardons à la pensée que les vraies questions sont communes à tous, croyants et incroyants ; elles sont communes à la civilisation et à la religion.

On peut marquer une grande différence entre des religions qui prospèrent dans le monde privé à la faveur de la soif religieuse de la fin du XXe siècle et des religions qui portent le souci du monde commun. Les premières sont en position d'abstraction par rapport à la civilisation, les secondes y plongent. Les *"spiritualités"* moderne, plus larges et plus personnelles que les religions, n'annulent pas la contribution des religions qui ont rapport à la question du sens de la vie ; celles-ci prennent aujourd'hui plus d'importance parce que les questions de sens se posent vivement et que l'expérience des idéologies a été décevante.

Au vu des programmes télévisés pour enfants, une femme posait la question : qu'est-ce qui les structure ? Le trésor des contes, les images propres à notre civilisation ? Ou y a-t-il déformation de toutes les traditions fondatrices ? Les récits et les mythes racontés aux enfants ne sont plus seulement les récits bibliques, la mythologie grecque et romaine, mais des mélanges composés au Japon, qui reprennent et amalgament des éléments appartenant à différentes civilisations, dans une optique de communication et de relativité généralisée.

Il y a traditionnellement un lien entre la structure de la civilisation et la structure de la religion. Mais quand la civilisation devient démocratique et pluraliste en Europe, a-t-elle besoin d'être **structurée**, peut-elle encore l'être comme autrefois par le monothéisme juif ou chrétien ? La civilisation européenne continuera-t-elle à recevoir sa forme des dix commandements de Moïse, de l'idée d'un temps prophétique qui d'un passé va vers un avenir ? Ou sera-t-elle désormais un composé d'influences diverses, susceptible de prendre des formes tout à fait inédites, comme le pense Octavio Paz ? La civilisation chercherait alors inspiration ou morale dans un nouveau polythéisme ou dans un panthéisme ou simplement dans le relativisme, forme baroque de civilisation, civilisation en volutes (Maffesoli).

La question est hautement personnelle et émotionnelle. Elle est posée brutalement après l'effondrement du communisme, qui pouvait être considéré comme une hérésie chrétienne ou juive, et donc compris dans la continuité du christianisme et du judaïsme, E. Levinas : *"On pouvait encore s'imaginer qu'après une période obscure et difficile à traverser viendraient des temps meilleurs ... La disparition de cet horizon me paraît un événement profondément troublant. Car elle bouleverse notre vision du temps. Depuis la Bible, nous sommes habitués à penser que le temps va quelque part, que l'histoire de l'humanité se dirige vers un horizon, même à travers des détours et des vicissitudes ... L'Europe a bâti sa vision du temps et de l'histoire sur cette conviction et cette attente, le temps promettait quelque chose"*.

Aujourd'hui nous sommes atteints profondément dans notre conscience à la pensée, favorisée par l'effondrement du communisme ou les spéculations monétaires, que le temps peut être ne va nulle part, qu'on en revient aux cycles éternels du temps, aux éternels retours du temps, comme le pense O. Paz. Tout change alors pour l'européen. *"La civilisation occidentale vit un changement fondamental de sa vision du temps"*. A la télévision, on lit la lettre d'un père de famille qui perd ses enfants atteints du sida et qui, dans sa dernière lettre, leur parle de *"se retrouver dans la mer"*, dans l'élément fusionnel. Le monothéisme (séparateur entre créateur et créature), structure de pensée autant que croyance, tend-il à être remplacé comme catégorie de pensée par le panthéisme, aspiration à l'unité, à la fusion ? La fusion serait valeur plutôt que la séparation de Dieu et de l'homme, du créateur et de la créature, principe biblique. L'idée de promesse est-elle intrinsèque à notre civilisation ?

La question concerne les catégories de pensée plus que les moeurs proprement dites, car la religion structure la pensée. Il y va de la structuration intérieure des personnes. A ce jour il y avait jusqu'à un certain point analogie de structure entre la religion juive ou chrétienne et la civilisation ; est-il souhaitable que demeure cette analogie ? Ou le religieux, libéré de sa forme chrétienne, réapparaît-il sous la forme qu'il connaissait avant l'intervention chrétienne, selon un temps cyclique et pluraliste ?

Puisqu'on ne peut répondre à de si énormes questions, on peut au moins les déplacer. Hannah Arendt le suggère, le monde commun est menacé bien plus que les religions. Des religions, du religieux, il y en aura toujours, mais un monde commun ? Si l'attachement au monde, monde commun, monde politique, est atteint, si nous flottons abstraitement ? Dans la perspective où les religions sont dans le monde commun, liées à la pensée commune, la question doit être envisagée largement, du point de vue du monde commun, non pas seulement du point de vue des religions. Il est alors préférable que les religions ne deviennent pas des contre-cultures, ce qu'elles deviennent facilement dans les temps démocratiques ; contre-cultures qui ne font que contrer la tendance dominante, sans rien articuler. La religion purement privée qui prospère sur les ruines du monde n'a de ce point de vue aucun intérêt.

Dans un moment tenté par l'oubli et l'irresponsabilité, il nous faut être de ceux qui, tel le héros de *La sentinelle* (Arnaud Desplechin) gardent le souci du monde commun, n'oublient pas, gardent mémoire, le choc de la mémoire, du totalitarisme, d'Auschwitz.

Nous sommes, dit-on, libres, déliés de contraintes, mais notre liberté s'accompagne de contraintes nouvelles, de grandes violences qui pèsent sur nous, d'énormes masses de populations devenues potentiellement inutiles pour la production. Libres de tout passé, ces masses d'hommes se retrouvent vite solitaires et flottantes, proie quelque jour de nouvelles formes de despotisme.

Des catégories de pensée nous interdisent de prendre en compte les faits, les retombées négatives de faits de civilisation ; si nous voulions les prendre en compte, nous serions obligés de penser autrement (ainsi l'écologie) ; ces mêmes catégories font aussi obstacle à la réception des religions. L'expérience et l'échec du totalitarisme ne nous éclaire même pas, car pour une large part il s'est effondré comme un pur fait, sans que dans les esprits le travail de décantation, de critique, de désidéologisation s'accomplisse plus qu'à moitié, et ce autant à l'Ouest qu'à l'Est de l'Europe. Bien des fragments d'idéologie flottent dans les esprits, d'autres formes subtiles de totalitarisme peuvent naître.

De catégories de pensée non remises en cause depuis deux siècles (le schème du progrès indéfini) ; de l'effort de grands penseurs (pas nécessairement croyants) dépend aussi l'avenir de la religion. Quand nous ne pouvons pas intégrer quelques-uns des éléments liés à la pensée traditionnelle, notre pensée se heurte à des apories qu'elle ne parvient pas à surmonter, ainsi la nature qui nous résiste, la différence qui irrite. Ne pouvant les maîtriser, certains les rejettent, d'autres les hypostasient.

Certes on peut souhaiter que les gens redeviennent religieux, qu'un nouveau souffle de foi embrase le monde européen, mais si les conditions intellectuelles ne changent pas, ces renouveaux risquent d'être vains, car ces renouveaux seront eux—mêmes victimes des conditions de la culture, sans pouvoir changer les conditions de la culture. De tels renouveaux restent alors purement *"religieux"*. Aussi la démarche intellectuelle est—elle primordiale ; par une démarche intellectuelle la condition de la religion a commencé à changer au XVIIIe siècle, par une démarche intellectuelle déjà en cours elle pourra se modifier. Pour penser autrement. En témoignent déjà l'écologie, un timide renouveau de la pensée de la limite. Les religions peuvent y contribuer, cela suppose qu'elles participent à égalité avec les autres à un effort de pensée auquel elles ne sont pas toujours préparées.

"La situation particulière du judaïsme et du christianisme tient au fait que même une fois devenues religions, ils ont su trouver en eux—mêmes les ressources nécessaires pour s'émanciper de leur religiosité et pour retrouver le champ libre de la réalité par les brèches ouvertes dans les remparts de leur spécialisation"(F. Rosenzweig, **La pensée nouvelle**, Cahiers de la nuit surveillée, p.57).

Dans les conditions du monde moderne, l'avenir des religions dépend certes d'elles—mêmes, de leur force, mais peut—être préalablement de démarches, d'efforts, d'avancées de pensée qui **permettent** de leur donner une place. Efforts et avancées qui ne seront peut—être pas accomplis par des croyants, mais par d'autres, comme souvent dans l'histoire.

La mésestime du rapport aux sources

Pouvons—nous nous réconcilier avec un mode de pensée qui articule avenir et passé, nouveauté et tradition ? Héritage et innovation ? Rémi Brague dans *L'Europe, la voie romaine*[3] dénonce un marcionisme culturel : comme le marcionisme (rupture avec l'Ancien Testament et ses valeurs) est la tentation permanente du christianisme, le marcionisme culturel est l'attitude

---

(3) Criterion, 1992.

qui donne systématiquement congé au passé, au prétexte du progrès désiré. La domination banale, la réception non critique de l'idée de progrès est un grand obstacle à la réception actuelle des religions. L'idée de progrès n'est plus à la mode, elle est toujours opératoire.

Selon Rémi Brague, le propre de l'Europe consiste en un certain type de rapport aux sources, une manière de traiter ses sources. L'Europe est romaine, dit-il, en ce que, comme Rome, elle est une manière de se situer en position seconde par rapport à d'autres : Rome entre Grecs et barbares. *"Etre romain, c'est avoir en amont de soi un classicisme à imiter, et en aval de soi une barbarie à soumettre"*. Le christianisme aussi est appelé à se situer en position seconde par rapport au judaïsme. *"Selon moi, le christianisme est, par rapport à la culture européenne, moins son contenu que sa forme ... Le modèle chrétien de l'attitude envers le passé, tel qu'il se fonde au niveau religieux dans la secondarité du christianisme vis-à-vis de l'Ancienne Alliance, structure l'ensemble de ce rapport"*.

Une façon de se reconnaître héritier d'une culture et de se vouloir transmetteur de cet héritage, une manière de se mettre à l'Ecole. La renaissance, la série des renaissances : ce serait l'attitude européenne même. Un avenir suscité par un passé.

Nous commençons à le soupçonner : les religions disposent de sources très anciennes, dont les autres acteurs ne disposent pas. L'ignorance de ces sources, dans la perspective de la table rase, familière en France, ne met pas obstacle à la floraison des religions privées fort éloignées de la religion traditionnelle dont la structure même répugne à un traitement purement privé (enquêtes de Françoise Champion)[4]. L'avenir des religions monothéistes est lié à notre possibilité de trouver un rapport avenir / mémoire (*Zakkhor*, Souviens-toi ! Selon Ierushalmi) qui permette un présent autre qu'un simple *"passé historicisé"*, un simple objet en soi parfait scientifiquement, mais sans intérêt pour l'existence.

Le judaïsme, le christianisme rachètent le temps.

Est-il possible qu'européens, nous adoptions une attitude de repreneurs, et non pas d'innovateurs forcenés ? L'acte de transmettre n'est pas moins audacieux, moins novateur que celui de la pure innovation ; la voie selon

---

(4) Voir par exemple *Archives de science sociale des religions*, avril-juin 1993.

laquelle l'Europe garde une articulation chrétienne n'est pas moins audacieuse que l'autre, celle du temps cyclique. Une image fondatrice demeure : Enée, porteur des dieux de Troie, quitte une ville en flammes, son vieux père sur les épaules, pour aller porter les dieux en une autre terre, après de longs et aventureux voyages.

Une vue étroite de la rationalité

Pour qui, ne serait-ce que derrière sa tête, pense : nous vivons dans un monde parfaitement rationnel, la question religieuse ne se pose plus. En termes wébériens, le monde moderne est-il définitivement désenchanté, parfaitement rationalisé ? Ou ne l'est-il jamais entièrement ? Selon la réponse donnée à cette question, la réception de la religion change du tout au tout.

Nous tendons à croire que nous vivons dans une civilisation rationnelle, dans un monde rationalisé ; le pouvoir de la religion est qu'elle dispose d'un autre type de rationalité que les autres acteurs, une rationalité qui intègre l'irrationnel, une autre manière de gérer l'irrationnel et le mal. Selon une vision religieuse le monde n'est jamais définitivement rationnel ; il y a toujours un fond de barbarie ; sur ce fond de barbarie toujours renaissante se gagne la raison, la justice ; la religion ne joue pas sur le seul registre de la justice, mais sur le double registre justice et agapé (charité). Elle introduit la considération du mal que souvent les philosophies prennent difficilement en compte. Il y a une valeur herméneutique des Ecritures, des dogmes, des rites, *"cadre pour inscrire des pensées"*, lieu de la *"lecture amplifiante"* que Darius Shayegan propose aux modernes et dont les poètes savent depuis longtemps la valeur (Baudelaire).

On peut voir le monde comme un jardin en partie embroussaillé, en partie débroussaillé ; même dans la partie débroussaillée, les ronces reparaissent, il faut de nouveau chaque année recommencer à débroussailler, reformer une clairière. En termes wébériens *"l'enchantement"*, la magie ou l'aliénation se reforme ; le dés-enchantement, le désensorcellement (Entzauberung) est toujours à reprendre. Là spécialement oeuvrent les religions.

Les grandes religions *"prophétiques, rationnelles"* (Weber), désensorcellent le monde, chacune à sa manière. Il faut voir ces lianes qui depuis vingt ans ont envahi la clairière que nos pères (en France, les fondateurs de la République) ont débroussaillé il y a un siècle. Le débroussaillage parfois fut fait de façon maladroite. Il faut savoir composer avec les lianes de la religiosité, du **numen**, comme Virgile le fait par rapport à la religion romaine. Le monde grec a été désenchanté par la philosophie, par la tragédie et par la politique. La Cité, la justice : un type de travail de désenchantement. La synagogue, l'Eglise aussi, pose un commandement : tu ne tueras pas ; tu aimeras ton prochain comme toi-même. Dire cela, c'est désenchanter.

Il est des forces obscures, sauvages, maléfiques à ramener à la raison, à la confiance. Dans la tragédie d'Eschyle, les Erinnyes deviennent les Euménides, les déesses de la vengeance deviennent les bienfaisantes. Forces obscures qui de toutes façons débordent la raison, ce sont ces forces, ces mères (**die Mütter**) qu'un Goethe voulait domestiquer, et qu'une civilisation rationaliste, trop volontariste, méconnaît radicalement. les Lumières ne sont jamais définitives.

De ce point de vue, le conflit du religieux sauvage et du religieux désacralisant (les religions monothéistes) se poursuit. Les anciens dieux grecs et romains, Weber le pressentait, Camus le savait, attendent leur heure. Ils se présentent sous des formes convenables (astrologie, divination, destin ...), c'est tout. Trouveront-ils un désenchanteur ?

Aussi longtemps que nos catégories de pensée ne nous permettent pas d'envisager de front ces forces obscures, il y aura difficulté à penser et à admettre la valeur de la religion. L'avenir des religions en Europe est étroitement lié à des dispositions intellectuelles.

LES LANGUES DE COMMUNICATION
ET LEURS CHAMPS D'INFLUENCE
DANS LE CONTINENT EUROPEEN

Georges KERSAUDY

(Affaires Etrangères, Linguistique)

Il existe dans l'Europe d'aujourd'hui une cinquantaine de langues officielles d'importance très inégale, dont la plus répandue sur le continent est parlée par 130 millions de personnes et dont les moins répandues sont parlées par plus ou moins un million de locuteurs. Compte tenu de ce fait et de la situation géographique de chaque pays, le problème de la langue de communication internationale se pose de manière très différente dans chaque pays d'Europe.

Au Royaume-Uni, il est généralement admis que l'anglais est compris dans toute l'Europe, ce qui simplifie de beaucoup les relations avec tous les pays du continent. Inversement, les Européens continentaux utilisent généralement l'anglais dans leurs rapports avec le Royaume-Uni et l'Irlande. Il n'en va pas de même des relations à l'intérieur du continent européen où, par la force des choses, la situation est largement anarchique.

Prenons par exemple le cas des pays francophones : les Français utilisent fréquemment le français et l'anglais dans leurs rapports avec les pays immédiatement voisins, beaucoup plus rarement l'allemand et l'espagnol, même dans leurs relations avec les pays où ces langues sont parlées. Il va de soi que des entreprises ou des institutions belges n'ont aucune raison d'utiliser le français dans leurs relations avec les Pays-Bas, puisque le néerlandais est langue officielle dans les deux pays. Il est tout aussi évident qu'en Belgique, les relations avec la France ont lieu exclusivement en français et qu'un néerlandophone ou un germanophone belge ne penserait pas à correspondre avec la France dans une autre langue que le français. Les Suisses, qui ont quatre langues officielles, utilisent normalement l'allemand dans leurs relations avec l'Allemagne et l'Autriche, le français avec la France et la Belgique, et l'italien avec l'Italie. Dans leurs relations avec les divers pays d'Europe, les Français sont de plus en plus obligés de recourir à l'anglais, faute de pouvoir communiquer facilement en allemand ou dans une langue connue de leur interlocuteur.

L'Espagne et le Portugal sont dans une situation à peu près semblable à l'égard de presque tous les autres pays du continent. Les communications se font de préférence en anglais ou en français, parfois en allemand mais beaucoup plus rarement. Il est assez curieux de constater que les Portugais n'ont que rarement une connaissance pratique de l'espagnol et que les Espagnols ne connaissent jamais le portugais, à l'exception peut-être des Galiciens. La communication entre les deux pays s'effectue le plus souvent en français ou en anglais.

En Italie, la langue nationale n'est généralement comprise à l'étranger que dans une partie de la Suisse et dans une partie de la Slovénie. Là encore, les relations avec le reste de l'Europe se font souvent en français ou en anglais et très rarement en allemand, c'est-à-dire dans les seules langues de communication dont on dispose.

Lorsqu'on parle en Europe occidentale des langues de l'Europe, on a généralement tendance à ne considérer que les cinq langues les plus répandues dans cette région limitée de notre continent, à savoir : l'anglais, le français, l'allemand, l'espagnol et l'italien. Il arrive fréquemment qu'on omette de mentionner le néerlandais, langue parlée dans trois pays par plus de 20 millions d'Européens. On ne tient pas compte non plus du portugais, parlé par 10 millions d'Européens, et sur quatre continents par 170 millions de personnes.

Il ne conviendrait pas non plus de négliger l'importance que prennent en Europe, dans les domaines des communications maritimes, du commerce, de l'industrie et des services, les langues des pays nordiques : Suède, Norvège, Danemark, Finlande et Islande. Il est bien évident que les ressortissants de ces cinq pays utilisent couramment l'anglais dans les relations internationales, mais ils se rendent parfaitement compte du fait que dans les relations inter-nordiques, l'usage d'une langue scandinave permet généralement de mieux se comprendre et facilite grandement les relations. Un agent commercial Finlandais de langue finnoise qui, le plus souvent, connaît très bien l'anglais, connaît toujours beaucoup mieux le suédois et préférera toujours s'exprimer en cette langue, non seulement en Suède, mais en Norvège et en Islande, et parfois même au Danemark. Un Danois ne penserait pas à employer une autre langue que la sienne en Norvège, Islande, au Groenland ou dans les Iles Féroé. Même si son accent fait sourire et si les mots qu'il emploie peuvent de temps à autre prêter à confusion, il n'est pas considéré comme un étranger dans ces pays, ce qui serait le cas s'il s'exprimait en anglais.

S'il est bien évident que chaque pays d'Europe, si petit soit-il, tient à conserver et à cultiver soigneusement le trésor de la langue nationale, le besoin d'une langue de communication se fait impérieusement sentir dans les relations avec les autres pays. Dans les Etats d'Europe orientale et centrale, le retour à l'économie de marché après un hiatus de 45 ans (de 74 ans pour certains d'entre eux), a brutalement placé les nouveaux opérateurs économiques devant le problème des langues de communication.

Dans ce domaine, on a généralement tendance à parer au plus pressé et les besoins immédiats déterminent l'attitude qui sera prise dans l'avenir. Cette dernière dépendra beaucoup plus des premières habitudes acquises que d'un choix mûrement réfléchi.

En Hongrie, où la majorité des capitaux étrangers indispensables à l'instauration d'une économie de marché vient surtout des Etats-Unis, c'est l'anglais qui a la préférence. En raison de la proximité de l'Autriche et de l'importance des échanges avec ce pays et avec l'Allemagne, c'est évidemment l'allemand qui occupe la deuxième place.

Dans la République tchèque, ce sont surtout des capitaux allemands qui permettent le relèvement de l'industrie. Les Tchèques doivent surtout compter sur les flux de capitaux allemands, et les liens avec l'Allemagne et l'Autriche se renforcent tout naturellement. Dans le cadre de la future Union européenne élargie, on peut prévoir que les relations entre la République tchèque et l'Allemagne deviendront aussi franches et actives que le sont de nos jours les relations franco-allemandes, et elles seront probablement plus étroites. Il semble qu'il n'y ait pas d'autre issue. Déjà, des Sudètes expatriés en 1945 peuvent, s'ils le désirent, revenir s'installer en Bohème. Ils devront obligatoirement parler tchèque, mais s'ils restent dans le pays, eux et leurs enfants seront toujours bilingues.

En Pologne, on a l'impression que l'anglais a la faveur de la majorité des étudiants, ce qui s'explique en partie par le rôle que pourra jouer ce pays dans les relations commerciales et maritimes avec les autres continents. Mais les avantages pratiques d'une connaissance de l'allemand sont évidents pour tout le monde. Dans de telles conditions, les perspectives de la diffusion du français ne semblent pas très brillantes.

Le *"Groupe de Vysehrad"* réunit aujourd'hui dans une nouvelle zone de libre échange (la CEFTA) les 4 pays d'Europe orientale dont l'économie évolue le plus favorablement (du moins à ce jour pour trois d'entre eux) : Pologne, République tchèque, Slovaquie et Hongrie. Dans 6 ou 7 ans, c'est-à-dire vers l'an 2001, les pays de ce groupe, qui est lié par des accords avec la CEE et l'EEE, seront vraisemblablement les premiers pays de l'Est qui adhéreront à la CEE.

Bien qu'un grand nombre d'Européens de l'Est aient dû apprendre le russe et le comprennent plus ou moins, un voyageur qui essaie de converser dans cette langue se heurte le plus souvent, dans la plupart des pays de l'Est, à un refus de communiquer. Il apparaît donc à premier vue qu'en dehors de la République tchèque où l'allemand semble appelé à prendre la première place, l'anglais soit dans l'ensemble la langue étrangère préférée de toute cette partie de l'Europe, au moins dans les jeunes couches de la population.

Quoi qu'il en soit, il convient de ne pas perdre de vue que la Russie restera longtemps, selon toute vraisemblance, le principal partenaire potentiel de tous les Etats d'Europe orientale et centrale dans le domaine des échanges commerciaux, leur premier fournisseur de matières premières et d'énergie, et le marché le plus important pour l'écoulement de leur production.

On peut imaginer sans peine que dans les relations de la Russie avec les autres Etats d'Europe orientale et centrale, et surtout avec les Etats anciennement membres de l'Union soviétique, l'usage du russe s'imposera tout naturellement. On imagine difficilement, par exemple, des Ukrainiens traitant en anglais ou en allemand avec des clients russes, biélorusses ou même polonais. Les langues des quatre pays en cause sont tellement proches que l'impression ainsi produite aurait un côté nettement caricatural.

Dans les Balkans, la situation est encore plus compliquée, du fait qu'il existe à la fois des influences régionales et des influences internationales contradictoires. A l'extrémité de la péninsule balkanique, le grec n'est plus parlé aujourd'hui qu'en Grèce. Les minorités grecques d'Albanie, de Macédoine et de Turquie ne peuvent plus exercer une influence quelconque au niveau régional, en raison du climat politique qui prévaut dans ces territoires. La langue grecque a entièrement perdu son influence, qui était encore sensible au XIXe siècle à Constantinople, en Thrace, en Bulgarie, en Roumanie, en Macédoine et en Albanie.

Bon nombre d'habitants de la péninsule parlent des langues slaves (bulgare, macédonien, serbe, croate et slovène) mais ils se trouvent géographiquement séparés par deux grands groupes linguistiques d'origine différente : le roumain, langue néo-latine, et le hongrois, langue du groupe finno-ougrien, c'est-à-dire non indo-européenne. En outre, les territoires slaves peuplés de Serbes, Macédoniens et Monténégrins se trouvent en partie séparés les uns des autres par la région de Kosovo et Metohija (Kosmet) et par l'Albanie, pays dans lesquels vivent cinq millions d'albanophones, dont la langue est d'origine thraco-illyrienne.

La région des Balkans comprend donc un grand nombre de langues pour la plupart très différentes, avec de larges zones de chevauchement dans lesquelles les populations utilisent couramment deux, trois ou quatre langues. C'est par exemple en Roumanie le cas de la Transylvanie où vivent plus de deux millions de Hongrois et des groupes compacts de germanophones, de la Voïvodine (600 000 Hongrois) et de la frange méridionale de Slovaquie (500 000 Hongrois). Il convient d'ajouter à cela qu'il existe dans chaque pays des Balkans de nombreuses minorités linguistiques largement éparpillées, notamment les Allemands du Banat et de Transylvanie, les Aroumains du Pinde, souvent connus dans les villes sous le nom de *"tsintsari"*, et les Mégléno-Roumains, les Tsiganes largement répandus dans tous les pays de la péninsule, les Pomaques (Bulgarophones musulmans de Grèce), les Turcs de Grèce et de Macédoine, les Gagaouzes (Turco-Tatars) de Roumanie, les Roussines (ou Ruthènes de Voïvodine) et de nombreuses populations allogènes de moindre importance répandues un peu partout.

Dans de telles conditions, il serait bien difficile aux habitants de cette région de choisir une langue commune de communication, tant les situations linguistiques de chaque pays sont différentes et variées à l'extrême. En Grèce, la langue de communication la plus connue, qui était autrefois le français, est aujourd'hui l'anglais, et la connaissance de l'allemand y fait de nets progrès, sous les effets conjugués de l'émigration et du tourisme. Dans les pays de l'ex-Yougoslavie, l'anglais et l'allemand se disputent la première place. En Slovénie seulement, l'allemand et l'italien dominent nettement. En Bulgarie et en Roumanie, les communications avec le reste de l'Europe sont loin d'être assez développées pour qu'on puisse discerner nettement une tendance quelconque. Il semble que l'on donne la préférence à l'allemand en Bulgarie et qu'en Roumanie, le français se soit plus ou moins maintenu dans les villes. Toutefois, dans ces deux pays, rien ne sera encore joué tant que la situation économique restera au niveau pitoyable qui est actuellement le sien.

Entre les trois pays baltes, Lituanie, Lettonie et Estonie, il n'existe plus aujourd'hui aucune langue de communication commune, en dehors du russe. De même qu'il n'existe pas non plus d'autre langue de communication pratique avec les pays voisins, CEI, Pologne, Biélorussie, Finlande et Suède.

Le lituanien et le letton sont les deux dernières langues balto–slaves existantes et forment en Europe un groupe linguistique à part, mais en règle générale, aucun Lituanien ne connaît le letton et vice–versa. L'estonien est une langue finno–ougrienne assez proche du finnois, mais pas assez pour que les Estoniens et les Finlandais puissent se comprendre. Or, fort peu d'Estoniens connaissent le finnois et les Finlandais n'apprennent pratiquement jamais l'estonien. En outre, aucun Estonien ou presque ne connaît une des deux langues baltes, et aucun Balte n'aurait l'idée d'apprendre l'estonien. Les trois pays baltes se trouvent donc à la fois linguistiquement isolés l'un par rapport aux autres et chacun d'entre eux par rapport aux pays voisins.

Ce qui est paradoxal, c'est que ces trois pays disposent d'une langue commune largement comprise et parlée par chacune des trois populations et au moins par deux des pays voisins. Il s'agit évidemment du russe, qui est en outre la langue maternelle d'un très grand nombre de citoyens lituaniens, lettons et estoniens d'origine russe vivant dans ces pays. Mais presque tous les citoyens non–Russes des trois pays se refusent catégoriquement à l'employer. Ce phénomène de rejet est la conséquence de deux siècles de russification forcée dans tous les domaines et sous divers régimes. Beaucoup de Baltes apprennent aujourd'hui l'anglais, mais cette langue est bien sentie comme étrangère dans la Baltique, et les pays anglo–saxons sont très éloignés. Dans les rencontres inter–baltiques au plus haut niveau, on se cache probablement pour parler russe, faute de mieux, et non sans regret. Il y a à peu près deux cents ans que les Estoniens ne connaissent plus le suédois et que les Lituaniens n'apprennent plus le polonais et le latin. Un assez grand nombre de citoyens lituaniens sont de langue polonaise, ce qui est très mal vu par le reste de la population. Quant à la période durant laquelle presque tout le monde parlait ou comprenait l'allemand, elle n'a pas laissé de meilleurs souvenirs que la période soviétique.

Tout le monde dans les pays baltes sent bien la nécessité d'une langue commune utilisée pour toutes les relations internationales, mais c'est un choix difficile à faire. Une solution est actuellement à l'étude : il existe depuis très longtemps dans les trois pays un grand nombre d'Espérantistes qui proposent que leur langue (également appelée Internacia lingvo ou ILO) soit officiellement adoptée pour les relations inter–baltiques. Ce serait là le début d'une véritable révolution linguistique attendue depuis un siècle en Europe. Et ce, d'autant plus que la langue en question est pratiquée par de nombreuses personnes en Finlande, en Suède, en Pologne et en Biélorussie, pays où naquit le créateur de la langue, le Dr Zamenhof, en 1859. Ce choix présenterait entre autres l'avantage de ne privilégier la langue d'aucune nation européenne au détriment des autres. De nombreux Baltes estiment que ce serait la solution la plus rationnelle et la plus neutre. Les Espérantistes du monde entier se prennent à rêver une fois de plus au triomphe de la langue qu'ils pratiquent toujours avec ferveur depuis plus d'un siècle. C'est peut-être sur les bords de la Baltique que se lèvera, pour l'Europe multilingue, l'aube d'un nouvel âge.

Dans les autres pays de l'ex-Union Soviétique, il semble bien qu'aucun problème ne se pose. La langue russe, imposée par la force depuis deux siècles, est aujourd'hui acceptée par tout le monde comme langue de communication entre la CEI et les autres pays de l'ex-URSS. Les étudiants ukrainiens apprennent aujourd'hui l'anglais avec ardeur, mais il est bien clair que le russe sera toujours la langue choisie dans les relations avec les autres anciens pays de l'Union. C'est bien cette langue qui continuera à être utilisée longtemps encore dans les relations entre la CEI, l'Ukraine, la Biélorussie, les républiques du Caucase (Géorgie, Arménie, Azerbaïdjan, Ossétie, Abkhazie, République des Tchétchènes Ingouches, etc.), la République de Moldavie, le Kazakhstan, l'Ouzbékistan, le Turkménistan, le Tadjikistan, la Mongolie, etc. etc. Tous ces pays, fortement liés par des intérêts économiques communs, regroupent près de 300 millions de futurs consommateurs et producteurs, dont près de 200 millions d'Européens.

A l'aube du XXIe siècle, la Russie doit inévitablement reprendre son rôle de grande puissance économique européenne. Avant l'an 2000, on parlera probablement du *"miracle économique russe"*, aussi incroyable que cela puisque paraître dans les circonstances actuelles où elle semble vraiment toucher le fond de l'abîme. L'Europe redécouvrira une culture russe originale qui a été malgré tout préservée et dont l'influence ne manquera pas de se faire sentir dans l'Europe nouvelle. On ne pourra pas ignorer longtemps l'activité de 130 millions de Russes, avides de modernisation et de progrès matériel. Dans quelques années, le russe finira par prendre en Europe la place qui aurait dû être normalement la sienne au cours du XXe siècle, à côté de l'allemand, du français et de l'anglais.

Il deviendra indispensable pour de nombreux Européens de bien connaître ces quatre langues de civilisation. Les Européens de langue germanique ou slave s'adapteront probablement sans grandes difficultés à ce nouvel état de choses. Les Latins et les Anglais devront faire un petit effort supplémentaires. Le citoyen européen capable de comprendre 4 à 5 langues ou plus devra nécessairement faire aussi son apparition dans les pays de langue latine ou anglo-saxonne. Faute de quoi, ces pays devront se contenter d'une place de deuxième ou même de troisième plan dans les activités économiques du grand continent européen du troisième millénaire.

LA PROBLEMATIQUE SOCIALE
DE LA TRANSFORMATION EN POLOGNE

Sous la direction de

Hanna SWIDA ZIEMBA

Les problèmes socio-économiques que connaissent les pays post-communistes se laissent décrire par un ensemble de facteurs dont j'énumérerai quelques-uns parmi les plus importants.

1 – L'infrastructure dont ces pays disposent est celle héritée du système précédent et elle ne correspond pas aux exigences de l'économie de marché. Il y a les institutions, mais il y a aussi les gens qu'elles emploient. Effectuer des transformations économiques dans un pays pauvre, situé dans le contexte d'une civilisation européenne très développée, s'avère une tâche extrêmement complexe, où chaque tentative de changement provoque un enchaînement de problèmes socio-économiques.

2 – Il faut réformer également toute la législation. Or, les différends entre les partis politiques d'une part et la procédure démocratique elle-même d'autre part, sont des facteurs qui ralentissent considérablement l'élaboration d'une nouvelle législation. En plus de cela, les personnes qui en sont chargées manquent d'expérience et souvent de vision et de compréhension du nouveau système juridique, ce qui aboutit à des lois caduques qui entraînent bien souvent de fâcheuses conséquences. Il faut ajouter à cela la coexistence de la législation nouvelle avec les textes anciens, souvent contradictoires, et la lenteur dans l'élaboration de décrets d'application, pour mesurer l'ampleur d'un certain chaos juridique qui constitue une véritable barrière aux changements et une source de phénomènes négatifs dans la vie sociale et économique.

3 – La transformation qui se déroule dans de telles conditions et qui a lieu, de surcroît, dans des pays qui sont pauvres, entraîne forcément une paupérisation de nombreux groupes de la population, un taux élevé du chômage et, par conséquent, l'absence du sentiment de stabilité. On assiste à un choc entre tous ces facteurs d'un côté et les attitudes qu'adoptent les gens convaincus de leurs droits sociaux et salariaux. Le mouvement de *Solidarnosc* et les contacts avec les pays riches de l'Europe occidentale en plus ont renforcé ces convictions et aujourd'hui, face aux situations propres à la transformation, on assiste soit à la révolte, soit à la résistance passive ou, dans les cas extrêmes, à une fuite dans la criminalité. Un dilemme de taille est en train d'apparaître, entre les nécessités objectives de la transformation et le degré de conscience civique de la population.

4 – Ce dilemme peut aller encore plus loin. Les gens qui subissent la transformation ont une mentalité, une conscience et des réflexes formés par un système tout à fait différent. Ils sont donc aussi inadaptés aux exigences d'une économie de marché que l'est la législation et l'infrastructure existantes. Ce sont pourtant eux qui créent la nouvelle loi, et qui participent dans des situations sociales, politiques et économiques inédites. A toutes les réalisations objectives, ils rajoutent un contenu subjectif. Ceci concerne aussi les structures politiques et celles du pouvoir au plus haut niveau, en provoquant de nombreux blocages dans la transformation, et des problèmes sociaux.

5 – Le système communiste totalitaire a été jugé par une majorité écrasante de la société polonaise comme un mal du point de vue moral. Auparavant, cette même majorité avait participé dans son fonctionnement en se résignant, tout au moins passivement, à accepter ses règles et ses principes. Le degré de participation de chacun n'avait pas été identique, il est vrai, et particulièrement en Pologne. Il existait des champs où le refus était organisé, d'autres où il l'était moins ; de nombreuses personnes exprimaient leurs critiques et leur aversion envers le système, ce qui s'est traduit dans le mouvement *Solidarnosc*. En même temps, d'autres personnes manifestaient un conformisme passif et certains avaient choisi aussi le rôle de stabilisateurs et de créateurs du système en place. La frontière entre ces différentes attitudes était floue. Sur différentes étapes de l'histoire changeante du communisme polonais il y a eu des cas de passages de personnes entre les groupes en question, jusqu'au point de voir les créateurs du système devenir parfois les leaders de l'opposition et les révoltés devenir membres de l'establishment. Les personnes appartenant aux différents groupes étaient liées entre elles par des relations plus ou moins formelles et entraient dans des alliances du moment. Après la chute du communisme, ce passé compliquait considérablement la constitution de la scène politique polonaise et la naissance des relations sociales nouvelles.

6 – Quant à l'attitude envers le passé, un autre dilemme est apparu. Le communisme, après la chute du régime, a été massivement rejeté par la société en tant que système totalitaire ; toutefois, le fait qu'il ait accordé un prestige plus grand à une catégorie de professions, un degré limité mais assez homogène de la sécurité sociale à tous, a été considéré comme une valeur, ce qui a exercé une certaine influence sur de nombreux processus politiques et sociaux dans la période de transformation.

7 – Dans tous les pays post–communistes, y compris en Pologne, le passé national et la situation concrète du pays ont été à l'origine de nombreux problèmes. Dans le cas polonais, les éléments importants étaient : la place occupée par l'Eglise Catholique dans la vie sociale et dans l'Etat, l'existence dans le passé de la propriété privée agricole, de l'artisanat, du petit commerce et du secteur tertiaire (qui était dans une position de monopole), un certain libéralisme du régime en place, de nombreux liens avec l'Occident, le fonctionnement, à partir de 1976, d'une opposition démocratique clandestine bien organisée et du mouvement puissant qu'était *Solidarnosc* dans la période 1980–81 (devenu ensuite un mouvement illégal ou semi–légal), et enfin *"la table ronde"* qui avait initié le processus de changement du système.

8 – Le passage du système socialiste totalitaire vers un capitalisme démocratique est un processus inédit. On ne peut se baser sur aucune expérience, personne ne connaît les effets sociaux et économiques des pas faits sur un tel chemin. Chaque tentative de changement peut déclencher des phénomènes économiques et sociaux inconnus dans l'histoire qui peuvent bloquer tout le processus. Les lois économiques connues cessent d'y fonctionner (tout au moins dans leur version pure) tandis qu'apparaissent des lois propres de la transformation. C'est pourquoi le processus de changements passe par un chemin sinueux, rocailleux, semé d'erreurs, de tentatives de redressement, et de rechutes.

9 – La transformation dans les pays post–communistes ne se fait pas dans un vide isolé du reste du monde. Ce qui se passe dans d'autres pays influence son déroulement. La désagrégation de l'URSS et les changements qui l'ont suivie, les processus de changements dans les anciens *"pays–satellites"*, la crise économique en Europe occidentale et aux USA, la création de l'Union Européenne à laquelle aspirent la Pologne, la Hongrie, la République Tchèque et la Slovaquie – voilà les facteurs qui ont une influence directe sur les processus socio–politico–économiques de la transformation. Ceci a une importance particulière pour la Pologne qui a donné le premier mouvement d'opposition de masse et qui s'était engagée la première dans la voie de la transformation. L'histoire de la transformation dans notre pays aurait été différente si le contexte international avait été autre. Par conséquent, les problèmes sociaux auraient été différents aussi, au moins dans une certaine mesure. Compte tenu de tous les facteurs dont il était question, la transformation n'est pas un simple passage linéaire du socialisme au capitalisme. Elle constitue une réalité à part. Même si la direction choisie est considérée par tous les groupes politiques (y compris ceux appelés *"post-communistes"*), comme la seule possible, le processus de changements sera marqué par les tentatives de solutions de problèmes socio-économiques, provoqués justement par la réalité de la transformation elle-même.

Cette réalité est très riche, elle se laisse analyser à différents niveaux, de différents points de vue. Dans le monde politique, intellectuel et journalistique les débats très vifs se poursuivent autour de ces sujets.

Dans cette partie du livre, les différents auteurs vont présenter leurs propres visions de la problématique polonaise, l'ayant, chacun dans sa spécialité, longuement étudiée avant même la transformation. Ils sont tous sociologues de différentes générations et travaillent dans l'Institut de Sociologie Appliquée de l'Université de Varsovie, créé en 1990. L'objectif de l'Institut, mis à part celui de l'enseignement, est d'appliquer les méthodes théoriques à l'analyse des processus de transformation dans lesquels est engagée la société polonaise, et de voir l'impact de ceux-ci sur la conscience sociale des Polonais. La transformation passe par des périodes de crises dans certains domaines et engendre des problèmes qui lui sont propres. Nous présentons ici un certain nombre d'entre eux dans l'espoir de rendre la situation polonaise, qui est très complexe, un peu moins opaque pour le lecteur français et de l'aider à comprendre ainsi la situation dans laquelle se trouvent d'autres pays qui sont engagés dans la voie de la transformation.

* * *

"Patriotisme européen ou patriotisme national"

Pour répondre à la question de savoir si nous sommes, si nous désirons être des Européens, regardons d'abord ce que disent ceux qui s'opposent à l'idée de s'appeler eux-mêmes de ce nom ni ne souhaitent que les autres les appellent ainsi. Habituellement, on traite ce type de personnes de xénophobes, d'adversaires de l'universel car partisans bornés du familier douillet. Quiconque n'est pas Européen est donc un imbécile. Je partage ce point de vue mais pour des raisons un peu différentes de celles que l'on avance habituellement. Autrement dit, je partage ce point de vue justement parce que la culture européenne est un fait et non pas une valeur.

Il faut considérer cette différence avec sérieux même si une telle approche entraîne des conséquences qui ne sont pas très agréables pour tous ceux qui sont convaincus de l'existence des vertus européennes et qui considèrent que le christianisme, par exemple, en tant que création européenne, devrait faire l'objet d'une fierté européenne. Je ne suis pas certain que le christianisme soit une création européenne, je suis en revanche sûr que son esprit est universel et que les Européens devraient tout simplement accepter le fait d'avoir été élevés dans un monde chrétien. De même, je ne suis pas sûr que le libéralisme soit une création exclusivement européenne (dans quelle mesure peut-on considérer que Jefferson, Hamilton, Madison, etc. sont des Européens). Ce que je sais, c'est que son esprit est universel et qu'il faut le considérer au vingtième siècle en Europe comme un élément naturel de notre environnement. Or, tout le monde sait que se battre contre les faits conduit directement à la bêtise.

Si nous n'avons pas envie de traiter les adversaires de l'idée européenne de sots, si nous considérons une telle explication comme étant trop simpliste, alors quelle autre réponse donner à de telles critiques ? La seule réponse sensée est en réalité de lier étroitement le patriotisme européen et le patriotisme national. Et là, de nombreux problèmes surgissent en Pologne contemporaine.

Cela vaut la peine de s'interroger sur le rapport qui existe entre la démocratisation et la modernisation d'un côté et la notion de patrie et de mémoire de l'autre. *"La patrie"* – sans entrer dans les définitions détaillées – couvre un champ tout différent de celui désigné par le terme de *"nation"*. Toutefois, le terme de patrie peut lui aussi avoir une connotation anti-moderne.

Dans la culture occidentale actuelle, les attitudes anti–modernes et en même temps populistes et nationalistes ne sont absolument pas isolées. La différence entre les deux cas réside dans le fait qu'en Pologne elles ont été provoquées par les débuts sauvages du libéralisme et de la démocratie tandis qu'en Occident de tels comportements viennent d'un certain nombre de dysfonctionnements des mécanismes en question et parfois de la fragilité inhérente au système lui–même, donc inévitable. De telles attitudes participent toutefois d'une certaine tendance plus générale visible dans toute la culture. C'est pourquoi il faut les observer avec attention au lieu de les négliger ou bien les condamner au nom d'un optimisme libéral superficiel. Il ne faut pas oublier que condamner de telles attitudes contribue au contraire à leur renforcement. Je suis convaincu que tous ceux qui partagent notre Patrie en camps de barbares d'un côté et d'esprits éclairés de l'autre rendent à ceux–ci le moins bon service.

La solution proposée aujourd'hui par les formations qui se considèrent comme libérales et pro–modernistes et qui consiste à rejeter en bloc ce monde de symboles et de mots d'ordre qui remplissaient cette notion, certainement anachronique, de patrie, ne peut pas donner de bons résultats. Car en détruisant la banalité patriotique on détruit également le réflexe patriotique. Or, ni l'idée catholique du bien commun, ni l'idée pragmatique de l'intérêt de l'Etat, ne remplaceront le patriotisme. Les deux idées sont nécessaires mais elles ont toutes les deux une autre dimension et une autre portée. Enfin, les conflits politiques au sein de l'élite de Solidarnosc elle–même ont également discrédité l'idée de collaboration, qui a été remplacée par une notion vide de *"pluralisme"*. Il n'est d'ailleurs pas sûr que le programme de Solidarnosc ait bien été un programme pro–moderniste. Plusieurs éléments contradictoires en faisaient partie et le programme dans sa totalité n'a jamais été mis à l'épreuve.

La notion de patrie, et plus particulièrement celle héritée de la tradition d'un romantisme de deuxième ordre, a-t-elle impitoyablement une connotation anti–moderniste ? La première réaction nous paraît évidente : la notion de la patrie a en effet une coloration anti–moderniste et la modernisation doit être poursuivie, peu importe son coût moral. Toutefois, il est important de s'interroger pour savoir si la modernisation doit toujours avoir le même visage. Est-il indispensable que la Pologne reprenne le chemin de la France de Balzac, de l'Angleterre de l'époque victorienne et de l'Allemagne de Bismarck compte tenu de toutes les expériences écoulées depuis cette époque. Dans une Pologne de la fin du XXe siècle, tout impérialisme est hors de question. Or, il n'existe pas d'autre proposition comportant en même temps les éléments pro–modernistes et patriotiques. De ce point de vue, la situation de la

Russie est certainement tout à fait différente. Il est vrai que la perspective de modernisation semble être beaucoup plus lointaine là-bas qu'en Pologne mais ce mélange d'un certain impérialisme patriotique et de la modernité y sera sans doute possible.

Il existe néanmoins un élément de la modernisation qui peut servir de lien entre le développement de la civilisation matérielle et la dimension spirituelle de la patrie, à savoir la fierté. Juan Linz, un grand spécialiste des mécanismes des systèmes totalitaires et de leur chute attire l'attention sur le sentiment de fierté que les sociétés post-totalitaires (si l'on peut désigner de ce nom la société espagnole par exemple) ressentaient après leur fantastique victoire. Y a-t-il en Pologne de la place pour la fierté ?

On a beaucoup fait ces derniers temps pour nous priver de ce sentiment de fierté. En sont responsables et les partisans d'une révolution basée sur la restauration et ceux qui préconisaient une révolution amnésique, un peu moins ceux qui se prononçaient pour l'idée d'une révolution évolutive. Regardons de près toutes ces démarches.

Au départ, le pouvoir communiste essayait de nous priver d'un réflexe élémentaire de fierté lorsqu'un Polonais est devenu Pape. Par la suite, l'utilisation obstinée par les autorités ecclésiastiques et laïques de la formule Pape-Polonais nous a conduit au bord de l'indifférence.

Au départ, nous nous réjouissions du spectacle extraordinaire qu'était devenu pour le monde entier *"Solidarnosc"*. Ensuite, le pouvoir communiste essayait de nous convaincre, avec un succès mitigé d'ailleurs, qu'il ne fallait pas aller vider la mer. Le leader de *"Solidarnosc"* lui-même a ensuite détruit l'image du mouvement et ses collaborateurs et successeurs ont achevé la tâche.

Au départ, nous savourions la liberté. Ensuite ont eu lieu plusieurs élections et la pratique de l'action politique nous a fortement dissuadés de profiter de la liberté publique.

Au départ, nous nous réjouissions d'avoir le marché libre et la profusion de biens matériels. On nous a expliqué ensuite que tout cela n'était qu'une énorme magouille et que toute personne qui faisait de l'argent était un escroc. De quoi pourrions-nous être contents aujourd'hui ? De quoi pourrions-nous être fiers ?

De nous-mêmes – peut-on répondre avec un peu d'impertinence. Du fait que nous ne nous sommes laissés enfermer dans aucun des rôles rêvés pour nous par différents hommes politiques et groupes de pression variés. Nous ne sommes pas une société xénophobe ni fermée et ne souhaitons pas, dans une large majorité, de lois qui pénalisent les décisions d'ordre moral, même de première importance. Nous n'avons pas de haine envers les Russes, les Allemands, les Ukrainiens, ni envers quiconque en particulier, et certainement pas dans les proportions qui justifieraient de dramatiser le problème et de déchirer ses vêtements. Nous sommes assez lucides face à la vie politique et ses acteurs, ce qui a été confirmé par l'abstention de 50 % aux dernières élections, et cela malgré les encouragements et les invitations venant de toutes parts. Nous (je parle là de cette grande majorité des Polonais éclairés, raisonnables et non pas des résultats d'enquêtes sociologiques quelconques) comprenons l'existence de contraintes économiques et voyons très bien à quel moment certaines choses pourraient évoluer plus rapidement et certaines décisions pourraient être modifiées ou simplement prises.

N'y a-t-il pas assez de raisons pour en être fier ? Il y en a assez, en effet, mais cette fierté peut constituer une base de reconstruction de la Patrie à condition d'avoir un support qu'est la mémoire. On ne peut pas ressentir de fierté dans un monde sans mémoire car on ne saurait alors qui on est et qui en fait devrait être fier. Et la mémoire, ce qui n'est pas la même chose que les souvenirs, se porte très mal.

Nous commémorons, en effet, toutes sortes d'anniversaires patriotiques. Ces événements vont se renouveler, ne serait-ce que pour des raisons politiques, même s'ils perdent peu à peu ce goût du fruit interdit. Il ne faut pas croire que nous devrions avoir honte de toute notre histoire d'après guerre. Je ne le dis pas en tant qu'argument politique, comme le font souvent les formations post-communistes, mais du point de vue de la vie humaine et de ses réalisations, tout à fait louables dans de nombreux cas. Si nous voulons reconstruire l'image de notre patrie spirituelle, nous ne pourrons pas nous dérober à la problématique de la mémoire. Nous n'y réussirons pas sans ouvrir clairement un débat sur notre héritage et sur un certain nombre de questions : avons-nous su coexister avec des Juifs et de quelle façon, dans quelle mesure et comment l'intelligentsia polonaise a-t-elle rempli sa mission au sein de la société, les paysans, lors de leur ascension sociale très rapide ont-ils su manifester de la générosité digne des citoyens ou bien avaient-ils surtout des passions propres aux nouveaux-riches ?

Et l'on pourrait continuer cette liste. Ce qui est sûr, c'est que la reconstruction de la Patrie ne peut se faire que si elle est basée sur la fierté et la mémoire. C'est un défi pour tout le monde, et plus particulièrement pour l'intelligentsia polonaise – ce groupe social bizarre et sans doute anachronique mais qui reste toujours indispensable. Car le concept de la patrie a toujours été son terrain privilégié. Si l'intelligentsia polonaise se laisse intimider aujourd'hui par la classe moyenne ou bien si elle succombe à la fascination par la richesse, alors elle va perdre sa dernière chance. Elle a déjà beaucoup perdu en entrant dans la vie politique : au lieu d'être la conscience nationale quand il le fallait, elle voulait devenir son guide. Actuellement elle est repoussée de la politique et elle peut à nouveau s'occuper des choses bien plus importantes. Elle peut commencer à reconstruire la Patrie, sans laquelle notre vie dans un monde nouveau non seulement n'aurait aucun sens, mais deviendrait dangereusement stérile. Dangereusement, car la nature ne supporte pas le vide, on va vite nous proposer une patrie. Seulement, nous risquons de ne pas souhaiter y vivre.

Martin KROL

(Université de Varsovie)

* * *

Débat sur l'Eglise ou débat sur l'Europe ?[1]

Les changements du système, initiés au printemps 1989, ont modifié les principes de la vie politique et économique de la société polonaise. Dire que pour rejoindre l'Europe, la politique et l'économie polonaises doivent correspondre à un minimum de standards occidentaux, est devenu une banalité. La question de savoir comment et dans quelle mesure devrait se transformer l'Eglise Catholique, la plus puissante institution sociale en Pologne[2], est, elle, beaucoup plus complexe.

La force de l'Eglise Catholique dans la société polonaise résulte depuis toujours du lien très étroit entre la perception des valeurs religieuses et des valeurs sociales, nationales et patriotiques. Ainsi s'est formé le stéréotype bien

---

(1) L'article a été basé sur les résultats de recherches réalisées dans le cadre d'un projet du Comité Polonais de la Recherche Scientifique intitulé : *"Les processus de transformation de la scène publique en Pologne dans les années 90".*

(2) Je prends ici le terme d'Eglise dans son acception étroite, c'est-à-dire la hiérarchie ecclésiastique, le clergé et les laïques activement impliqués dans les structures de *"l'église éducatrice".*

connu du *"Polonais catholique"*. En effet, même après la II° Guerre Mondiale, l'Eglise, en tant qu'institution, consacrait et légitimait toutes les aspirations importantes de la société : la lutte pour l'indépendance nationale, pour la dignité et les droits civiques, pour la justice sociale. La victoire de *Solidarnosc* et la défaite du communisme en Pologne (indépendamment des raisons strictement économiques et politiques) est, en grande partie, le résultat de l'influence exercée par l'Eglise à travers son enseignement adressé à des millions de personnes pendant les messes quotidiennes. Lors de celles-ci, les aspirations de la société et celles du pouvoir ont souvent été présentées sur le plan moral de manière dichotomique. Sur le plan de la légitimation, *Solidarnosc* a gagné car elle représentait les idées proches de la société et, parmi elles, les valeurs et les symboles prônés par l'Eglise polonaise.

Du point de vue sociologique il est paradoxal que ce soit précisément la prise du pouvoir par le camp de l'opposition démocratique proche de *Solidarnosc* et le renforcement des *"valeurs chrétiennes"* dans la vie publique qui l'ont suivie, qui aient contenu en germe le rejet d'une telle tendance : d'où un processus de re-légitimation de certaines règles des relations Etat-Eglise, en vigueur dans la période de *l'ancien régime* communiste.

La controverse actuelle sur la place de l'Eglise dans la société et le statut des *"valeurs chrétiennes"* dans la vie publique polonaise n'a rien de commun avec les conflits que le pouvoir communiste menait avec l'Eglise dans le passé. Cette fois-ci, ce n'est pas le pouvoir politique mais la société elle-même qui remet en question la manière dont l'Eglise est présente dans la politique, dans les structures de l'Etat et dans la vie publique. L'enjeu de la controverse actuelle n'est pas de construire (ou reconstruire) une société communiste athée ; il s'agit de suivre la logique d'européanisation et de modernisation pour créer un Etat régi par les lois qui permettent de séparer les structures démocratiques neutres et d'autres structures idéologiques et religieuses.

Dans l'après-guerre, tout comme durant les deux derniers siècles (exception faite de la période de l'indépendance totale de l'entre-deux guerres), les Polonais considéraient l'Eglise comme une institution non seulement totalement indépendante des structures de l'Etat mais même opposée à celles-ci. Les structures de l'Etat étaient perçues par la société polonaise comme *"étrangères"*, tandis que l'appartenance à l'Eglise était un acte *privé*, de libre choix. Cela pouvait être également une façon de manifester ses réticences envers les structures de l'Etat que l'on n'approuvait pas. Après 1989 la situation a totalement changé. Dans ces nouvelles conditions, l'Eglise a commencé à jouer *un certain rôle politique* (tout au moins a-t-elle commencé à être perçue comme telle par la société), à savoir le rôle d'une institution qui crée la scène politique polonaise et qui prend sur elle une partie de la responsabilité de la vie politique, de l'Etat. Et c'est précisément à ce type d'institution au pouvoir, jouant le rôle de *"la force dirigeante du pays"*, que les Polonais sont devenus allergiques après avoir vécu l'expérience du parti communiste et celle du totalitarisme. Habitués à un tout autre rôle de l'Eglise dans l'Etat, les Polonais n'ont donc pas approuvé celui-là.

Actuellement, il s'affronte en Pologne deux courants, deux projets distincts du développement démocratique, avec une place différente accordée aux structures religieuses et à la hiérarchie de l'Eglise. Le premier s'inspire des solutions occidentales, et plus particulièrement françaises, et insiste sur le principe de séparation institutionnelle entre les structures de l'Etat et celles de l'Eglise. Le deuxième rejette une telle solution et propose de construire les relations mutuelles entre l'Etat et l'Eglise sur la base d'une formule dialectique *"d'autonomie et de collaboration"*. Une telle formule devrait, selon l'Eglise, constituer un modèle pour d'autres pays post-communistes et aussi pour les pays de l'Europe occidentale.

Il est intéressant de constater que la société polonaise, qui est catholique et dans sa large majorité anticommuniste, a bien intégré le principe d'une séparation institutionnelle entre ce qui est divin et ce qui revient à César. Dans les enquêtes sociologiques trois quarts de Polonais déclarent approuver le principe de séparation de l'Eglise et de l'Etat, et une personne sur dix seulement ne l'approuve pas. On peut interpréter ce résultat comme un effet d'un endoctrinement idéologique communiste. Mais on peut également y voir une réponse de la société face à l'activité publique de l'Eglise dans les années 90, qui consistait à transformer certaines normes et *"valeurs chrétiennes"* en formules institutionnelles et juridiques. La majorité de la société polonaise exprime son désaccord et avec un tel programme du *"renouveau moral"*, et 4 % de la population seulement considère que l'Eglise respecte le principe de séparation de ses propres compétences et de celles de l'Etat.

Le débat sur la légitimation de la présence des valeurs chrétiennes dans la vie sociale et publique en Pologne tourne autour des questions suivantes : l'avortement, l'enseignement de la catéchèse à l'école publique, la mention dans la loi sur l'audio-visuel du respect *"des valeurs chrétiennes"*, l'introduction d'un préambule religieux dans la nouvelle Constitution de l'Etat polonais, la ratification du concordat avec le Vatican. Tous ces problèmes concernent les limites que l'on souhaite donner à la présence de l'Eglise dans la vie publique et politique.

Les controverses en question illustrent les tentatives de réaliser les postulats moraux de l'Eglise par les moyens législatifs. Par la force des choses, les débats se déroulant au Parlement, au gouvernement, dans des commissions mixtes gouvernementales et ecclésiastiques. La société n'y participe pas de manière active, ce qui ne veut pas dire qu'elle n'ait pas d'opinion là-dessus.

Les sondages réalisés en Pologne font état d'une adhésion assez limitée à ces initiatives, compte tenu du fait que plus de quatre-vingt pour-cent de la société se dit catholique.

La polémique autour de l'avortement, commencée juste avant la chute du communisme, et poursuivie avec acharnement au Parlement, dans la presse, dans les églises et dans les rues, a duré en Pologne plus de cinq ans. Elle a donné l'occasion à un débat sur ce difficile problème de société (dans un pays où jusqu'à un passé très récent on pratiquait près d'un demi-million d'avortements par an). Ce débat a aussi permis de s'interroger sur les relations entre la législation de l'Etat et les normes et valeurs de caractère religieux ainsi que sur le rôle particulier que la Pologne devrait jouer dans le renouveau moral d'une Europe *"perdue"*.

Les résultats des sondages sociologiques réalisés ces dernières années démontrent qu'une très faible partie de la société (quelques pour-cent seulement) approuvent sans réserve le postulat de l'Eglise d'interdire totalement l'avortement. La majorité se prononcent pour un droit plus ou moins limité des femmes de prendre la décision là-dessus.

En janvier 1993, le Parlement polonais a adopté une loi qui interdit l'avortement (sauf dans les situations où la santé ou la vie de la mère sont en danger, dans le cas d'une malformation grave, ou bien lorsque la grossesse est le résultat d'un viol) ; ce qui ne veut pas dire que le débat sur l'avortement en Pologne soit clos. Cette loi, une fois votée, n'est pas approuvée par plus de quarante pour-cent de la population. D'autre part, la défaite écrasante des partis de droite, du centre-droite et des formations d'obédience chrétiennes dans les élections parlementaires de septembre 1993 annonce un débat nouveau, en vue d'une libéralisation de cette loi tout récemment introduite.

L'introduction de l'enseignement religieux à l'école a fait l'objet d'un autre débat, moins passionnel, qui se déroulait en même temps. La catéchèse a été enseignée dans les écoles en Pologne avant la guerre et, malgré les contraintes très fortes exercées par l'Etat communiste dans les années cinquante, elle a pu être maintenue jusqu'en 1961. Après, elle se faisait dans les locaux paroissiaux. L'objet de la polémique actuelle sur la catéchèse à l'école n'était pas seulement le bien-fondé de cet enseignement dans les écoles (d'ailleurs, une très large majorité de Polonais ont décidé d'y inscrire leurs enfants, même si tout le monde n'approuvait pas une telle solution). On débattait aussi de toute une série de *"circonstances"* qui l'ont accompagnée, telles que : demande de déclaration de participation ou de non participation aux cours de religion à l'école, sanction des cours par une notation figurant sur les bulletins scolaires officiels, dépendance des catéchistes de l'autorité ecclésiastique et non pas de celle de l'Etat et cela aussi bien du point de vue administratif qu'en matière de programmes. A la suite de ces débats, l'ambiance autour de cette problématique s'est détériorée et le courant de sympathie initiale pour l'idée de l'enseignement de la religion à l'école s'est affaibli. Les sondages sociologiques réalisés trois ans après l'introduction des cours de religion à l'école démontrent que la majorité de la société souhaiterait le retour de la catéchèse dans les locaux paroissiaux. D'autre part, les jeunes portent sur le niveau de ces cours un jugement plutôt défavorable.

Des controverses similaires étaient présentes lors des travaux du Parlement polonais sur la loi concernant le respect des *"valeurs chrétiennes"* à la radio et à la télévision. Certains hommes politiques d'obédience catholique, certains journalistes et les ecclésiastiques eux−mêmes ont trop mis cette notion en avant, en en abusant peut−être, ce qui a entraîné une réaction négative à la formule de *"valeurs chrétiennes"*, perçue comme une menace à la liberté d'expression et au pluralisme idéologique. A la lumière des sondages réalisés par CBOS en 1992, la majorité des Polonais désapprouvent l'existence dans les actes juridiques d'une clause sur le respect des valeurs chrétiennes, tout comme le caractère religieux des célébrations officielles et la manifestation des sentiments religieux des fonctionnaires de l'Etat.

Dans les années 80, la société polonaise menait avec le pouvoir communiste une *"bataille pour les croix"*. Aujourd'hui elles sont là dans la majorité des écoles, des hôpitaux et d'autres bâtiments publics. Une présence très visible de symboles religieux et spirituels dans la vie publique est de plus en plus souvent mal perçue actuellement. L'existence des croix dans les bâtiments de l'administration publique a plus d'adversaires que de partisans, comme le prouvent les sondages sociologiques.

Ces quelques initiatives de l'Eglise et des milieux qui lui sont proches et d'autres actions dont il n'était pas question ici, permettent de prendre conscience du degré de la laïcisation de la société polonaise lorsqu'il s'agit de trouver des solutions institutionnelles pour définir la présence et la position de l'Eglise par rapport à l'Etat. Il y a quelques années seulement il était hors de question d'imaginer l'existence d'une presse, des blagues, des graffitis ou d'autres manifestations de caractère anticlérical. A la chute du communisme il est devenu clair que la société polonaise, qui soutenait sans faille sa hiérarchie ecclésiastique dans les années d'épreuves, a commencé à prendre du recul envers son clergé lorsque celui-ci n'était plus menacé par les secrétaires du parti.

La vraie menace pour l'Eglise aujourd'hui n'est plus le communisme mais plutôt certaines attitudes propres à une société tenue par le communisme dans un état de *"jeûne"* et qui s'ouvre brusquement aujourd'hui sur le monde moderne de la culture occidentale. D'où une critique violente de cette civilisation de la part des évêques polonais (et du Pape Jean-Paul II), proche à certains égards de la critique précédente formulée à l'égard de l'Occident par les théoriciens du marxisme qui rejetaient, eux aussi, le modèle du libéralisme, du relativisme et d'un style de vie bourgeois.

Les débats sur l'avortement et sur la catéchèse à l'école publique ont joué le rôle d'un catalyseur qui a déclenché l'apparition en Pologne d'un mouvement féministe, d'associations anticléricales, de mouvements pour la défense de la neutralité de l'Etat, etc. Même si ces nouvelles associations ne sont pas très nombreuses, elles demeurent visibles en tant que centres où les idées se forgent et elles sont capables de mobiliser l'opinion publique contre certaines initiatives de l'Eglise. Les Comités Civiques pour le Référendum (sur la légalisation de l'avortement), créés entre 1992/93, ont réussi à réunir plus d'un million trois cent mille signatures en dépit de l'annonce faite auparavant dans toutes les églises sur la position officielle de l'Episcopat Polonais contre une telle initiative. Les enquêtes sociologiques menées à cette époque ont démontré que l'écrasante majorité de Polonais n'approuvaient pas l'appel des évêques et considéraient que c'était à la société (à travers un référendum) et non pas au Parlement de prendre position dans la question de la législation sur l'avortement.

Toutes ces polémiques ont largement fait baisser l'autorité de l'Eglise. Ce que les communistes n'ont pas réussi à faire pendant 45 ans de leur pouvoir, l'Eglise elle-même l'a réussi en quelques années, de telle sorte que son image et son autorité sont au plus bas, jamais noté avant. Pendant de nombreuses années, l'institution de l'Eglise jouissait en Pologne d'un capital considérable de confiance et d'approbation pour ses actions. Depuis l'automne 1991 cette approbation baissait systématiquement et depuis 1992 elle reste toujours inférieure à 50 % d'opinions favorables. Depuis janvier 1993 l'Eglise recueille dans les enquêtes d'opinion plus de notes défavorables que favorables et elle se place sur la quatrième ou cinquième position seulement, derrière l'armée, la police, le Porte Parole de Droits Civiques (*"ombudsman"*) et les pouvoirs municipaux.

60 à 70 % des personnes interrogées approuvent l'action du Porte Parole des Droits Civiques, attaqué de front par les évêques et les hommes politiques d'obédience catholique pour ses positions prises à l'encontre des propositions législatives forgées par l'Eglise, ce qui illustre bien de quel côté la société place sa sympathie dans la polémique sur la neutralité idéologique de l'Etat.

On peut bien entendu dire que l'Eglise n'est pas là pour plaire et chercher la popularité auprès des fidèles (c'est d'ailleurs ce que les évêques répondent dans les interviews pour expliquer la baisse de leur autorité), mais le problème est sans doute trop grave pour s'en tenir là. Car il s'agit là non pas d'une baisse de la *popularité* mais bien d'une baisse de *l'autorité*.

Les enquêtes sociologiques font état d'une baisse systématique de confiance à l'égard de l'Eglise et de l'Episcopat en tant qu'institution au service de la société. L'Eglise est perçue comme une force dont l'influence sur la vie publique et sur la politique est trop grande, tandis que le prêtre occupe une lointaine dixième position à l'échelle des professions socialement reconnues. Les espoirs déçus à l'égard de l'Eglise résultent aussi d'un certain nombre de facteurs tels que : présence ostentatoire des personnalités religieuses dans la vie publique, revendications matérielles de l'Eglise vis-à-vis de bâtiments d'utilité publique (nationalisés après la guerre), trop faible engagement de l'Eglise dans la solution des problèmes réels de la population et une certaine tendance à agir *"pour la montre"*. L'Eglise est de plus en plus perçue comme une institution dont les intérêts dans certains domaines diffèrent de ceux de la majorité des gens.

Les Polonais en tant que citoyens se donnent de plus en plus souvent le droit de ne pas être d'accord avec l'enseignement de leur Eglise relatif à un certain nombre de questions (y compris celles qui concernent l'éthique sexuelle). A fortiori, ils s'accordent *"le droit au péché"* et le droit d'agir en fonction de leur propre conscience. L'Eglise, élevée si haut par la société polonaise, est devenue un géant politique. Aujourd'hui, cette même société ne lui accorde plus son soutien politique dans de nombreuses situations.

Les façons bureaucratiques qu'adopte l'Eglise dans la réalisation de sa mission prophétique ces dernières années ne conviennent pas aux Polonais qui, tout en restant *catholiques,* deviennent de plus en plus *citoyens*. Cette double identité dont les Polonais ont pris conscience récemment, ne signifie pas qu'ils renoncent à leur Eglise. En effet, de tout ce qui vient d'être dit sur l'Eglise en tant qu'institution on ne peut pas tirer automatiquement de conclusions sur un bouleversement du sentiment religieux des Polonais. Cela signifie néanmoins que, tout en restant à l'intérieur de l'Eglise, ils vont aspirer aux normes de la législation et de la civilisation adoptées dans les pays de l'Europe Occidentale.

Car l'Etat et la société ne commencent pas là où s'arrête l'Eglise. Bien au contraire, l'Eglise en tant qu'institution s'arrête là où commence la sphère du *profane* réservée dans la culture européenne aux citoyens, à la société civile, et aux institutions de l'Etat et de la loi. C'est dans cette direction qu'évolue la mentalité des Polonais et seul leur esprit de contradiction pourrait faire converger à nouveau les chemins politiques des catholiques et de leur Eglise, après la dernière victoire des formations de gauche aux élections parlementaires de septembre 1993[3].

Wojciech PAWLIK

(Université de Varsovie)

* * *

Décommunisation en tant que problème de transformation

1 – Dans l'effervescence de la campagne électorale de 1993, l'opinion publique a remarqué la démission du commandant Hodysz du poste de chef du U.O.P.[4] à Gdansk. Le commandant Hodysz avait travaillé pendant plusieurs années dans la police politique communiste pour finalement prendre la décision de rejoindre l'opposition anticommuniste de la région de Gdansk dans les années 1970. Pendant l'état de guerre, il avait été démasqué et condamné pour trahison. Après 1989 il s'est vu proposer un poste de responsabilité au sein de l'U.O.P. dirigé par les anciens de *Solidarnosc*. Il n'y avait rien d'étonnant à cela : dans cette nouvelle administration travaillent côte à côte des fonctionnaires sélectionnés de *"l'ancien régime"* et les militants de

---

(3) Nous avons utilisé dans cet article les données tirées des *Communiqués* publiés par les instituts de sondage suivants : CBOS, OBOP, DEMOSKOP, Pro-Media, Laboratoire d'enquêtes sociales de Sopot et les données venant de nos propres enquêtes.
(4) NDT– Urzad Ochrony Panstwa – analogue polonais de la D.S.T.

l'ancienne opposition démocratique. Toutefois, le Président, en commentant la démission du commandant Hodysz, a souligné qu'il ne souhaitait jamais avoir de liens avec la police politique et que l'on ne pouvait pas tolérer de personnes déloyales dans un tel service. Les propos présidentiels ont trouvé un écho très défavorable auprès des anciens combattants de l'opposition de Gdansk, qui ont rappelé avoir tous eu recours, dans le passé, aux informations fournies par Hodysz.

L'affaire du commandant Hodysz n'est qu'un scandale moral parmi tant d'autres, qui accompagnent le difficile processus de passage pacifique d'un totalitarisme communiste vers un Etat démocratique. Faire respecter la justice et un Etat de droit dans un tel processus est un défi majeur. On peut tout de même arriver à la conclusion que la compromission morale des nouvelles élites politiques constitue le prix à payer pour cette révolution pacifique qui se déroule dans un état de droit. La crise politique de juin 1992, qui a menacé la stabilité de l'Etat, constituait sans doute un point culminant. Tout a commencé par une résolution prise à la hâte, par une large majorité des parlementaires, de charger le Ministre de l'Intérieur de mettre au grand jour les noms de ceux, parmi la classe politique de la IIIe République, qui étaient les indicateurs de la S.B.[5], à commencer par le Président lui-même, jusqu'aux militants de base. Monsieur Antoni Macierewicz, Ministre de l'Intérieur de l'époque, a rempli sa mission en fournissant des extraits de documents provenant des archives du Ministère de l'Intérieur, qui ne pouvaient aucunement constituer, comme il l'avait remarqué lui-même, une preuve de culpabilité. Les résultats de l'enquête ont surpris les intéressés, les partisans enthousiastes se sont vite transformés en adversaires et de la loi et de la personne du Ministre. Car les documents présentés, immédiatement récupérés par la presse, mettaient en cause les plus hautes autorités de la République issues de *Solidarnosc* et les leaders de presque tous les partis politiques, aussi bien ceux du Parti Social-Démocrate post-communiste que de la Confédération de la Pologne indépendante, tout à fait anticommuniste. Quelques jours après, le gouvernement a été renversé, de nombreux démentis des personnes mises en cause sont apparus, les responsables de la publication des noms ont été visés, et l'action de lustration[6] elle même vivement critiquée par la majorité des parlementaires.

---

(5) NDT – Sluzba Bezpieczenstwa – police politique communiste en Pologne
(6) NDT – Action de lustration : nom donné au procédé consistant à dévoiler les noms des personnalités de la vie publique suspectées d'avoir collaboré activement avec la police politique sous le régime communiste.

L'affaire du commandant Hodysz avait eu son précédent dans une controverse plus connue autour du jugement porté sur le colonel Antoni Kuklinski, proche collaborateur du général Jaruzelski, qui transmettait les renseignements aux Américains, les a avertis de la menace de l'état de guerre et ensuite a pris la fuite, au dernier moment, en direction des Etats-Unis où il est installé. Condamné à mort pour haute trahison par un tribunal militaire, le colonel Kuklinski est devenu, après 1989, un véritable héros pour une frange de l'opinion publique anticommuniste. On lui a même proposé un retour solennel au pays.

2 – Toutes ces affaires prouvent une confusion morale qui accompagne le changement de régime en Pologne après 1989. C'est la première fois depuis quelques dizaines d'années que l'on peut tout dire. On mène un débat public sur la question de savoir si la Pologne Populaire était le prédécesseur de la Troisième République, ou bien si c'était une création illégale, imposée de force à la Pologne par l'URSS, avec l'accord des alliés occidentaux ; le gouvernement légal s'étant en effet réfugié d'abord en France, et après la capitulation de celle-ci, s'étant déplacé à Londres. On pose publiquement des questions auxquelles il faut apporter des réponses. Le travail dans la police politique était-il légal ou non ? Si oui, alors peut-on considérer comme déshonorant le service en son sein d'un homme politique ou d'un fonctionnaire ? S'il ne l'était pas, peut-on considérer comme juste le fait d'avoir fourni des secrets militaires aux représentants d'un pays étranger ? Lequel des deux actes constituait une trahison ? Ce sont des questions dramatiques et l'histoire d'autres pays que la Pologne a montré que la réponse ne pouvait être unanime. D'autant plus que, dans le cas polonais, les changements survenus n'avaient pas ce caractère révolutionnaire par lequel l'ancien régime est balayé pour permettre au nouveau de se mettre en place. Non, dans le cas polonais, la décommunisation se fait par étapes, dans un processus de négociation entre le parti communiste et les représentants de l'opposition, à travers les compromis obtenus lors de la Table Ronde en 1989. Le Parlement, qui est contractuel, les traduit ensuite en lois qui suivent plus ou moins fidèlement les résolutions prises. Bref, si c'était une révolution, c'en était une originale, qui se déroule dans un Etat de droit où les principes *lex retro non agit* et *nulla crimen sine lege* sont respectés. Si c'est bien le cas, l'on ne peut condamner personne pour avoir travaillé au sein de la police politique, sauf si cette personne s'était livrée aux actes de tortures ou autres violences ; de même on ne peut condamner quelqu'un pour avoir participé au gouvernement du pays sous la loi martiale. Mais si l'on ne peut les condamner, que faire de ceux qui, comme c'est le cas du colonel Kuklinski et du

commandant Hodysz, ont trahi l'Etat de l'époque ? Peut–on juger de la même façon la trahison envers la police politique et celle envers l'Etat et l'armée, dont on sait, par ailleurs, qu'elle remplissait le rôle d'une police politique bien armée ? De tels débats revenaient sans cesse dans les media pendant les quatre premières années de la Troisième République, dont le nom même éveille des controverses. Après les élections libres de 1991, le Présidium de la Diète avait décidé que c'était la première session parlementaire, même si la précédente portait en réalité le numéro treize. Cette décision avait éveillé quelques interrogations et des commentaires hostiles venant de la part de l'Alliance de la Gauche Démocratique ; néanmoins, cette numérotation est devenue officielle et avec elle est entré aussi dans les moeurs la numérotation informelle des Républiques, qui excluait symboliquement de la succession légitime la République Populaire de Pologne. Ceci dit, dans le vote sur la délégitimation de la République Populaire de Pologne, les parlementaires de la Confédération de la Pologne indépendante étaient presque les seuls à voter pour, ce qui a fait échouer le projet. Nous sommes donc en présence d'une Troisième République qui ne l'est pas tout à fait ; la nouvelle démocratie polonaise a eu, dès le début, mauvaise conscience.

3 – D'après les informations fournies par le Centre National de Sondages de l'Opinion Publique, la majorité des personnes interrogées n'était pas en mesure de se faire une opinion sur le cas du colonel Hodysz. Ce qui est intéressant, c'est la différence de perception de la trahison envers la police politique et de la trahison commise envers l'Armée Polonaise.

Je le considère :

| | Données en pourcentages concernant | |
	R. Kuklinski (N = 671)	A. Hodysz (N = 597)
– Certainement comme un héros	4	5
– Plutôt comme un héros	16	19
– Plutôt comme un traître	23	5
– Certainement comme un traître	18	2
– Difficile à dire	39	69

(Source : CBOS. Opinions dans l'affaire de A. Hodysz, Varsovie, septembre 1993)

Le colonel Kuklinski est plus souvent blâmé que loué, et le commandant Hodysz à l'inverse. Les arguments qui ont joué étaient dans un cas le fait d'avoir transmis les informations à l'étranger, et dans l'autre d'avoir servi d'agent pour une partie engagée dans un conflit intérieur. Un autre facteur important était aussi le fait que dans le premier cas il s'agissait d'un militaire qui avait trahi une institution, remplissant en principe une fonction non politique, tandis que dans le deuxième cas il s'agissait de quelqu'un qui dévoilait des informations secrètes de la police politique. Ce qui a pu influencer le jugement porté sur les deux personnages en question ce n'était pas seulement leurs actes, mais également la perception de ceux-ci en tant que phénomène de société. Le résultat quantitatif du questionnaire montre que la majorité considère le comportement de Monsieur Kuklinski comme une trahison, tandis que celui de Monsieur Hodysz comme un acte d'héroïsme. Mais dans ce deuxième cas, la réponse la plus fréquente était le refus de porter un jugement quelconque sur cette affaire ; le cas de Kuklinski a d'ailleurs été perçu comme difficile à juger également pour presque quarante pour cent des personnes interrogées.

D'autres données permettent de conclure que parmi les personnes interrogées, celles qui étaient membres de *Solidarnosc* en 1981 portaient deux fois plus souvent que les autres un jugement favorable sur les activités de Monsieur Hodysz. Cependant, même parmi les militants des syndicats communistes, qui étaient des adversaires de *Solidarnosc*, il y a plus de réponses positives que négatives ; le pourcentage de personnes qui se disent incapables de prendre une position claire sur la question y est aussi plus élevé. Les réponses négatives sur l'activité de Monsieur Hodysz apparaissent dans toutes les catégories socio-professionnelles et les différences dans l'approbation de ses actes sont compensées par un nombre croissant ou décroissant des personnes sans opinion.

4 – Les problèmes de collaboration avec la police politique ou de trahison semblent encore relativement simples à juger. En revanche, comment juger le communisme ? Quelle attitude avoir envers ces millions de gens qui participaient activement au fonctionnement de ce système qui, semble-t-il aujourd'hui, a été rejeté avec soulagement par ses fonctionnaires mêmes. La *lustration* n'est qu'un élément parmi tant d'autres que pose la problématique de la décommunisation. C'est l'expression légitime de l'anti-communisme ; qui approuverait la trahison ? La société polonaise ne pouvait échapper à ce règlement de comptes avec son passé. Dire qu'il fallait tout oublier et tout recommencer était certes un choix politique et moral exigeant, mais c'était la seule option réaliste à prendre tout au début de la transformation. Nous avons dit à la Diète en 1992 : *"Sommes-nous passé à côté d'une chance il y a trois ans ? Oui, en effet, nous sommes passé à côté d'une chance. Il y a trois ans nous aurions pu régler tous les problèmes d'un seul trait. Mais cette chance, existait-elle réellement ? Non, elle n'existait pas du tout. La liberté n'est pas venue à la force des baïonnettes, nous ne l'avons pas conquise par les armes. Elle a percé dans un processus fastidieux de concessions mutuelles, en*

présence des pressions extérieures et intérieures. Si nous tous ici présents avons donné notre accord pour nous présenter aux élections libres, par cela même nous avons admis que tous les candidats avaient les mêmes droits et étaient des citoyens égaux de l'Etat polonais et que la République devait s'y tenir. ".

A plus forte raison, ceci était vrai en 1993, lors des élections libres et démocratiques suivantes, lorsque les gagnants ont conquis une légitimation sociale certaine, ce qui ne veut pas forcément dire irrévocable.

5 – Dans notre travail sur le communisme, qui devait être publié en 1989 sous forme de réflexions sur le stalinisme, nous considérions ce dernier comme une version quasiment pure du communisme, en soulignant son caractère criminel : *"Car un enfer inimaginable peut disparaître, comme ont disparu avec Staline et Beria les exécutions massives et le génocide ; toutefois, la terreur stalinienne, dans sa version dissimulée, car non sanglante, peut encore nourrir un régime nouveau pendant des dizaines d'années. Certes, c'est une consolation que de savoir que ces fonctionnaires n'assassinent plus en principe. C'est aussi la raison pour laquelle il faut souligner que le crime n'est pas uniquement le meurtre et le génocide idéologique. Le stalinisme est un délit en tant que manière d'organiser la vie sociale en contradiction avec les droits naturels de l'homme. Ceci reste vrai même si ces droits et leurs garanties ne figuraient pas parmi les lois admises par les pays concernés. "*[7].

6 – Du point de vue politique, le problème de la décommunisation se pose en terme de possibilité de récidiver. La décommunisation était une manière de se prémunir contre les risques du retour d'un tel délit. Tandis que l'oubli, l'idée d'un nouveau départ, s'inscrivait dans une optique de re-socialisation, basée sur la conviction que les conditions étaient désormais favorables pour que les changements s'opèrent aussi bien dans les mentalités des gens que dans les structures sociales et que la récidive soit exclue. Ni l'un ni l'autre choix ne satisfait, bien entendu, ce banal besoin humain qu'est la justice. Cependant, ceux à qui la pénitence sera imposée seront uniquement ceux qui sont responsables individuellement d'un acte précis commis dans le passé.

Jacek KURCZEWSKI

(Université de Varsovie)

---

(7) *"Le pouvoir sombre et sanglant ..."* dans *"Stalinisme"* sous la rédaction de J. Kurczewski, Varsovie, IPSiR UW, 1989, p.191.

Partis politiques et conscience civique[8]

La réalité politique polonaise dans les quatre dernières années de démocratie a été, dans une large mesure, conditionnée par la conscience sociale formée à l'époque totalitaire.

Sous le totalitarisme, tous les mécanismes économiques étaient invisibles pour la population. C'est le pouvoir central qui décidait de la répartition des biens entre institutions et groupes sociaux différents sans informer les citoyens des revenus de l'Etat ni leur donner les règles à l'origine de cette répartition ; ceci a engendré une attitude de revendication et de mécontentement, mais réservée à l'administration. On ignorait aussi les dures réalités économiques telles que le principe de cause à effet, la quantité limitée de moyens, la possibilité de faillite, la dichotomie entre les intérêts et les valeurs qu'on partage, sans parler de conflits d'intérêts qui peuvent exister entre différents groupes sociaux. Dans ce contexte a pu émerger le mouvement de *Solidarnosc* dans lequel la société unanime avait adressé au pouvoir ses revendications, étant convaincue qu'avec la bonne volonté de ce dernier tous les besoins pouvaient être satisfaits. Les leaders et les experts de *Solidarnosc* renforçaient cette conviction chez les gens, soucieux de garder le dynamisme et l'unité du mouvement. Une croyance s'est installée qu'une réforme sensée (ce terme fonctionnait sans aucun doute comme un mot d'ordre mythique), accompagnée de la bonne volonté des gouvernants, suffirait à transformer une réalité pénible pour tous en une réalité dans laquelle les voeux de tous les groupes sociaux pouvaient être satisfaits.

Les élections de 1989 et la formation du gouvernement Mazowiecki ont été perçues par la société polonaise comme un acte d'engagement de l'équipe au pouvoir selon un jugement sans nuance : l'équipe sortante étant celle des gens malhonnêtes, incapables, corrompus, tandis que ceux qui prenaient le pouvoir étaient nobles d'esprit et sages, animés par le désir d'introduire une *"réforme miracle"* qui changerait la vie de tout le monde. De telles attentes étaient renforcées par les slogans de la campagne électorale du camp issu de *Solidarnosc,* qui les annonçaient. Et c'est dans cet état d'esprit que la majorité de la société polonaise est entrée dans la réalité complexe de la transformation.

---

(8) L'auteur s'est basé sur l'analyse permanente de la scène politique polonaise, sur ses propres recherches sur la conscience civique faites à l'aide d'interviews et sur les données provenant des instituts de sondages.

La scène politique polonaise, très différente de celle des pays à démocratie développée, était elle aussi marquée dans sa forme et son caractère par le passé. Les clivages politiques ne s'articulaient pas sur des questions de programmes différents mais plutôt en fonction de l'histoire commune et des expériences et habitudes tirées de cette période. Ce qui a joué aussi, c'est l'existence en Pologne, à partir de 1976, d'une opposition clandestine organisée. Il faut ajouter à cela un an et demi de l'action de *Solidarnosc* légalisée, qui a mobilisé un nombre relativement important de personnes impliquées désormais dans l'opposition politique, ce qui a considérablement élargi son champ d'action. Ce facteur a provoqué la naissance, au sein de la jeune démocratie polonaise, d'un clivage net entre les *"anciens résistants"* et les formations post–communistes. Ce clivage a eu une importance considérable au moment des premières élections entièrement libres de 1991. Dans une Diète éclatée, l'Alliance de la Gauche Démocratique était tenue à l'écart et stigmatisée indépendamment de son programme et des positions qu'elle prenait, ce qui a eu pour conséquence une très forte consolidation de cette formation qui regroupe, par ailleurs, des personnes venant d'horizons très différents et ayant des idées variées tant sur le système précédent que sur les choix et orientations politiques à faire.

Une forte intégration des milieux appelés *"post–communistes"* s'opérait en même temps qu'une désintégration de plus en plus forte des formations des anciens combattants. Et là encore, ce n'était pas les différences de programmes concernant les objectifs et les voies à prendre en période de transformation qui étaient en cause, mais davantage le passé et les conflits entre personnes, marqués d'émotions fortes. Dans l'opposition clandestine persécutée et isolée par la force des choses, se sont créés chez les militants des liens très proches qui ressemblent à ceux que l'on peut avoir dans la vie sociale. Des amitiés, des fidélités, des antagonismes et des rivalités – tout cela portait l'empreinte de la vie privée, entre personnes proches qui se connaissaient bien. De tels comportements ont été reportés dans la période de transformation au cours de laquelle l'ancienne opposition clandestine jouait justement le premier rôle. Or, la nouvelle réalité engendrait de nouveaux conflits, des jalousies, des alliances et clivages et faisait apparaître de nouvelles personnalités sur la scène politique. Par conséquent, dans la majorité des formations (y compris au sein de l'*"Alliance"*) se sont retrouvées des personnes qui étaient proches sur le plan personnel, mais en même temps dont les idées et les attitudes n'étaient pas unanimes. Parallèlement, les programmes des formations politiques aux sensibilités opposées sur un plan émotionnel ne se différenciaient pas beaucoup les uns des autres.

Un autre aspect de la description de la scène politique est l'attitude spécifique de ses acteurs envers la société qui résultait à la fois de la présence d'émotions au sein et entre les différents partis, et de l'histoire des opposants au régime, habitués à vivre dans une sorte de ghetto. Tout ceci explique leur réflexe à traiter la société comme une copie, moins parfaite, de leur propre univers. Les vrais problèmes des gens, leurs références, leur façon de percevoir la réalité, se trouvaient en dehors du champ de vision des hommes politiques issus des *"anciens combattants"*, ce qui a considérablement influencé leur manière de communiquer avec la société. Dans la vie publique, ils mettaient en avant les problèmes et les polémiques qui leur importaient personnellement sans s'intéresser à la perception qu'en avait la société civile. Les arguments utilisés s'adressaient davantage aux autres politiciens (partisans ou adversaires) qu'à l'opinion publique. La caractéristique que les différentes formations avaient choisie pour se définir, leur carte d'identification en quelque sorte, était non pas des programmes politiques concrets, mais plutôt des termes moralisateurs, tels que *"l'honnêteté"*, *"la culture"*, *"la responsabilité"*, *"la fidélité aux valeurs chrétiennes"*, *"le patriotisme inébranlable"* et le *"combat pour l'indépendance"*, *"les mains propres"* ou encore *"l'intransigeance envers le mal"*. Pour critiquer les formations adverses, elles utilisaient le même type d'arguments mais avec une connotation négative. Les hommes politiques donnaient l'impression de prendre les élections pour une promotion de leurs valeurs personnelles, au lieu d'y voir l'expression de préférences de la société civile pour telle ou telle proposition qui leur était adressée. L'importance attachée aux jugements moraux était aussi le reflet de l'ambiance qui entourait les actions entreprises dans la clandestinité.

L'aliénation des hommes politiques – *"anciens combattants"* par rapport à la société civile trouve aussi son explication dans les habitudes qu'ils avaient prises lorsqu'ils exerçaient leurs fonctions à l'intérieur du système totalitaire. Le caractère confus et vague des discours publics était habituel et considéré comme *"naturel"*. Toute intervention officielle sous le communisme, qui cherchait d'ailleurs bien souvent à dissimuler le fond des problèmes, pouvait se caractériser de la sorte. C'est pourquoi les équipes issues de *Solidarnosc* qui entreprenaient des démarches radicales afin de transformer le système socialiste en capitalisme ne prirent pas soin de s'adresser à la société dans un langage compréhensible, capable de familiariser le public et d'expliquer la signification économique des solutions envisagées ou des décisions prises. Les communiqués étaient au contraire rédigés dans un jargon économique incompréhensible ou bien visaient à provoquer des émotions avec les formules vagues telles que : *"nous sommes une formation pro—réformiste"* ou encore *"nous prenons les décisions difficiles et douloureuses mais indispensables"*...

C'est ainsi que le citoyen moyen en Pologne ne s'est pas vu expliquer pourquoi l'équipe issue de *Solidarnosc* avait abandonné ses propres slogans de gauche (chers à la société polonaise) qui consistaient avant tout à satisfaire les besoins des gens. On ne lui a pas expliqué non plus quelle réalité économique avait poussé les gouvernements successifs à mettre en place très rapidement le système capitaliste sans tenir compte des victimes que cela créerait. Ce même *"citoyen moyen"* n'a pas enfin reçu d'arguments concrets d'ordre économique pour défendre tel ou tel choix précis d'un parti politique : quel impact économique devait avoir par exemple la coûteuse réforme de Powiaty[9] lancée par le premier ministre, Madame Suchocka ? Quels étaient les arguments en faveur de la création du Trésor Public suggérée par l'Entente du Centre qui était à l'époque dans l'opposition ?

Pendant ce temps, la réalité quotidienne était dure et très différente des attentes des gens de 1989. Deux facteurs peuvent décrire cette expérience partagée par la société : la mise en marche de mécanismes économiques naturels d'une part et une très forte stratification de la société d'autre part, provoquant une paupérisation graduelle de couches de plus en plus larges et une augmentation considérable du chômage (suivant les statistiques actuelles plus de 40 % de la société polonaise vit au-dessous du seuil de pauvreté). Ce phénomène de paupérisation résulte d'un certain nombre de facteurs : d'abord une infrastructure très insuffisante (héritée du système communiste), la pauvreté du pays, quelques décisions erronées prises par des hommes politiques qui manquaient d'expérience et qui étaient amenés, par la force des choses, à agir à tâtons, et enfin les mécanismes normaux de la concurrence.

Cette nouvelle réalité difficile n'était pas accompagnée d'un effort accéléré d'éducation économique de la société civile, qui aurait peut être permis de l'amener à une autre perception des choses, d'obtenir d'autres types de revendications et de pressions sur le pouvoir et un autre jugement porté sur la situation. L'expérience tirée directement du fonctionnement personnel à l'intérieur des mécanismes du marché aurait pu devenir la source d'une telle éducation, sans doute, mais il aurait fallu que les gens soient impliqués dans la réalité d'un système capitaliste stable et sûr. Or, c'est le chaos de la

---

(9) A peu près l'équivalent d'un canton.

transformation qui était là avec l'existence parallèle de lois anciennes et nouvelles, avec des lacunes permettant toutes les malversations et rendant les démarches normales difficiles, avec certaines conséquences néfastes et inattendues dans le domaine social et économique. Tout ceci est à l'origine d'une certaine désorientation et d'un sentiment diffus de danger peu favorable à une réflexion économique.

Dans notre réalité, des signaux venant de la classe politique semblent indispensables pour éclaircir certains phénomènes particulièrement complexes, embrouillés et douloureux. De tels signaux pourraient en effet apparaître si les clivages de la scène politique étaient basés sur des propositions alternatives d'objectifs et de voies à prendre pour la transformation, si la problématique était exposée de manière claire par les différentes formations, l'accent étant mis sur les avantages économiques et sociaux résultant de leurs choix et sur les conséquences négatives des solutions apportées. Un tel scénario favoriserait la compréhension de ce *"monde nouveau"* et augmenterait les chances d'avoir une expérience personnelle de participation dans le processus de transformation, au moins à travers un vote sur un sujet concret (mesurant bien également son coût social) et par un droit de regard sur sa réalisation effective.

Comme la scène politique ne correspondait pas à ces critères, et que les expériences personnelles de chacun ne pouvaient fournir qu'une connaissance très fragmentée de la réalité économique, la mentalité de la majorité des citoyens, formée à la période précédente, s'est maintenue. Elle faisait dire aux gens que l'écart existant entre leurs attentes, les promesses électorales de *Solidarnosc* de 1989 et la réalité quotidienne résultait principalement des erreurs des gouvernants. *"Les sages et les généreux"* ne s'étaient montrés ni sages, ni généreux. Et le sentiment de déception à leur égard, d'amertume et parfois même d'agressivité était aussi fort que l'espoir qu'ils avaient inspiré quatre ans auparavant, même si l'on savait déjà qu'une *"réforme miracle"* n'existait pas. On observait, choqué, les joutes oratoires entre les *"anciens combattants"*, qui consistaient à démasquer publiquement *"l'infamie"* des uns et des autres ; on écoutait avec révolte les nouvelles sur le succès de la *"réforme"*, alors qu'en même temps étaient publiés les communiqués sur le gel de l'augmentation de salaires, sur les augmentations drastiques de prix et sur les nouveaux impôts pour les personnes physiques. Quant aux sujets en vogue, ils irritaient, étant perçus comme importants pour le microcosme politique seulement et utilisés en tant que débats de substitution. Le projet de loi sur l'avortement, plutôt mal jugé par la majorité des gens et pourtant imposé, la polémique autour de la mention dans les textes de lois du respect des valeurs chrétiennes, le débat sur l'emblème et sur les changements des noms de rues, différents thèmes martyrologiques ou de libération nationale peuvent en être une bonne illustration.

Tous ces comportements de politiciens *"anciens combattants"*, compte tenu de la situation difficile, voire dramatique, des gens en période de transformation, étaient considérés comme une preuve d'arrogance et d'inattention au sort du pays.

Les propos anticommunistes et les débats autour de la lustration[10] et la *"décommunisation"* sont peu à peu devenus également des sujets de remplacement. La nouvelle situation, vécue comme un choc ou un traumatisme, et une baisse de prestige des politiciens *"anciens combattants"* on fait que, pour de nombreuses personnes, la limite entre le régime précédent et la démocratie était devenue floue. Ce qui comptait désormais était la réalité dans laquelle les gens ont été plongés. Le communisme, même considéré comme un mal, faisait déjà partie d'un passé dont les politiciens ne devraient pas trop se préoccuper, vu le nombre de problèmes actuels à régler.

Une telle attitude a entraîné une autre perception des formations politiques héritières de la Pologne Populaire (*"l'Alliance de la Gauche Démocratique"*, le *"Parti Paysan Polonais"* – issus dans une large mesure d'un parti satellite du parti communiste appelé à l'époque *"Parti Paysan Unifié"*). Les racines de ces mouvements nouveaux ont perdu de l'importance aux yeux de beaucoup de gens qui considéraient les partis en question comme une composante naturelle de la scène politique démocratique actuelle. Avec la disparition de stigmates du passé, la sympathie de certains augmentait envers *"L'Alliance"* et *"Les Paysans"*. Ils avaient plus d'expérience politique que les formations récentes des *"anciens combattants"*, et ils étaient plus conscients de l'importance de l'opinion publique pour conquérir une place à l'intérieur du jeu démocratique. En effet, après une longue période de pouvoir absolu, ils ont connu un échec électoral traumatisant qui les a confrontés à ce problème. Dès lors, dans leurs discours et dans les réunions avec les électeurs, ils ont su utiliser des arguments qui soient compréhensibles pour tous les gens et politiquement attrayants.

---

(10) NDT – Terme dérivé de *"lustrer"* : faire briller, polir, utilisé en Pologne pour désigner le fait d'empêcher les anciens fonctionnaires trop compromis dans le régime précédent de participer à la vie publique.

Bien entendu, telle n'était pas l'opinion de l'ensemble de la société. Les élections de septembre 1993 ont démontré que les formations d'*"anciens combattants"* continuaient à avoir beaucoup de sympathisants. Dix pour cent de la société (si l'on considère comme base de calcul le nombre de ceux en âge de voter) ont donné leurs voix aux trois coalitions gouvernementales et un même pourcentage a choisi les cinq partis issus des *"anciens combattants"* concurrents aux premiers. Mais surtout, quarante sept pour cent de la population n'a pas pris part aux élections, ce qui pourrait signifier que l'opinion défavorable sur les *"anciens combattants"* n'a pas fait disparaître l'aversion envers l'ancien régime. Face aux prévisions électorales qui avaient annoncé à plusieurs reprises la victoire certaine des formations *"post-communistes"* on pouvait interpréter l'attitude des abstentionnistes comme un accord implicite pour un tel résultat avec deux tendances équivalentes entre *"anciens combattants"* et *"post-communistes"*. Les sondages réalisés après les élections ont tout de même montré que l'opinion des abstentionnistes n'était pas aussi équilibrée entre les deux camps : un certain nombre d'entre eux ont accueilli favorablement les résultats des élections. Si l'*"Alliance"* et les *"Paysans"* n'ont reçu l'appui que de dix neuf pour cent de la société, les données du sondage post-électoral réalisé par l'Institut de Sondage de l'Opinion Publique *"Pentor"* montrent que trente sept pour cent d'entre eux sont satisfaits des résultats de ces élections qui étaient une victoire de ces formations. Dans un autre sondage réalisé après la formation du gouvernement, cinquante huit pour cent de la société pensait que celui-ci serait meilleur que le précédent, et neuf pour cent seulement était de l'avis contraire. Il faut considérer encore deux autres faits : tout d'abord une victoire écrasante de la gauche dans les élections au Sénat avec un scrutin majoritaire, par ailleurs, le score de vingt trois pour cent obtenu dans les élections parlementaires par toutes les gauches (parmi lesquelles on compte également *"la nouvelle gauche"*, c'est-à-dire l'Union du Travail), et qui se positionne au-dessus de tous les clivages politiques en introduisant quarante et un parlementaires à la Diète.

Il s'ensuit un certain nombre de conclusions.

1) Les attitudes pro-capitalistes ou anticommunistes caractérisent actuellement vingt à vingt cinq pour cent de la société, en tenant compte aussi des voix données pour les partis pro-capitalistes mais non issus des anciens combattants. C'est une petite minorité, mais une minorité très consciente de ses convictions. C'est également un groupe qui, étant donné son nombre, est faiblement représenté à la Diète, ce qui résulte d'une part du seuil de cinq pour cent prévu par la loi électorale, et d'autre part de l'éparpillement des partis des *"anciens combattants"* (neuf partis d'*"anciens combattants"* plus deux autres pro–capitalistes).

2) Le degré de désaffectation pour les formations d'*"anciens combattants"* est très fort (soixante dix pour cent environ), ce qui a été à l'origine d'un fort taux d'abstention.

3) Le degré d'adhésion pour les formations de gauche a été plus faible que la désaffectation pour les formations d'*"anciens combattants"*. Il se situe entre trente et quarante pour cent de la société. La forte intégration des formations soi–disant *"post–communistes"* dans les élections a décidé du succès de ces deux partis qui ne se présentaient pas comme concurrents aux élections.

4) Même si le niveau d'adhésion à la gauche n'atteint pas la moitié de la société polonaise, compte tenu du sentiment qu'elle éveillait avant, ce taux est suffisamment élevé pour s'interroger sur les raisons d'une telle situation. Ce n'était pas le programme économique de ces partis, car cette campagne électorale manquait de principes clairs, les opinions et les attitudes de militants n'étaient pas homogènes, et l'électoral polonais n'avait pas l'habitude de raisonner avec des critères économiques. Ce ne sont pas non plus les promesses électorales, contrairement à ce qu'ont pu dire les vaincus. D'autres promesses ont également été faites par les formations cryptocommunistes et les formations issues des *"anciens combattants"* qui étaient dans l'opposition du temps du gouvernement Suchocka. Or, tous ces partis n'ont obtenu qu'un score sensiblement inférieur à celui de *"l'Alliance"*, du parti paysan et de *"l'Union du Travail"*. Ce qui a joué, en revanche, c'est l'impression de cohésion sociale que ces hommes politiques on su donner. Les partis vainqueurs ont choisi pour mot d'ordre la justice sociale : dans la campagne, il n'était question que des besoins des gens, et ils ont su trouver le langage approprié en s'adressant aux électeurs et cela avec courtoisie.

Si on porte un jugement sur la situation actuelle, on se trouve devant un paradoxe : la victoire électorale des *"post–communistes"* peut constituer un pas en avant dans le développement moderne de la démocratie polonaise. Dès à présent, ce n'est pas l'héritage des partis vainqueurs qui décidera de leur succès, mais les réalisations économiques et sociales concrètes telles que la politique fiscale et le budget, ou la politique sociale dont les résultats pourront être comparés par les électeurs avec ceux des gouvernements précédents. Quant aux formations issues des *"anciens combattants"*, elles ont pris conscience, non sans stupeur, que les mérites anciens ne constituent plus une carte de visite suffisante pour diriger la société. Pour reconquérir la confiance des électeurs, il leur faudra désormais présenter des programmes attrayants dans le domaine social et économique et unir leurs forces en oubliant les rancunes d'avant. Après les élections, on peut déjà observer de nouvelles tendances allant dans ce sens, même si l'attitude inverse domine encore.

Pour conclure, on peut exprimer un regret que la vie sociale polonaise d'aujourd'hui soit dominée par un processus économique, et la vie politique par des luttes inter–personnelles, car un tel état de choses a amené de nombreuses personnes à la conviction que la limite entre le totalitarisme et la démocratie, entre un Etat dominant et l'indépendance, était très floue. Cette conviction a également pour origine une certaine libéralisation du régime à partir de 1956, comparativement à d'autres pays satellites de l'URSS, ce qui rendait la dépendance de l'Union Soviétique moins sensible au niveau du citoyen moyen. En tout état de cause, l'indépendance et les droits démocratiques sont considérés aujourd'hui comme quelque chose de naturel (comme s'il en avait été ainsi depuis toujours) et le totalitarisme, l'absence de souveraineté nationale ou même la dictature, ne sont plus vécus comme l'expérience commune partagée par la majorité des citoyens.

Hanna SWIDA ZIEMBA

(Université de Varsovie)

*   *   *

Dilemmes et barrières de la réforme des collectivités territoriales[11]

La réforme des collectivités territoriales et devenue l'un des principaux mots d'ordre du processus de transformation en Pologne. Les nouvelles élites politiques conduisant le pays à travers le difficile chemin des changements économiques et sociaux étaient persuadées que c'était justement la réforme partant *"de la base"*, des collectivités locales elles-mêmes, qui constituait l'élément essentiel de ce processus. Ce qui explique une certaine hâte qui a accompagné la première étape de cette réforme, c'est-à-dire celle des

---

[11]   L'article a été basé sur les résultats de recherches réalisées dans le cadre d'un projet du Comité Polonais de la Recherche Scientifique intitulé : *"Les processus de transformation de la scène publique en Pologne dans les années 90"*.

premières élections locales démocratiques. Elles se sont déroulées en mai 1990, un an après les fameuses élections parlementaires. Aujourd'hui, après trois ans, on peut essayer d'analyser dans quelle mesure la réforme des collectivités territoriales a répondu aux attentes des hommes politiques et de la société polonaise. On peut déjà indiquer quelles sont certaines contraintes du développement de la démocratie locale, et avant tout de l'institution de gouvernement local. Ces contraintes résultent principalement de l'héritage du passé. Car les gouvernements locaux existaient et opéraient en Pologne, y compris à l'époque du régime communiste. Toutefois, ce n'était qu'une façade car ils étaient obligés de fonctionner en suivant la directive générale de l'Etat du socialisme réel, centralisé aussi bien pour la gestion de l'économie que pour celle des institutions publiques. Une telle politique de l'Etat avait pour base légale la loi du 20 mars 1950 intitulée : *"Des organes locaux du pouvoir uniforme de l'Etat"*, qui en fait enlevait toute autonomie aux structures territoriales du pouvoir qui ont persisté après la deuxième guerre mondiale.

En vertu de cette loi, les Conseils Nationaux, qui étaient en fait les organes du pouvoir territorial, devenaient en même temps les organes du pouvoir central[12]. Centraliser et rattacher à l'Etat tout ce qui était avant local et indépendant, signifiait en pratique l'abandon de la conception même du gouvernement local. Cette façon bien particulière et propre au système totalitaire d'*"étatiser"* les gouvernements locaux ne consistait pas à les priver de leurs compétences, car ils restaient dotés de prérogatives assez vastes, mais davantage à contrôler le processus de prise de décision par les collectivités territoriales.

Centraliser la prise de décision enlevait l'autonomie aux militants locaux dans leur action sur le terrain et renforçait leur sentiment de dépendance du pouvoir central, en générant leur passivité envers les problèmes locaux et l'attente des directives venant d'en haut.

En même temps, ce processus a provoqué une forte aliénation du pouvoir local dans la population qui ne voyait pas dans les élus les défenseurs de ses intérêts. Ils étaient au contraire perçus comme les représentants des

---

(12) Les régulations législatives adoptées juste après la guerre concernant le gouvernement local donnaient à celui-ci une plus grande autonomie par rapport à l'Etat. En vertu de l'article 3 du décret du PKWN (Comité Polonais de la Libération Nationale) du 23 Novembre 1944 sur *"L'organisation et les pouvoirs du gouvernement local"*, le gouvernement local était représenté par le Conseil National et était une corporation de droit public ayant une personnalité juridique (Bulletin Officiel de 1944, nr 14, alinéa 74).

intérêts de l'Etat ou du parti au niveau local. Cela a entraîné une détérioration de l'image de l'institution même du gouvernement local et l'absence de l'attitude auto-gestionnaire chez les habitants.

La mise en oeuvre des directives de la politique économique de l'Etat, sans tenir compte des spécificités locales, a donné des résultats similaires. Ceci a provoqué une certaine dégradation des collectivités locales, dont le potentiel et l'infrastructure économique, parfois existante, étaient gaspillés. De plus, certaines solutions économiques imposées aux collectivités territoriales, étaient en contradiction avec la tradition culturelle de la région, ce qui renforçait chez la population le sentiment de dépendance par rapport au pouvoir central.

Tous ces facteurs constituent une contrainte dans le processus de transformation de gouvernements locaux en institutions démocratiques et efficaces. Par ailleurs, de nombreuses erreurs avaient été commises dans l'élaboration des nouvelles conceptions des gouvernements locaux. Ceci résulte de deux facteurs : une mentalité ancienne qui s'est maintenue dans la réflexion sur le pouvoir, et un manque d'imagination démocratique.

Pour que les gouvernements locaux deviennent les vrais centres du pouvoir territorial dans la nouvelle réalité politique, il aurait fallu repenser l'ensemble des relations mutuelles entre les deux niveaux du pouvoir, c'est-à-dire définir les domaines relevant des collectivités territoriales et ceux appartenant à l'Etat. Or, les élites politiques n'avaient pas de vision claire de ce que devrait être le gouvernement local en Pologne ni comment il fallait y parvenir. A part un postulat général de *"changements par le bas"*, aucune conception de ces changements n'avait été élaborée. La définition des compétences de chaque niveau du pouvoir, qui aurait dû indiquer les grandes lignes de la réforme des collectivités territoriales, ne figurait même pas dans les programmes électoraux des nouveaux partis politiques et, partant, ne pouvait faire l'objet de négociations entre elles. Les négociations se déroulaient entre le pouvoir central et de nouveaux représentants des gouvernements locaux exigeant plus d'autonomie et de prérogatives. Les amendements introduits l'ont souvent été à la hâte, sous la pression sociale et sans que l'on tienne compte de l'analyse économique ni des spécificités culturelles telles que par exemple la différence de lien social entre le milieu rural et le milieu urbain, ce qui a abouti à la création dans certaines villes de communes de six cent mille habitants. D'autre part, en ce qui concerne les questions budgétaires, on observe des craintes et des réticences à l'égard d'une décentralisation trop forte. La loi sur les collectivités territoriales ne donne pas d'image claire des relations mutuelles entre le pouvoir de l'Etat et le pouvoir municipal. En effet, l'élaboration de celle-ci a été influencée par la persistance de références anciennes, issues du système communiste centralisateur, et par une forte pression exercée par des élus locaux de tendance libérale. Il en résulte actuellement toute une série d'incompréhensions sur les compétences des uns et des autres, ce qui rend les relations entre les deux niveaux du pouvoir inutilement tendues.

On a aussi trop attendu des changements d'élites au niveau local, en considérant que les nouveaux élus, issus de *Solidarnosc*, allaient forcément mieux gouverner dans les communes que les anciens, corrompus et politisés. La réalité a démontré toutefois que l'exercice du pouvoir demande une préparation et une expérience que la majorité des élus n'avaient pas.

Compte tenu du système de sélection des candidats qui favorisait dans les grandes villes ceux issus de *Solidarnosc*, les élus aux gouvernements locaux au niveau des communes étaient honnêtes et pas marqués par la tare d'avoir appartenu au POUP[13]. Ils manquaient toutefois de compétences techniques et sociologiques pour exercer leurs nouvelles fonctions. Dans de nombreux cas, les candidats de *Solidarnosc* avaient un niveau d'instruction inférieur à celui de leurs prédécesseurs du POUP. Tout cela a entraîné en pratique une forte incompétence des nouvelles administrations et un certain désordre, ce qui n'était pas sans importance pour l'impact social que pouvaient avoir les nouveaux militants. De plus, les expériences que ceux-ci ont tiré de leur action dans *"l'opposition politique"* ont forgé chez eux une sorte de *"philosophie de combat"*, nécessaire certes dans une situation de terreur politique, mais peu utile dans une période de *"travail organique"*[14]. Ainsi, l'action des nouveaux élus a été marquée par des rivalités, et pas seulement avec les personnes extérieures à leur groupe politique, car à l'intérieur de leur propre formation on a assisté aussi à une fissure et très rapidement plusieurs camps adverses se sont créés. Dans la majorité des cas, à l'origine de ces scissions il y avait davantage de rivalités et de conflits d'ambitions personnelles que de différences de programmes politiques. La première année de l'action des nouveaux élus dans les communes a donc été marquée par les combats fastidieux pour le pouvoir, menés par différentes fractions et frondes créées ad hoc pour des motifs personnels.

---

(13) Parti Ouvrier Unifié Polonais.
(14) NDT – Expression datant du XIXe siècle lorsqu'on opposait en Pologne la sensibilité révolutionnaire des romantiques et le travail de terrain des positivistes, appelé *"travail organique"*.

Dans les communes où une partie d'anciens élus a été maintenue suite aux élections locales, la situation était plus claire. De telles situations s'étaient produites principalement à la campagne, où le système de sélection des candidats était plus pragmatique qu'en ville, et où de nombreux militants anciens *"qui avaient fait leurs preuves"* ont reconquis leurs mandats. Dans la nouvelle situation politique et économique, les anciens élus s'étaient parfois montrés meilleurs organisateurs et gestionnaires que leurs rivaux de *Solidarnosc*, ce qui a été confirmé par les enquêtes sociologiques réalisées l'année dernière sur les sentiments des gens à cet égard. Ces enquêtes montrent aussi une grande différence de jugement porté sur le pouvoir local par les habitants des grandes villes et par les habitants des campagnes. La majorité (plus de cinquante pour cent) des habitants des grandes villes estime que les personnes au pouvoir ne s'intéressent pas aux besoins de la population, défendent principalement leurs propres intérêts, tirent des profits des privilèges du pouvoir et, qu'en somme, leur action ne donne pas de bons résultats. En revanche, en milieu rural, le point de vue exprimé la plupart du temps consiste à dire que les élus se préoccupent des besoins de la population et agissent pour défendre ses intérêts. L'idée que les nouvelles élites tirent des profits de leur statut y est moins populaire ; ce qui explique sans doute le fait que dans le milieu rural une personne sur deux fait confiance au pouvoir, tandis que dans les grandes villes c'est le cas d'une personne sur cinq seulement. Il est intéressant d'ajouter que le jugement porté sur l'action menée par les élus n'est pas le même à la campagne qu'en ville : le milieu rural reconnaît une très grande amélioration par rapport à la période précédente en la matière, tandis qu'en ville elle paraît plus faible. Sans préjuger des raisons de l'échec des élus dans les grandes villes, qui sont sans doute nombreuses, il faut mentionner celle qui était inattendue : à savoir l'incompétence des cadres de *Solidarnosc* et les conflits qui les opposent.

Un autre facteur de la lenteur du processus de transformation dans les communautés locales est aussi, et peut-être avant tout, une mauvaise santé financière de nombreuses communes en Pologne. Des subventions et des dotations venant de pouvoir central sont insuffisantes car l'Etat lui-même traverse une crise grave. Les communes ne sont pas en mesure d'affronter les charges qui résultent du financement des domaines de la vie locale qui ont été *"rendus"* par l'Etat aux collectivités locales en vertu de la loi sur la décentralisation. Il n'y a que le développement économique dynamique qui puisse améliorer leur situation financière. Or, en de nombreux endroits, continuer à mener une activité économique à l'ancienne n'aurait aucun sens. Après la période communiste, où l'économie était dominée par l'idéologie, de nombreuses villes se retrouvent aujourd'hui avec des entreprises non rentables. Changer le profil de leur production demande des investissements et des moyens financiers qui pourraient venir uniquement du capital étranger. Or, la majorité des communes, hormis les grandes villes, ne constituent pas d'offre attrayante pour les investisseurs étrangers, compte tenu des facteurs tels que : une forte dégradation du tissu économique, un manque d'infrastructure correspondant aux normes européennes dans le secteur de la télécommunication et dans celui du réseau routier (certaines communes n'ont toujours pas de central automatique). Ce qui manque souvent ce sont des cadres qualifiés qui ne peuvent pas être remplacés par des personnes venues d'un autre type d'entreprises de la région avec une autre expérience professionnelle. Résoudre ce problème par la mobilité de cadres est quasiment impossible compte tenu du faible marché immobilier et du prix élevé des loyers face à un appauvrissement simultané de la population. Le postulat des réformateurs consistant à dire que les personnes licenciées des grandes entreprises non rentables allaient trouver un emploi dans une autre ville, avec leurs propres moyens de surcroît, était basé sur une confiance un peu naïve dans les capacités illimitées d'un individu de progresser au même rythme que le système. Or, les processus économiques actuels constituent une barrière infranchissable pour un habitant moyen d'une ville polonaise.

L'artisanat et le petit commerce détruits, le manque de bons modèles et d'une solide tradition de la classe moyenne en Pologne limitent considérablement le champ d'action des nouveaux gouvernements locaux dans le domaine économique.

Un autre facteur important est la passivité de la population locale. Le degré du civisme d'une société se mesure non pas par l'activité des gens au sein d'une seule structure forte, de l'Etat ou d'un parti politique, comme c'était le cas avant, mais par la participation dans de nombreuses organisations qui se créent dans le but d'exprimer les intérêts et les aspirations toujours nouveaux des citoyens. Toutefois, les gens ne se décident à s'engager dans la vie publique que s'ils sont persuadés d'avoir une influence réelle sur ce qui s'y passe. Une réglementation excessive de la part de l'Etat de toutes les actions collectives dans le système totalitaire a engendré dans la société polonaise une certitude inébranlable qu'un individu ne pouvait aucunement exercer son influence sur les structures plus larges de la vie collective. C'est sans doute la raison pour laquelle aujourd'hui, alors qu'il existe des conditions légales favorables pour que les initiatives locales nées spontanément puissent se réaliser, les enquêtes sociologiques font toujours état d'un sentiment d'impuissance exprimé par plus de 80 % des personnes interrogées au niveau national. Les réflexes, nés et consolidés sous le système totalitaire, qui conduisent à attendre passivement les décisions venant du pouvoir central, ont rendu difficile l'auto-organisation des citoyens aujourd'hui. L'activité des collectivités locales se limite à la contestation de certaines décisions du pouvoir qui menacent directement les intérêts vitaux de certains groupes. Il leur est beaucoup plus difficile en revanche de se mobiliser *"en faveur de quelque chose"* : un projet commun tel que la construction d'une route importante pour un village ou bien l'obtention des moyens nécessaires pour maintenir l'ordre autour des habitations. Un sondage national démontre que 20 % des habitants seulement ont participé à des actions en faveur de leur localité.

La capacité d'auto-organisation et le sens de la responsabilité pour son lieu d'habitation ne dépendent pas aujourd'hui du contexte législatif seulement mais aussi de la tradition culturelle et historique de l'action collective. La réaction au manque de rationalité du système communiste était également conditionné par ce facteur. On sait aujourd'hui que toutes les régions de Pologne n'ont pas *"abdiqué"* devant les exigences du système de la même façon, aussi bien dans le domaine économique que social. L'ethos protestant du travail et de l'entreprise individuelle présent sur les territoires dominés à l'époque des partages de la Pologne par la Prusse, s'est maintenu dans la conscience de la population locale, ce qui y a permis de limiter le processus de désintégration des collectivités locales. Ce facteur facilite encore aujourd'hui la mobilisation des habitants de cette région pour les actions en faveur du bien-être personnel, mais aussi du bien-être général.

En résumé, il semble qu'actuellement le développement des collectivités territoriales dépende en grande partie du fait de savoir si la réforme du gouvernement local correspond à la situation réelle des communes polonaises. Comme nous venons de le dire, les projets élaborés hâtivement ne tenaient pas compte des facteurs économiques, culturels, et sociaux tels que : une mauvaise santé financière de nombreuses communes rendant toute entreprise économique difficile, un manque de nouveaux cadres qualifiés, une passivité des populations locales, particulièrement sensible dans les grandes villes.

Il est possible qu'un autre système de pouvoir local dans les grandes villes, organisé autour d'un concept de communes de plus petite taille, puisse rapprocher les habitants de leur gouvernement. Sans doute, donner aux communes une plus grande autonomie financière leur permettrait d'entreprendre des manoeuvres économiques plus audacieuses. Il faut souligner tout de même que, malgré certaines faiblesses du gouvernement local tel qu'il existe actuellement, c'est sans conteste une institution démocratique[15].

Barbara LEWENSTEIN

(Université de Varsovie)

* * *

La situation des femmes en Pologne en 1993

La propagande communiste, généralement inefficace, semble avoir emporté un succès considérable : elle a réussi à créer le mythe de l'égalité des chances entre hommes et femmes en Pologne. Les communistes l'ont même introduit dans la Constitution. Leur propagande primaire voulait prouver la possibilité offerte aux femmes par le système de pénétrer dans les sphères jusque là occupées exclusivement par les hommes (ce qui a donné les fameuses femmes opératrices de tracteurs). Toutefois, en répandant le mythe de l'égalité des chances avec des déclarations verbales qui allaient à l'encontre de la réalité, les communistes ont compromis en Pologne le principe même d'égalité. Les phénomènes qui se trouvent à l'origine de l'inégalité des chances des femmes et des hommes n'ont jamais été sérieusement analysés sous le pouvoir communiste. Actuellement, puisque nous vivons dans un Etat basé sur le système démocratique, qui a mis dans sa Constitution l'exigence d'un Etat de droit, le moment est venu d'analyser la situation des femmes.

Lors des conférences et séminaires organisés récemment, les femmes de différents pays post–communistes attirent l'attention sur certains problèmes auxquels elles sont toutes confrontées. De nombreux phénomènes laissent penser que la transformation du système communiste en système libéral ne change pas grand chose. Les changements économiques qui ont rendu les

---

(15) On a utilisé dans le présent travail les résultats de sondages menés par le Centre National d'Enquêtes d'Opinion Publique (CBOS), les résultats des recherches de l'Institut Européen du Développement Régional et Local et d'autres travaux de sociologues polonais.

biens accessibles et qui ont fait disparaître le rationnement des biens de consommation et les files d'attente, concernent surtout les femmes ; non seulement en tant que consommatrices, mais en tant que personnes qui s'occupent en Pologne de l'approvisionnement des foyers et qui s'efforcent d'épargner à leur famille une baisse trop pénible de niveau de vie dans les périodes les plus difficiles. La pénurie des biens de consommation et les files d'attente qui leur prenaient des heures sont des phénomènes passionnants qui font l'objet d'analyses séparées. On a assisté alors à un certain changement dans la perception de la loi, et à l'apparition d'une culture et d'une langue spécifiques (J.Kurczewski, 1985). Les femmes qui passaient plusieurs heures dans les files d'attente ont, aujourd'hui, en quelque sorte, *"récupéré"* ce temps, si désespérément gaspillé, et ceci constitue certainement un élément d'amélioration de leur situation.

Toutefois, ces derniers temps, des problèmes nouveaux ont apparus, liés aux bouleversements économiques. Le marché du travail s'est transformé : d'une situation où l'employeur était à la recherche de salarié, on est passé à un marché hautement marqué par le chômage. De nombreuses personnes cherchent du travail, d'autres sont menacées par la perte de leur emploi. Il est vrai que ces phénomènes concernent et les hommes et les femmes, mais ce sont les femmes qui sont davantage exposées.

Elles constituent 46 % de la population active. La majorité des femmes en Pologne ont une activité professionnelle. La proportion des femmes qui travaillent est la plus élevée dans la tranche d'âge 33–49 ans car elle atteint 80 %. Les proportions des femmes qui travaillent varient selon les branches d'activité. Ainsi, les femmes sont majoritaires dans les finances et les assurances (82 %), la santé et la sécurité sociale (82 %), l'éducation (76 %), le commerce (66 %), la culture et l'art (62 %), l'administration d'Etat et la justice (65 %).

En 1992, les femmes constituaient 53,3 % des chômeurs. Ce qui est plus alarmant, c'est que de nombreuses offres d'emploi sont adressées uniquement aux hommes. En 1991, les agences pour l'emploi séparaient les offres adressées aux femmes de celles adressées aux hommes. Les premières constituaient 26,6 %, les secondes 73,4 %. Depuis 1991, les agences ne font plus cette distinction mais les données de décembre 1992 montrent que les femmes ne constituaient que 45 % des chômeurs qui ont trouvé un emploi.

Un autre phénomène inquiétant est la nouvelle division du marché du travail. En pratique, l'on recherche pour les postes subalternes et le travail d'exécution plutôt les femmes tandis que pour les postes d'encadrement offrant une plus grande autonomie ce sont les hommes que l'on recherche. Il suffit d'analyser les annonces dans la presse pour s'en rendre compte. Il manque dans la législation polonaise la clause interdisant de désigner le sexe du candidat recherché, ce qui fait que la pratique d'offrir des postes d'exécution, habituellement moins bien rémunérés, aux femmes et réserver ceux de responsabilité, nettement mieux rémunérés, aux hommes, se fait en toute légalité sans qu'il existe un moyen de s'y opposer.

De telles pratiques renforcent les barrières déjà existantes. En dépit du fait que les femmes ont en Pologne un niveau d'éducation légèrement supérieur par rapport aux hommes, elles ne constituaient à l'époque communiste que 35 % de l'ensemble des cadres dirigeants. En fait, il s'agissait surtout des postes de cadres moyens dans les branches de toute façon dominées par les femmes. Ainsi, elles étaient directrices d'écoles ou de dispensaires mais beaucoup plus rarement chefs de cliniques ou présidents d'université, malgré le haut degré de féminisation de ces secteurs. Elles n'étaient pratiquement jamais ministres. D'ailleurs, les nouvelles tendances du marché du travail indiquent bien que le processus en question peut encore s'accentuer.

Les salaires des hommes et des femmes font également ressortir le fait que les femmes étaient discriminées sur le marché du travail à l'époque communiste. La comparaison des revenus des femmes provenant de ce qu'on appelait *"la source principale de subsistance"* fait apparaître qu'ils étaient inférieurs de 30 % aux revenus des hommes. Si l'on prend en considération les revenus provenant de toutes les sources, cette différence atteint 40 %. Cela résulte surtout du très grand écart entre les niveaux de rémunération dans les secteurs féminisés, où les salaires étaient très bas, et les secteurs où les femmes étaient minoritaires et les salaires sensiblement supérieurs. Il s'est avéré en effet que d'autres facteurs d'analyse, tels que : le niveau d'instruction, le niveau du premier emploi, le statut professionnel du père de famille, le nombre d'enfants dans la famille, n'étaient pas en l'occurrence pertinents (Domanski, 1992).

Le processus de différenciation de revenus, discriminatoire pour les femmes, n'est pas stoppé actuellement. En témoignent entre autres : une baisse réelle de salaires dans la fonction publique (où les femmes sont majoritaires), le profil des postes proposés aux femmes, et l'absence de tout débat sur le phénomène de discrimination indirecte qui y conduit.

Les problèmes dont il est question ici : les différences de niveaux de rémunération entre les hommes et les femmes et une faible présence de femmes aux postes d'encadrement, ne sont pas apparus au moment du changement du système économique. Ils existaient bien pendant toute l'époque du pouvoir communiste et de l'économie dirigée. Le système de l'époque comportait également toute une série de régulations légales dont le caractère était clairement paternaliste. Pour illustrer ces pratiques, en voici quelques exemples : établissement d'une *"liste de travaux interdits aux femmes"* (ce qui, en réalité, limitait leur choix de poste), ou le fait d'accorder certains droits exclusivement aux femmes (par exemple, le congé pour cause de maladie d'un enfant ou d'un membre proche de la famille), ne permettaient pas le partage de cette responsabilité entre l'homme et la femme et imposait cette charge systématiquement à la femme. Un autre exemple est l'âge légal de la retraite, différent pour les hommes et les femmes, ce qui oblige actuellement les femmes à s'arrêter de travailler plus tôt avec une retraite plus faible. Actuellement, ces mêmes textes deviennent particulièrement pernicieux : ce qui était considéré comme privilège peut devenir une source de discrimination.

Après les derniers bouleversements dans la vie sociale et politique, avec une hausse du prestige de la participation dans les corps législatifs, le pourcentage des femmes au Parlement est passé de 20 % à 10 % entre 1990 et 1993. Depuis les dernières élections de septembre 1993, les femmes ne constituent plus que 13 % des parlementaires.

La transformation du système politique et économique en Pologne change la situation des hommes et des femmes, modifie aussi les relations entre les deux sexes. Elle conduit aussi à l'abolition d'un certain nombre de mythes sur l'égalité des chances des hommes et des femmes qui étaient entretenus dans les pays dirigés par les communistes. Actuellement la situation ne s'améliore pas, tandis que et le chômage et la ségrégation sur le marché du travail, défavorable pour les femmes, éveillent la crainte que la situation puisse se détériorer encore. D'autres phénomènes importants pour les femmes, tels que la violence ou le viol, n'ont pas encore été débattus, sans parler de la recherche des solutions qui puissent constituer une aide pour les victimes.

Malgorzata FUSZARA

(Université de Varsovie)

Conditions de vie des personnes âgées face à la réforme économique

La situation matérielle des personnes âgées en Pologne à l'époque de l'économie planifiée n'a jamais été satisfaisante. La principale source de leurs revenus étaient les retraites ou les pensions provenant d'un fond constitué de cotisations, versées par les unités économiques employant des salariés. La totalité des fonds de retraites réunis excédait habituellement le montant des retraites et des pensions effectivement versées. Les fonds de la Sécurité Sociale faisaient partie du budget de l'Etat, par conséquent l'excédent de cotisations était considéré comme une source de revenus pour celui-ci et pouvait être utilisé à d'autres buts, aux investissements par exemple. Dans la logique du système, le montant des cotisations n'avait aucun rapport avec le montant de retraites versées qui dépendait davantage de la situation financière de l'Etat. Le système d'assurance vieillesse d'Etat était la principale source de revenus du troisième âge car les assurances volontaires étaient un phénomène marginal. Au moment de l'attribution de la retraite, les personnes intéressées obtenaient des prestations modestes mais suffisantes pour couvrir leurs besoins à un niveau correspondant au moins au minimum social. Toutefois, l'inflation et les changements des prix provoquaient une baisse systématique de la valeur de l'argent et, par conséquent, de celle des prestations. Avec le temps, la situation d'un retraité se détériorait peu à peu. Pendant toute la durée de la PRL[16], il existait une catégorie de retraites que l'on appelait *"relevant de l'ancien portefeuille"*. Au moment de l'attribution, les prestations couvraient les besoins des gens, mais le niveau de vie de ceux-ci baissait systématiquement. On s'efforçait d'y remédier, en revalorisant de temps à autre ces retraites, mais le processus n'ayant pas de caractère régulier, on peut dire que le niveau de vie des retraités baissait à partir du moment de l'attribution des prestations. Ceci dit, en dehors des pensions elles-mêmes, les retraités bénéficiaient d'un certain nombre de facilités telles que : soins et médicaments gratuits, séjours hors saison dans des maisons de repos et dans des centres de convalescence et ainsi de suite.

Ce qui améliorait un peu le sort des retraités c'était une stabilité relative du prix modéré des loyers, des tarifs pour la consommation d'électricité, de gaz et de transport en commun. Les personnes handicapées ou très âgées pouvaient bénéficier également des services d'assistantes sociales.

---

(16) République Populaire de Pologne.

Il est symptomatique que les problèmes des personnes âgées n'aient figuré dans les accords signés après les grèves de 1980 que de manière marginale. *"Solidarnosc"* était en effet un mouvement de personnes jeunes, concernées surtout par les salaires ou les prestations familiales. La période de l'état de guerre n'a pas modifié la situation en la matière.

En revanche, la période d'introduction de l'économie de marché a certainement eu un impact sur les conditions de vie des personnes âgées. Tout d'abord, on a essayé, jusqu'à présent sans succès, de séparer les fonds de retraites de ZUS[17] et d'équilibrer les cotisations et les dépenses. Toutefois, au même moment, tout le système s'est trouvé profondément déstabilisé du fait du passage à la préretraite de plus de un million de personnes menacées de chômage. L'Etat a chargé ainsi les caisses d'assurance sociale d'une partie du poids de la réforme. Les institutions en question ne pouvaient répondre à ce défi que partiellement. Elles ont commencé à calculer le montant des cotisations en tenant compte des prestations versées, dont le nombre a, par ailleurs, considérablement augmenté. Compte tenu des changements de prix et des phénomènes d'inflation, on tentait de revaloriser en permanence le montant des retraites. Malheureusement, avec les difficultés financières, le taux de revalorisation ne pouvait être que limité. Aussi, la valeur réelle des retraites, déjà très modeste, devenait-elle de plus en plus basse. De plus, ce qui rendait la condition des retraités difficile c'était la disparition, avec la politique de transformation introduite par les nouveaux gouvernements, d'accès gratuit aux prestations annexes : l'introduction d'un paiement partiel pour les soins médicaux et les médicaments, et la limitation de droits en la matière. Etant donné les difficultés de l'Etat pour équilibrer le budget, des restrictions significatives ont été introduites dans ce domaine. Les loyers, les tarifs du gaz, ceux de l'électricité et du chauffage, ont également augmenté. On a essayé de contrebalancer ces dépenses par une aide sociale, mais en réalité ces mesures n'ont pas compensé l'augmentation du coût de la vie. En fait, une grande part du coût de l'introduction de l'économie de marché est supportée par les personnes du troisième âge. Tout le monde en est conscient et l'on peut risquer l'hypothèse que c'était une des raisons importantes de l'échec du gouvernement de Madame Suchocka. En procédant aux réformes, on a simplement sous-estimé le fait que les personnes âgées, tout en disposant de moyens de pression faibles, car dépourvues de pouvoir de grève, étaient tout de même en mesure d'influencer la situation en exprimant leur mécontentement par voie de vote.

---

(17)   Zaklad Ubezpieczen Spolecznych (Caisse d'assurance sociale).

Il sera intéressant d'observer comment le nouveau gouvernement pourra résoudre les problèmes de la vieillesse. Le problème est compliqué car, d'un côté la revalorisation des retraites est urgente, mais d'autre part on ne peut pas procéder aux réformes qui menaceraient la stabilité de la monnaie.

Andrzej TYMOWSKI

(Université de Varsovie)

* * *

Dilemmes des jeunes en période de transformation

Les problèmes que rencontrent les jeunes en période de transformation ont plusieurs raisons. Tout d'abord, face à l'histoire qui se déroule actuellement, la jeune génération (les vingt ans et moins) ne se sent pas partie prenante. Dans les manifestations de jeunes qui éclatent de temps à autre, on peut rencontrer des mots d'ordre significatifs à cet égard : *"nous n'avons pas demandé d'être là"*, *"c'est VOTRE démocratie"*, *"excusez–moi de vivre, je ne recommencerai plus"*.

Deuxièmement, les jeunes en Pologne d'aujourd'hui se trouvent pour ainsi dire *"pendus"* dans le vide entre l'ancien et le nouveau monde social. Les reliquats de l'ancien système du socialisme réel, mélangés avec les contraintes et les défis d'un nouveau système socio–économique, ne constituent pas des bases solides pour démarrer dans la vie. Les règles du jeu dans la réalité environnante sont obscures et incompréhensibles. Ceci renforce le problème d'inadaptation sociale des jeunes en Pologne et menace une grande partie de cette génération de marginalisation.

De plus, aucun problème vécu par les membres adultes de notre société n'est épargné aux jeunes. Comme partout ailleurs, les jeunes gens sont confrontés aux dilemmes propres à leur âge. Ces deux difficultés se superposant, l'entrée dans la vie adulte est particulièrement pénible et stressante pour les jeunes.

1 – Les coûts de la transformation supportés par les familles

Nous avons repéré dans nos enquêtes le syndrome de *"parents ratés"*. En effet, les parents des jeunes d'aujourd'hui, habitués au rôle qu'ils avaient appris pour fonctionner dans la vie sociale et dans la vie professionnelle, avec leurs recettes de réussite et leur modèles de carrière, appartiennent à l'époque précédente. Par conséquent, ils ne peuvent plus remplir convenablement leur rôle de guides et de protecteurs de leurs enfants. Les jeunes ne peuvent donc compter que sur eux–mêmes dans le choix du chemin à prendre dans leur vie. Or, les perspectives ici ne sont pas roses. Face à cela, les parents sont non seulement aussi désemparés que leurs enfants, mais en plus ils sont moins disponibles, car faire vivre une famille demande de leur part de plus en plus de temps et d'efforts.

Un grand nombre de jeunes vivent aujourd'hui une expérience douloureuse d'appauvrissement de leur famille (40 % d'entre elles vivent dans des conditions de pauvreté). Le chômage de l'un des parents, ou même des deux, ébranle le sentiment le plus élémentaire de sécurité. Les jeunes gens sont plus souvent et plus tôt amenés à travailler eux–mêmes. Pour leurs homologues occidentaux, c'est normal, mais en Pologne, pour des raisons culturelles (*"l'enfant est le bien suprême"*), et à cause des contraintes économiques actuelles, cette expérience nouvelle est difficile à accepter en tant que façon banale d'entrer dans la vie active. L'inadaptation des jeunes aux exigences des temps présents résulte aussi de l'écart entre leurs rêves, l'image qu'ils se font de leur vie future et les possibilités réelles qui existent. C'est probablement un terrain de conflits possibles dans l'avenir. Ce qui est intéressant, c'est que dans les enquêtes sur les modèles de vie *"à choisir dans 10–15 ans"*, les jeunes polonais interrogés répondent qu'ils préféreraient celui de la classe moyenne américaine, tel qu'on le voit dans les films : une famille composée du mari, de la femme, et de deux enfants. Un appartement à soi, ou bien une petite maison dans une banlieue convenable. Le père qui travaille pour faire vivre sa famille, et la mère qui se dévoue à son foyer, parfois aux bonnes oeuvres ou à la vie associative. Le seul trait polonais d'un tel modèle est la déclaration d'intention d'habiter avec ses parents. Il faut souligner qu'un pourcentage très faible des gens parmi la population que nous avons interrogée aura les moyens, dans leur propre existence, de jouer les rôles tirés d'un tel feuilleton américain. Pourtant, ce modèle se généralise sous l'influence de la culture de masse américanisée et avec l'ouverture de la Pologne au monde extérieur. La génération des jeunes en Pologne, qui formera dans l'avenir la classe moyenne dans notre pays, n'est pas du tout préparée à jouer ce rôle et n'accepte pas d'inégalités dans l'accès aux biens de consommation. Les jeunes, tout comme les moins jeunes d'ailleurs, sont très sensibles à l'idéologie *"d'égalité des estomacs"*.

2 – Le coût de la transformation dans l'éducation et dans la vie professionnelle

Ce ne sont pas les perturbations politiques et économiques actuelles qui constituent une menace aux réformes en Pologne, mais les lacunes existant dans le système d'éducation. Les changements de celui-ci vont beaucoup trop lentement par rapport aux besoins de moderniser le savoir transmis mais davantage encore de modifier les mentalités des jeunes gens. Ceci pose moins de problèmes dans le cas de l'enseignement supérieur, en revanche la situation est préoccupante dans les filières professionnelles. Les collèges d'enseignement professionnel et une partie des lycées professionnels continuent à former les jeunes aux métiers sans avenir. Un système d'éducation qui n'ouvre pas aux jeunes de perspectives de trouver un emploi et qui les oblige à changer de qualification tout de suite à la sortie de l'école, est à l'origine de leur grande frustration. Il a aussi de sérieuses conséquences sur le plan moral : *"Je ne vais plus continuer à me former. Pendant cinq ans je me formais au métier de tourneur-fraiseur et maintenant on me dit que personne n'en a besoin. C'est de votre faute, vous, adultes. Pourquoi m'avez-vous obligé à me former à cela ?"*. Il est difficile d'imaginer que l'on puisse construire un ethos du travail correct et inculquer le respect de celui-ci face à un tel ressentiment et un tel raisonnement.

Un des défis les plus difficiles que la jeune génération devra relever, sera la mobilité individuelle et la capacité de prendre la responsabilité de son sort. Comme nous l'avons expliqué, ni la famille ni l'école ne pourront être un soutien suffisant pour ces jeunes.

L'inégalité des chances dans l'éducation constitue en Pologne une réalité nouvelle, vécue péniblement par une société qui garde une mentalité très égalitaire. J'avais tendance à penser que ces différences (renforcées par les clivages économiques) allaient être nivelées en quelque sorte par une culture des jeunes. Aujourd'hui, j'en suis moins convaincue. Il y a trois, quatre ans, au moment du renversement du régime, la jeunesse était très ouverte, elle s'organisait en mouvements, associations diverses. Elle était dynamique dans l'affirmation de cultures spécifiquement jeunes et sensible aux idéologies contestataires des années 60. Il ne reste pas grand chose de tout cela aujourd'hui. Les nouvelles attitudes que l'on peut observer sont plutôt celles qui consistent à s'enfermer à l'intérieur de milieux cloisonnés et, ce qui est plus grave encore, d'introduire des éléments de violence dans les contacts mutuels. Un jeune homme d'affaires, avec son attaché case obligatoire, est inacceptable pour un anarchiste vêtu d'un survêtement, et ce dernier se défend dans la rue contre un skinhead, allant au collège professionnel, à l'aide d'un bâton.

Dans un contexte où la première expérience professionnelle, pour de nombreux jeunes, est celle de se faire enregistrer dans un bureau pour emploi afin de toucher une indemnité, sans espoir de trouver un logement et de fonder une famille *"normale"*, les réactions de révolte s'expliquent aisément. On a vu déferler une vague de réactions négatives des jeunes en été 1993 à l'occasion des grandes manifestations musicales (à Jarocin et à Brodnica).

Il semble que le besoin de trouver une solution aux difficultés de la vie quotidienne, et l'apparition de nouveaux modèles du succès, proposés par les jeunes gens eux-mêmes, peuvent constituer une issue à ces frustrations. Les jeunes ont compris les bénéfices tirés d'une éducation de qualité, à laquelle ils attachent surtout une valeur utilitaire. Grâce aux études, à la connaissance des langues étrangères, on peut occuper une meilleure place dans la société, trouver un meilleur emploi et gagner plus d'argent. C'est justement parmi les jeunes que l'on observe le nombre le plus flagrant de comportements appelés *"workholics"*. Il ne s'agit actuellement que d'un pourcentage très faible de la population, mais c'est justement la conviction que l'éducation donne des avantages précis qui a poussé 44 % des élèves des collèges professionnels, considérés comme *"moins bons"*, à poursuivre leurs études (à titre de comparaison, 95 % des élèves des lycées d'enseignement général ont exprimé la même ambition).

3 – Le coût social de la transformation

Un des résidus de l'ancien régime, qui touche malheureusement aussi les jeunes, est l'incapacité à s'organiser. Il ne s'agit en aucun cas de l'absence de bonne volonté. Ce qui fait défaut, ce sont de bons modèles. Dans les organisations de jeunes qui existent, domine toujours le modèle de *"militant de mouvements de jeunesse"* – ce produit type des associations socialistes de jeunes. Les jeunes gens adoptent ce modèle par l'ignorance d'autres façons possibles d'épanouissement personnel à travers une action en faveur des autres. Les politiciens adultes ne font pas encore assez attention à la préparation de leurs jeunes successeurs. Plongés dans des conflits entre partis et des luttes de pouvoir, ils ne jouent pas le rôle d'autorité vis–à–vis des jeunes, ne leur fournissent pas d'exemple à suivre.

Nos enquêtes montrent clairement une tendance visible : les clivages à l'intérieur de la jeune génération suivent les critères économiques. La majeure partie de la jeune génération exprime une vision dichotomique de la structure sociale et parlent des *"riches"* et des *"pauvres"*.

Il semble qu'il existe dans notre pays un très grand besoin, chez les jeunes, de créer *"des nids"* d'entraide sociale. Il s'agit de fonder des institutions où les jeunes, encadrés par des adultes bienveillants, puissent s'entraider. Les jeunes sont actuellement livrés à eux–mêmes et il manque les institutions et les organismes susceptibles de combattre l'inadaptation sociale, les problèmes causés par le chômage et les risques de pathologies.

Barbara FATYGA

(Université de Varsovie)

* * *

Education civique dans le processus de transformation

Dans la transformation du système qui se déroule dans les pays post-communistes, les changements de conscience civique des gens occupent une place importante. On peut considérer que c'est une composante d'un processus plus global qui consiste à redonner un sens civique à ceux que le pouvoir communiste avait l'habitude d'appeler *"la population"*. Les changements qui touchent à la conscience sociale s'opèrent sous l'influence de très nombreux facteurs et concernent toutes les composantes de la société selon une problématique qui est très complexe. C'est pourquoi nous avons pris le parti de nous concentrer dans notre analyse sur un aspect particulier, à savoir sur le programme d'instruction civique proposé aux élèves dans le cadre institutionnel de l'école et s'adressant à la génération qui va entrer seulement dans la vie adulte et qui déterminera quelle forme prendra la démocratie polonaise. Des expériences récentes dans ce pays ont montré toute la difficulté du problème.

La première question qui s'était posée aux responsables de l'éducation nationale du gouvernement Mazowiecki était celle de savoir s'il était opportun de dispenser des cours d'instruction civique à l'école sous forme d'une matière spécifique, comme cela se fait couramment dans d'autres pays. Inévitablement, de tels cours pouvaient réveiller chez les élèves, chez les enseignants, et chez d'autres membres de la société, de mauvais souvenirs sur des matières qui servaient, pendant des décennies, à l'école contrôlée par les communistes, d'outils d'endoctrinement politique. Malgré un tel danger, la décision a été prise de dispenser un enseignement d'instruction civique dans tous les types d'écoles primaires et secondaires (habituellement en dernière année de chaque cycle). Mais de sérieuses difficultés sont apparues lors de la mise en oeuvre de cette décision. Tout d'abord, les doutes sur la mauvaise image du cours d'instruction civique, rappelant trop les pratiques d'endoctrinement, se sont effectivement confirmées. Plus grave encore : cette confusion n'était basée qu'en partie seulement sur un malentendu et des associations d'idées superficielles. Derrière cela il y avait des raisons sérieuses, notamment le fait d'avoir utilisé le même corps enseignant qui avait dispensé auparavant des cours d'endoctrinement. Par manque de temps, une formation appropriée n'a pu être mise en place pour ces professeurs, sans parler de l'éventuelle nécessité de changement de personnes. De plus, l'absence de manuels et de matériel pédagogique, aussi bien pour les enseignants que pour les élèves, a aggravé la situation.

C'est pourquoi, devant une telle situation, les responsables polonais se sont tournés vers l'aide internationale, surtout dans le domaine des programmes, du matériel didactique et des méthodes de formation des enseignants. Il s'agissait avant tout d'une aide américaine, en tentant de bénéficier de l'expérience de *civic education* des écoles américaines. Mais, malgré les avantages tirés d'une telle coopération, quelques difficultés sont apparues : d'abord les différences considérables entre la situation des Etats Unis – un pays avec un système démocratique ancien et stable, et la Pologne, qui venait à peine de commencer sa marche vers la démocratie, avec d'autres expériences historiques, un autre patrimoine culturel et, pour finir, l'existence d'un nombre considérable de difficultés spécifiquement polonaises.

Pour mieux comprendre cet aspect des choses et d'autres difficultés d'adaptation, il faut prendre conscience du contexte dans lequel se déroule *civic education*. Lors de l'explication du système démocratique, de ses institutions, de son fonctionnement, de ses formes qui constituent le fondement de la société citoyenne, l'analyse de ces phénomènes peut porter sur des exemples précis tirés de l'Etat et de la société démocratique existante.

Ainsi pratiquent les Américains qui expliquent l'acte constitutionnel et sa signification et l'ensemble du système en s'appuyant sur l'exemple de leur propre constitution. Ils peuvent se servir de la même manière de l'image du Congrès et de la Chambre de Représentants (en tant qu'incarnation du parlement), du système judiciaire, des élections de différents niveaux, de l'indépendance de la presse ... Aussi, la description des situations idéales, des modèles théoriques, s'entremêle-t-elle dans leur éducation civique avec celles des situations concrètes qui existent dans leur pays et qui deviennent dans les manuels presque synonymes de modèles idéals. Malgré les simplifications évidentes d'une telle approche, elle aide un jeune américain à mieux comprendre en quoi consiste la démocratie, comment elle fonctionne, et quelle place il occupe en tant qu'individu à l'intérieur du système. La situation d'un pays comme la Pologne est totalement différente. Tous les éléments de la démocratie, y compris ses institutions fondamentales, sont à peine en train de naître. De même les habitudes, les moeurs, les schémas de réactions sont en train de se forger. Un jeune homme qui participe à ce processus de création est obligé d'appréhender simultanément au moins deux aspects : les solutions idéales caractéristiques de la démocratie, mais aussi la compréhension des problèmes propres à la naissance du système démocratique, avec les barrières qui surgissent dans son propre pays.

L'analyse du contexte dans lequel se déroule l'éducation civique, telle qu'elle se pratique actuellement dans les écoles polonaises, nous amène à un premier constat : la problématique de la *"démocratie modèle"* est plus efficace même avec des institutions polonaises, décrites d'un point de vue juridique et formel. Plusieurs idées intéressantes sont développées également dans le domaine de *"l'entraînement"* à la démocratie. C'est justement dans ces domaines que les modèles étrangers ont pu être utilisés soit directement soit en les adaptant à la situation polonaise, sans que cela pose trop de problèmes pour faire prendre conscience à l'élève de son comportement *"démocratique"* à l'intérieur d'un petit groupe. La situation est beaucoup moins facile lorsqu'il s'agit de rendre compte de la spécificité de la situation polonaise dans la présentation des difficultés qui se présentent dans la construction du système démocratique. Le problème clé qui se pose à cet égard est celui de mécanismes de contrôle du contenu et de la forme que devrait avoir l'instruction civique à l'école publique. Or, ni les parents, ni la presse, ni même les élites intellectuelles polonaises n'ont pris conscience de l'enjeu qu'elle représente, contrairement à ce qui se passe dans la majorité des pays démocratiques. Au lieu de prendre de l'importance, l'instruction civique dispensée à l'école devient un problème purement technique, qui intéresse un groupe très étroit de spécialistes concernés. Il semble que les décisions importantes sur la forme de cet enseignement, sur son contenu et ses objectifs soient prises à un niveau relativement bas de l'administration. Il existe pourtant des pays où ce ne sont pas seulement des institutions gouvernementales qui se préoccupent de programmes, mais aussi le Parlement et des milieux qui sont indépendants du pouvoir politique, tels que des associations, des organisations ou des sociétés de sciences politiques par exemple. Car l'affaire est en effet délicate et l'enjeu du choix du contenu d'un tel enseignement considérable : l'instruction civique dispensée à l'école peut se transformer facilement en un endoctrinement idéologique au service de partis politiques. Lorsque les décisions sur le contenu de cet enseignement sont prises par la formation politique dont les représentants sont actuellement au pouvoir, la situation devient extrêmement dangereuse. Ce n'est pas encore le cas en Pologne, mais il n'existe pas de mécanismes institutionnels et juridiques qui puissent s'opposer à une telle éventualité.

Face à l'absence de mesure de ce genre, ce qui caractérise l'instruction civique à la polonaise, ce n'est pas tant une tendance à privilégier la vision de l'Etat et de la société lancée par tel ou tel courant politique au pouvoir (que ce soit les libéraux, les démocrates chrétiens ou les socio-démocrates), mais plutôt la fuite devant la problématique liée à la formation de la démocratie en Pologne. Au stade actuel, le problème qui paraît de toute première importance est l'existence de centres de décision qui ne font pas toujours partie du cadre constitutionnel de l'Etat. Plus grave encore - ils peuvent menacer cet ordre, ou bien faire dévier la construction démocratique du droit chemin. Le système ainsi obtenu pourrait devenir une forme de démocratie de façade, caduque, ou incomplète, à l'instar de ce qui se passe dans certains pays de l'Amérique Latine. Il faut insister surtout sur toutes les institutions liées au fonctionnement de l'armée dans une société démocratique et aux mécanismes de contrôle exercé par le pouvoir civil de cet état démocratique. Une instruction civique, qui doit préparer un fondement solide pour une future démocratie, ne peut pas négliger ce genre de problèmes même si la façon de les aborder doit être modérée et neutre. Pour qu'elle puisse le faire ainsi, il conviendrait qu'elle soit relativement indépendante des centres de décision politique. Cette condition est difficile à remplir mais n'est pas impossible : ce qui se passe dans les media, y compris ceux financés par l'Etat, peut en constituer une illustration encourageante. En revanche, ce qui peut menacer une bonne instruction civique à l'école publique en Pologne est plutôt l'évolution récente de l'administration chargée de l'éducation nationale, qui va dans le sens d'une politisation accrue. Le Ministère de l'Education Nationale devient en pratique une sorte de mandataire des forces politiques au pouvoir. Ses responsables sont recrutés parmi les gens *"aux opinions politiques marquées"*. On ne parle pas beaucoup de la nécessité d'une sorte de neutralité de l'administration chargée de l'éducation et d'une distance nécessaire par rapport aux forces politiques concurrentes. Si la situation ne change pas, tôt ou tard cela aura des répercussions négatives sur l'éducation civique. Or, celle–ci se passe dans le cadre scolaire et constitue la seule façon massive et organisée consciemment pour atteindre les nouvelles générations et les préparer aussi bien à la vie dans un Etat démocratique qu'à la construction ultérieure d'un tel Etat et d'une telle société.

Krzysztof KICINSKI

(Université de Varsovie)

* * *

Les paradoxes de la privatisation – Expérience polonaise 1990-1993

Le processus de privatisation a débuté en Pologne en été 1990 par le vote au Parlement de la loi sur la privatisation des entreprises d'Etat, qui devait toucher plus de huit mille d'entre elles. Les technocrates qui s'en occupaient étaient convaincus qu'en l'espace de quelques années elle allait modifier la structure de la propriété en Pologne, en donnant la priorité à la propriété privée. Les trois premières années ont bien démontré que ces attentes ne pouvaient pas être réalisées : en effet, la privatisation se déroule beaucoup plus lentement que prévu dans les pronostics gouvernementaux.

Les statistiques de la privatisation font ressortir que durant les premières années quelques centaines d'entreprises seulement ont été effectivement privatisées. Quelques centaines d'autres ont été transformées en sociétés de salariés : ces derniers avaient pris en gérance le patrimoine appartenant à l'Etat dans l'espoir du rachat ultérieur. En dehors de cela, il existe quelque cinq cents entreprises commerciales (sociétés unipersonnelles à capital d'Etat), lesquelles, aussi longtemps qu'elles n'auront pas trouvé d'acquéreur, resteront une nouvelle forme de la propriété de l'Etat.

Pourquoi la privatisation polonaise se déroule–t–elle aussi lentement malgré trois années d'expérience ? Ceci s'explique par un certain nombre de facteurs économiques tels que : l'absence de fonds propres en capital, l'intérêt relativement faible des investisseurs étrangers, la mauvaise santé financière de nombreuses entreprises, due aussi à l'effondrement des marchés de l'Europe de l'Est, et enfin la récession de plus en plus pesante. Mais à côté de facteurs économiques qui ont joué un rôle, ce qui avait une influence déterminante c'était le contexte social. La loi sur la privatisation, votée en juillet 1990, était une tentative pour parvenir à un consensus autour des principes fondamentaux de la transformation du système. Un tel consensus, accepté politiquement par divers groupes d'intérêt, s'est toutefois avéré impossible à réaliser. En acceptant les revendications contradictoires de groupes particuliers, on a freiné le processus de privatisation. Les intérêts d'un groupe se montrant en pratique fondamentalement contradictoires avec ceux des autres groupes, aucun n'y voyait de chances de réaliser ses propres objectifs et, par conséquent, personne n'est devenu le moteur d'un large mouvement de privatisation.

La loi sur la privatisation de juillet 1990 a imposé une vision commerciale de la privatisation, en vertu de laquelle la préférence a été donnée à la vente du patrimoine de l'Etat plutôt qu'à la distribution gratuite, laquelle n'a joué qu'un rôle marginal. L'idée de distribuer gratuitement des bons de privatisation à tous les citoyens n'a pas été réalisée jusqu'à présent. Par ailleurs, les prix préférentiels accordés aux salariés des entreprises privatisées ont été considérablement limités. La privatisation se faisait donc par voie de vente de l'entreprise, la valeur de celle-ci étant déterminée à la suite d'un audit économique et financier.

Quant à la loi sur la privatisation elle-même, elle comportait quelques idées contradictoires. D'un côté, elle donnait à la privatisation un caractère commercial, en introduisant l'élément de valeur et de prix de l'entreprise et en basant la vente sur ce prix. D'un autre côté, elle essayait de répondre aux revendications de la société, et plus particulièrement à celles des salariés des entreprises de l'Etat, qui demandaient la distribution gratuite des parts des entreprises privatisées. Elle n'était pas univoque en matière de contrôle du processus de transformation de propriété, en répartissant les compétences entre les salariés, les directeurs et le gouvernement. Une telle solution, qui consistait à accorder à chacun une partie de prérogatives, ne correspondait en pratique aux attentes d'aucun acteur de la scène des privatisations. Elle ne permettait pas non plus de dépasser les contradictions existant entre différents groupes sociaux engagés dans la privatisation : salariés, directeur, acquéreurs potentiels et gouvernement.

Les salariés des entreprises privatisées constituaient un groupe à la fois nombreux et influent. Ils avaient leur représentation aussi bien dans l'autogestion des salariés que dans les syndicats. Ce que les salariés des entreprises privatisées mettaient en avant, c'était surtout une amélioration de leur statut matériel (augmentation des salaires), et le maintien des emplois. Ils étaient également intéressés par le résultat final du processus de privatisation, c'est–à–dire la future structure de la propriété et la quantité de parts accordées aux salariés. C'est pourquoi ils préféraient toutes les formes de la propriété salariale.

La loi sur les privatisations donnait au personnel la possibilité de bloquer le processus de la transformation de propriété : en effet, pour mener à bien un projet de privatisation, il fallait un accord des salariés. Dans la pratique, le contrôle exercé par les salariés et le comité d'entreprise consistait soit à rejeter, soit à accepter l'initiative de privatisation entreprise par la direction. A la lumière des enquêtes menées auprès du personnel des entreprises privatisées, la seule forme de privatisation acceptée sans réticence était la création d'une société des salariés. Mais même dans un tel scénario, les revendications étaient fréquentes de limiter le nombre de parts accordées aux membres de la direction. En règle générale, l'idée de reprise de l'entreprise par les investisseurs étrangers était acceptée assez facilement, dans l'espoir de voir ses revenus augmenter de manière significative. En revanche, les tentatives de créer des *"sociétés des directeurs"*, avec une majorité de parts détenues par le conseil d'administration formé par eux, rencontraient un accueil défavorable. Habituellement, de telles initiatives étaient bloquées dès le départ, sans que la demande d'enregistrement puisse être déposée. L'attitude envers les investisseurs privés polonais, qui envisageaient l'acquisition des entreprises d'Etat privatisées, était moins négative, tout en restant défavorable quand même. Si, malgré les préférences aussi univoques des salariés, d'autres formes de propriété que les sociétés de salariés ont pu être réalisées, c'est à cause du prix élevé des entreprises. Dans de nombreux cas, même un effort considérable du personnel et l'utilisation du fonds de l'entreprise n'auraient pu suffire pour réunir le capital légal indispensable au rachat de la société.

Les cadres dirigeants et les directeurs, même s'ils jouaient le rôle clé dans les entreprises, étaient en fait les moins motivés par le processus de privatisation. La loi sur les privatisations ne leur donnait en pratique aucune préférence supplémentaire dans l'achat des parts par rapport aux conditions proposées à l'ensemble du personnel. Ceci s'expliquait par un fort ressentiment du personnel à l'égard des managers. L'argument qui devait convaincre les directeurs du bien–fondé des privatisations était celui du renforcement possible de leur pouvoir de contrôle et la concentration de la gestion entre les mains de la direction. La privatisation leur offrait une chance de se libérer de l'influence de l'administration et des centres de décision politique (ministères, institutions, fédérations) et d'obtenir une autonomie totale de l'entreprise.

D'autre part, elle introduisait des changements considérables à l'intérieur de l'entreprise, en faisant disparaître l'institution de l'autogestion des travailleurs et, par cela même, leur influence sur la gestion. Toutefois, tous ces arguments n'ont pas été suffisamment convaincants. Ce qui a joué aussi, c'était l'incertitude quant aux avantages tirés du changement de propriété et l'impossibilité de contrôler le processus de privatisation, dans lequel la décision finale appartenait aux salariés.

Une autre catégorie sociale vivement intéressée par le déroulement du processus de privatisation était celle des acquéreurs potentiels : des institutions polonaises et étrangères, des actionnaires et des salariés qui achetaient les parts de leurs entreprises privatisées. Mais ceux qui ont joué le rôle le plus important étaient des investisseurs stratégiques qui achetaient un nombre de parts significatif.

La loi sur les privatisations posait à cette catégorie de personnes deux difficultés de taille. D'abord, elle ne déterminait pas de manière univoque qui était le propriétaire de l'entreprise d'Etat à vendre : les salariés, la direction ou bien le gouvernement. Par conséquent, l'acheteur potentiel était obligé de mener des négociations avec plusieurs partenaires simultanément. Au Ministère des Privatisations, il négociait la valeur de l'entreprise et son prix, avec la direction – la stratégie du développement de la société et l'étendue des investissements, et avec les salariés les garanties salariales et celles de l'emploi. Une telle procédure a eu pour conséquence l'existence possible dans le contrat d'un nombre non négligeable de conditions supplémentaires, pouvant constituer pour le futur propriétaire une charge financière considérable.

La deuxième difficulté pour les acquéreurs potentiels était l'obligation légale de procéder à une estimation de la valeur de l'entreprise. Le climat social qui entourait la privatisation et l'argument souvent avancé d'avoir *"bradé le patrimoine national"* poussait le Ministère des Privatisations à une surévaluation de la valeur et, partant, les prix des transactions devenaient trop chers, surtout pour les investisseurs privés polonais. Par conséquent, pour cette population, participer à la privatisation était devenu une forme d'investissement bien moins intéressante que d'autres solutions.

L'Etat a joué le rôle clé dans le processus de privatisation. Son administration était chargée de veiller au respect de l'esprit de la loi de privatisation : privatiser le plus rapidement possible un grand nombre d'entreprises. Les nécessités budgétaires ont toutefois été à l'origine du fait que le prix devenait l'élément essentiel de la transaction, ce qui prolongeait les négociations et éliminait de nombreux acheteurs potentiels. La privatisation à la polonaise s'est avérée trop chère aussi bien pour les entreprises nationales que pour la majorité de la population.

Le gouvernement tenait aussi à profiter de la transformation des entreprises pour créer une structure de propriété qui soit claire et qui favorise un contrôle efficace des sociétés par les grands investisseurs. De ce point de vue, les formules les plus attrayantes pour les salariés (les sociétés de salariés) ne correspondaient pas à la forme de propriété préconisée. Il semble que l'existence de celles-ci ait été tolérée pour des raisons politiques, en tant que principale forme de participation des travailleurs dans le processus de transformation de propriété. Le Ministère de la Privatisation cherchait à obtenir un investisseur stratégique au sein des sociétés de salariés. Mais de telles tentatives rencontraient une réaction de résistance de la part de salariés qui craignaient une perte de contrôle sur l'entreprise.

L'objectif principal du législateur dans le processus de privatisation en Pologne était la création d'un système économique efficace privilégiant la propriété privée. Même si au début de ce processus, en 1990, la majorité de la population s'était prononcée en faveur de la privatisation, différentes catégories sociales ne l'entendaient pas de la même façon. La loi sur la privatisation tentait de concilier ces différentes attentes, sans toutefois réussir à résorber les conflits d'intérêts existant ; aussi, dans la pratique des choses, ceux-ci revenaient-ils sans cesse.

Le premier point de litige concernait le contrôle sur l'entreprise. Les salariés des entreprises privatisées souhaitaient garder leur influence sur la gestion, alors que les managers n'y étaient pas favorables, compte tenu de leur déception des expériences négatives des entreprises autogérées existant à l'époque communiste. Les directeurs, quant à eux, étaient particulièrement motivés par les bénéfices tirés de la propriété. De tels privilèges, réservés à un groupe restreint de la population, rencontraient toutefois un accueil défavorable auprès des salariés et de l'ensemble de la société polonaise. Les intérêts et des salariés, et des directeurs, et des acheteurs potentiels, convergeaient sur un point seulement : un prix bas de l'entreprise. Mais vendre les entreprises trop bon marché était inacceptable non seulement pour les fonctionnaires de l'administration de l'Etat, mais également pour toute la société qui s'y opposait. La majorité des gens étaient convaincus que les entreprises publiques représentaient une grande valeur. Or, il n'y avait pas de critères objectifs pour mesurer celle-ci, étant donné l'absence d'un marché de capitaux.

Un tel contexte paralysait le déroulement du processus de privatisation. Les résultats actuels le démontrent clairement. S'ils se laissent expliquer par de nombreuses raisons économiques, c'est bien le climat social, marqué par des conflits d'intérêts non résolus par la loi, qui a fortement aggravé les difficultés.

Artur CZYNCZYK

(Université de Varsovie)

* * *

La problématique choisie du processus de transformation a été présentée du point de vue des chercheurs portant sur la scène polonaise un *"regard du dedans"*. La tendance dominante chez nous est plutôt celle d'insister sur des phénomènes défavorables, des aspects inconfortables de la période de transformation, au lieu de privilégier ceux qui reflètent l'évolution positive des choses. Ceci explique l'accent mis plus souvent sur ceux-là dans certaines de nos analyses. Nous sommes conscients du fait que certains aspects sont spécifiquement polonais, d'autres concernent tous les pays post-communistes et d'autres encore résultent des tendances générales de la civilisation européenne moderne. Plongés dans la réalité polonaise, nous avons des difficultés à séparer les uns des autres. Sans doute cette tâche sera-t-elle aisée pour le lecteur français.

Une remarque pour finir : la transformation polonaise est un processus dynamique saisi à un moment donné. Il n'y a pas de doute que dans son évolution ultérieure, surtout face aux changements récents survenus sur la scène politique, certains des problèmes signalés vont disparaître, d'autres vont apparaître à leur tour. La réalité polonaise va subir des transformations profondes encore longtemps. Il est difficile de prévoir quand s'instaurera enfin une certaine stabilité.

Collection SCIENCE – HISTOIRE – PHILOSOPHIE

Darwin, Marx, Engels, Lyssenko et les autres par Régis LADOUS
un volume 16,5 x 24,5 – 1984 – 148 pages – 78 F

Des Sciences de la Nature aux Sciences de l'Homme
par Jacques GADILLE et Régis LADOUS
un volume 16,5 x 24,5 – 1984 – 295 pages – 137 F

Museologica. Contradictions et logique du Musée par Bernard DELOCHE
un volume 16,5 x 24,5 – 1985 – 202 pages – épuisé

Cause, Loi, Hasard en Biologie par Michel DELSOL
un volume 16,5 x 24,5 – 1985 – 256 pages – 141 F

L'intuition ontologique et l'introduction à la Métaphysique par Roger PAYOT
un volume 16,5 x 24,5 – 1986 – 163 pages – 120 F

Le réductionnisme en question. Actes du Colloque organisé à Lyon
les 14 et 15 Mai 1986 par l'I.I.E.E.
un volume 16,5 x 24,5 – 1987 – 174 pages – 99 F

Philosophie moléculaire. Monod, Wyman, Changeux par Claude DEBRU
un volume 16,5 x 24,5 – 1987 – 244 pages – 135 F

Principes classiques d'interprétation de la Nature par Jean LARGEAULT
un volume 16,5 x 24,5 – 1988 – 435 pages – 198 F

Théories et Histoire en Biologie par Hervé LE GUYADER
un volume 16,5 x 24,5 – 1988 – 260 pages – 147 F

Spinoza, Science et Religion. Actes du Colloque du Centre International
de Cerizy-la-Salle. 20-27 Septembre 1982
un volume 16,5 x 24,5 – 1988 – 220 pages – 177 F

L'oeuvre mathématique de G.Desargues,
second tirage avec une post-face inédite de René TATON
un volume 16,5 x 24,5 – 1988 – 244 pages – 180 F

La Vie – Séminaire du département de Philosophie de l'Université
Paul Valéry. Montpellier. 28–29 octobre 1988
un volume 16,5 x 24,5 – 1989 – 128 pages – Epuisé

La Liaison chimique : le concept et son histoire par Bernard VIDAL
un volume 16,5 x 24,5 – 1989 – 292 pages – 240 F

Les Causes de la Mort. Histoire naturelle et facteurs de risques
par Anne FAGOT–LARGEAULT
un volume 16,5 x 24,5 – 1989 – 438 pages – 250 F

Christianisme et Science. Etudes réunies par l'Association Française
d'Histoire Religieuse Contemporaine
un volume 16,5 x 24,5 – 1989 – 234 pages – 177 F

Arthur Koestler. De la désillusion tragique au rêve d'une nouvelle synthèse
par Roland QUILLIOT
un volume 16,5 x 24,5 – 1990 – 218 pages – 160 F

Science et Sens. Actes d'un colloque organisé
par Jacques ARSAC et Philippe SENTIS
un volume 16,5 x 24,5 – 1990 – 162 pages – 140 F

Karl Popper. Science et Philosophie.
Colloque sous la direction de Renée BOUVERESSE et Hervé BARREAU
un volume 16,5 x 24,5 – 1991 – 366 pages – 240 F

L'évolution biologique en vingt propositions par Michel DELSOL
un volume 16,5 x 24,5 – 1991 – 860 pages – 321 F

Le Hasard et l'Anti–Hasard par Hubert SAGET
un volume 16,5 x 24,5 – 1991 – 188 pages – 162 F

Bio–éthique et cultures. Textes réunis par Claude DEBRU.
Préface du Professeur Jean Bernard
un volume 16,5 x 24,5 – 1991 – 164 pages – 99 F

Alexis Jordan. Du Jardin de Villeurbanne aux Caves du Vatican
par Laurence VEZE
un volume 16,5 x 24,5 – 1992 – 158 pages – 99 F

BUFFON 88. Actes du Colloque international Paris – Montbard – Dijon.
Sous la direction de Jean GAYON. Préface d'Ernst MAYR.
Postface de Georges CANGUILHEM.
un volume 16,5 x 24,5 – 1992 – 776 pages – 195 F

Claude BERNARD. Rationalité d'une méthode par Pierre GENDRON
un volume 16,5 x 24,5 – 1992 – 156 pages – 120 F

La maîtrise du milieu. Table ronde du C.N.R.S.
Textes réunis par Pascal ACOT
un volume 16,5 x 24,5 – 1994 – 170 pages – 120 F

Faut–il chercher aux causes une raison ? L'explication causale dans les sciences humaines. Sous la direction de Robert FRANCK
un volume 16,5 x 24,5 – 1994 – 464 pages – 162 F

Cette collection veut être l'expression de l'Institut Interdisciplinaire d'Etudes Epistémologiques qui réunit un groupe de naturalistes, historiens, philosophes et théologiens :

Henri-Paul CUNNINGHAM
Ph. D. (philosophie des sciences)
professeur à l'Université Laval. Québec

Michel DELSOL
Docteur-ès-sciences (biologie), docteur en philosophie
directeur à l'Ecole Pratique des Hautes Etudes
professeur à la Faculté catholique des sciences de Lyon

Janine FLATIN
docteur de l'Université Lyon I
Ecole Pratique des Hautes Etudes

Jacques GADILLE
docteur-ès-lettres (histoire)
professeur à l'Université Lyon III

Madeleine GUEYDAN
docteur en sciences naturelles (biologie)
chercheur Faculté catholique des sciences de Lyon

Thomas de KONINCK
Ph. D. (anthropologie philosophique), M.A. Oxon.
professeur à l'Université Laval. Québec

Régis LADOUS
docteur-ès-lettres (histoire)
professeur à l'Université Lyon III

Goulven LAURENT
docteur-ès-lettres (histoire des sciences), licencié en théologie
directeur de l'Institut Lettres-Histoire
de l'Université catholique de l'Ouest. Angers

James E. MOSIMANN
Ph.D. (Zoology). University of Michigan
M.Sc. (Statistics). The Johns Hopkins University
Chief Laboratory of Statistical and Mathematical Methodology
National Institutes of Health. Bethesda. Maryland

René MOUTERDE
docteur-ès-sciences (géologie), licencié en théologie
directeur de recherches au C.N.R.S.
doyen émérite de la Faculté catholique des sciences de Lyon

Roger PAYOT
agrégé de philosophie, docteur-ès-lettres
professeur en classes préparatoires. Lyon

Christiane RUGET
docteur-ès-sciences (micropaléontologie)
chargée de recherches au C.N.R.S.

Philippe SENTIS
docteur-ès-sciences (mathématiques), docteur-ès-lettres (philosophie)
sous-directeur de laboratoire au Collège de France

Les membres de l'Institut Interdisciplinaire d'Etudes Epistémologiques veulent :
- défendre une rationalité enracinée dans le passé et, en même temps, ouverte et évolutive
- pratiquer une interdisciplinarité véritable, lieu fécond de relations indispensables entre des disciplines complémentaires
- affirmer l'existence d'un certain nombre de valeurs permanentes et vivantes.
Ils pensent qu'une vérité scientifique existe objectivement et qu'elle peut être approchée par des procédures de vérification toujours renouvelables et contrôlables. Ils combattent tous les dérapages idéologiques, les extrapolations et analogies abusives, les réductionnismes simplistes, la confusion des domaines.

*   *   *

Outre les travaux qui tentent de refléter cet état d'esprit, ils acceptent de publier dans leur collection des ouvrages très divers et d'orientations différentes pourvu que ceux-ci permettent un débat libre et sans préjugé.

Collection SCIENCE - HISTOIRE - PHILOSOPHIE

Directeurs : Professeur Michel DELSOL, laboratoire de Biologie
générale
25 rue du Plat, 69288 LYON cedex 02 - tél : 72 32 50 32

Régis LADOUS, professeur à l'Université Lyon III

Roger PAYOT, professeur en classes préparatoires

Secrétaire de rédaction : Janine FLATIN, Biologie générale
25 rue du Plat, 69288 LYON cedex 02 - tél : 72 32 50 32

L'impression de cet ouvrage a été réalisée par les soins de l'Institut
Interdisciplinaire d'Etudes Epistémologiques (association 3 A), 25 rue du
Plat, 69288 LYON cedex 02. Sa diffusion est assurée par la Librairie
Philosophique VRIN, 6 place de La Sorbonne, 75005 PARIS.